Aktuelle Fragen der Landesentwicklung in Nordrhein-Westfalen

Deutsche Bibliothek - CIP-Einheitsaufnahme

Aktuelle Fragen der Landesentwicklung in Nordrhein-Westfalen /
Akademie für Raumforschung und Landesplanung . - Hannover: ARL,
1994

  (Forschungs- und Sitzungsberichte / Akademie für Raumforschung
und Landesplanung; 194)
  ISBN 3-88838-023-5
NE: Akademie für Raumforschung und Landesplanung <Hannover>:
  Forschungs- und Sitzungsberichte

Best.-Nr. 023
ISBN 3-88838-023-5
ISSN 0935-0780

Alle Rechte vorbehalten • Verlag der ARL • Hannover 1994
© Akademie für Raumforschung und Landesplanung
Druck: poppdruck, 30851 Langenhagen
Auslieferung
VSB-Verlagsservice Braunschweig

FORSCHUNGS- UND
SITZUNGSBERICHTE

Aktuelle Fragen der Landesentwicklung in Nordrhein-Westfalen

Autoren dieses Bandes

Raghilt Berve, Dr.-Ing., Regierungspräsidentin, Bezirksregierung Arnsberg, Korrespondierendes Mitglied der ARL

Hans-Heinrich Blotevogel, Dr., Professor, Universität-GH-Duisburg, Fach Geographie, Korrespondierendes Mitglied der ARL

Klaus Borchard, Dr.-Ing., Professor, Direktor des Instituts für Städtebau, Bodenordnung und Kulturtechnik an der Universität Bonn, Lehrstuhl für Städtebau und Siedlungswesen, Ordentliches Mitglied der ARL

Ulrich Brösse, Dr., Professor, Institut für Wirtschaftswissenschaften der RWTH Aachen, Ordentliches Mitglied der ARL

Lothar Finke, Dr., Professor, Universität Dortmund, Fachbereich Raumplanung, Fachgebiet Landschaftsökologie und Landschaftsplanung, Ordentliches Mitglied der ARL

Hans-Jürgen von der Heide, Dr., Erster Beigeordneter a.D. des Deutschen Landkreistages, Bonn, Ordentliches Mitglied der ARL

Heinz Konze, Dipl.-Ökonom, Abteilungsdirektor, Bezirksplaner beim Regierungspräsidenten Düsseldorf

Viktor Frhr. von Malchus, Dr., Direktor des Instituts für Landes- und Stadtentwicklungsforschung des Landes Nordrhein-Westfalen, Ordentliches Mitglied der ARL

Ernst-Hasso Ritter, Dr., Staatssekretär, Ministerium für Bauen und Wohnen des Landes Nordrhein-Westfalen, Düsseldorf, Ordentliches Mitglied der ARL

Albert Schmidt, Dipl.-Ing., Professor, Präsident der Landesanstalt für Ökologie, Landschaftsentwicklung und Forstplanung des Landes Nordrhein-Westfalen, Recklinghausen, Ordentliches Mitglied der ARL

Landesarbeitsgemeinschaft Nordrhein-Westfalen

Leiter: Prof. Dr. Hans-Heinrich Blotevogel, Duisburg
Stellv. Leiter: AbtDir. Dipl.-Ökon. Heinz Konze, Düsseldorf
Geschäftsführer: Wiss. Mitarb. Gerald Wood, Duisburg

Weitere Mitglieder

Prof. Dr. Franz-Josef Bade, Dortmund; Prof. Dr. Herbert Baum, Köln; RegPräs.'in Dr.-Ing. Raghilt Berve, Arnsberg; Prof. Dr.-Ing. Klaus Borchard, Bonn; Prof. Dr. Ulrich Brösse, Aachen; Beig. Dipl.-Ing. Klaus Dieter Bürklein, Essen; Prof. Dr. Carl-Heinz David, Dortmund; AbtDir. Joachim Diehl, Köln; Prof. Dr. Lothar Finke, Dortmund; Prof. Dr. Karl-Heinz Hottes, Bochum; Präs. Prof. Dr. Paul Klemmer, Essen; AbtDir. Dipl.-Volksw. Norbert Kutyniok, Detmold; Ltd. MinRat Dr. Heinrich Lowinski, Düsseldorf; Dir. Dr. Viktor Frhr. von Malchus, Dortmund; AbtDir. Dr.-Ing. Herbert Massing, Düsseldorf; Staatssekretär Dr. Ernst-Hasso Ritter, Düsseldorf; Präs. Prof. Dipl.-Ing. Albert Schmidt, Recklinghausen; AbtDir. i.R. Dipl.-Volksw. Friedrich Steimann, Münster; Prof. Dr. Rainer Thoss, Münster; Baudez.'in Dr.-Ing. Irene Wiese-von Ofen, Essen

INHALTSVERZEICHNIS

Lothar Finke	Einführung	1

1. FOLGEN DER WIEDERVEREINIGUNG DEUTSCHLANDS

Hans-Jürgen von der Heide	Begrüßungsansprache für die Landesarbeitsgemeinschaft Nordrhein-Westfalen aus Anlaß der 50. Sitzung	4

2. REGIONALE ENTWICKLUNGSPOLITIK IN NORDRHEIN-WESTFALEN

Hans-Heinrich Blotevogel	Neue Ansätze regionaler Entwicklungspolitik in Nordrhein-Westfalen	15
Heinz Konze	Regionalkonferenzen	41

3. EUROPÄISCHE ENTWICKLUNGEN UND IHRE AUSWIRKUNGEN AUF NORDRHEIN-WESTFALEN

Ulrich Brösse	Netze, Netzwerke und Milieus in der Euregio Maas-Rhein	49
Viktor Frhr. von Malchus	Europäische Rahmenbedingungen und erste Folgerungen für die Landesentwicklung in Nordrhein-Westfalen	67

4. VERKEHR UND UMWELT

Klaus Borchard	Stadt und Verkehr auf der Suche nach neuen Lösungen	83

5. NATUR- UND FREIRAUMSCHUTZ IN NORDRHEIN-WESTFALEN

Albert Schmidt	Überlegungen zur Umsetzung von "Natur 2000 in Nordrhein-Westfalen" in einem Landschaftsprogramm und in Landschaftsrahmenplänen	96

STELLUNGNAHMEN

Raghilt Berve	Diskussionsbeitrag	122
Lothar Finke	Natur- und Landschaftsschutz in Nordrhein-Westfalen	123
Heinz Konze	Räumlicher Natur- und Landschaftsschutz im nordrhein-westfälischen Planungssystem Kooperation oder Separation?	132
Heinz Konze	"Klärende Wi(e)derworte"	141
Ernst-Hasso Ritter	Freiraumschutz erfordert multidisziplinäre Politikansätze	144

Lothar Finke

Einführung

Hiermit wird ein wesentlicher Teil der Ergebnisse der Tätigkeit der Landesarbeitsgemeinschaft (LAG) Nordrhein-Westfalen im Zeitraum 1989 bis 1993 vorgelegt. Während sich die Arbeit der LAG im Verlauf der vorausgegangenen Arbeitsperiode (1984 bis 1988) schwerpunktmäßig mit der Umweltproblematik und deren räumlichen Bezügen befaßt hatte (s. hierzu FuS Bd. 79), wurde zu Beginn der Arbeitsperiode 1989 bis 1993 zwischen dem damaligen Präsidium - Präsident war Dr. von der Heide - und der Leitung der Landesarbeitsgemeinschaft folgendes vereinbart:

Zwei Themenbereiche erschienen für die Arbeit - auch innerhalb der Landesarbeitsgemeinschaft Nordrhein-Westfalen - von besonderer Bedeutung:

- die zu erwartenden räumlichen Folgen des EG-Binnenmarktes und
- die Integration von Natur- und Umweltschutz in die räumlichen Planungen.

Ein weiteres Anliegen des Präsidiums bestand darin, neben einem längerfristigen Arbeitsprogramm auch aktuelle nordrhein-westfälische Themen zu behandeln, um die Fähigkeit der Politikberatung als eine der wesentlichen Funktionen der Landesarbeitsgemeinschaften zu stärken.

Es dauerte dann von der 43. bis zur 45. Sitzung, bis ein Arbeitsprogramm für den Zeitraum bis Ende 1992/Anfang 1993 verabredet war. Dieses Arbeitsprogramm ist in der Folge zwar modifiziert worden, in den Grundzügen hat es sich jedoch in den hier vorgelegten Beiträgen niedergeschlagen. Darüber hinaus wurde in den insgesamt 10 Sitzungen zwischen dem 1.3.1989 und dem 15.3.1993 eine Vielzahl von Themen behandelt, was in den Protokollen nachzulesen ist und teilweise seinen Niederschlag in den jährlichen Tätigkeitsberichten der Akademie gefunden hat.

Als Ergebnis der vierjährigen Arbeitsperiode der Landesarbeitsgemeinschaft Nordrhein-Westfalen werden hiermit zwölf Beiträge vorgelegt, die sich zu folgenden fünf Themenbereichen zusammenfassen lassen:

1. Die Begrüßungsansprache von Altpräsident H.-J. von der Heide anläßlich der 50. Sitzung der Landesarbeitsgemeinschaft NRW zum Thema "Folgen der deutschen Wiedervereinigung" sowohl für den Raum Bonn, aber auch für die gesamte Bundesrepublik Deutschland.

2. Tendenzen der regionalen Entwicklungspolitik in Nordrhein-Westfalen mit zwei Beiträgen von H. H. Blotevogel und H. Konze.

3. Europäische Entwicklungen und deren Auswirkungen auf Nordrhein-Westfalen mit zwei Beiträgen von U. Brösse und V. von Malchus.

4. Das Thema Stadt und Verkehr mit einem Beitrag von K. Borchard.

5. Das Thema Natur- und Freiraumschutz in Nordrhein-Westfalen mit insgesamt sechs Beiträgen von R. Berve und L. Finke, H. Konze, E.-H. Ritter und A. Schmidt.

Es kann als glückliche Fügung angesehen werden, daß H.-J. von der Heide als damaliger Präsident die erste Sitzung der Arbeitsperiode 1989 bis 1993 am 1.3.1989 eröffnete und auch am 8. Oktober 1992 als Altpräsident der Akademie die Begrüßungsansprache im Namen des Präsidiums anläßlich der 50. Sitzung der Landesarbeitsgemeinschaft Nordrhein-Westfalen hielt. Diese Begrüßungsansprache behandelt in einem weiten Bogen die Folgen der deutschen Wiedervereinigung, speziell für Nordrhein-Westfalen. Da sich keiner der anderen Beiträge mit diesem Fragenkomplex befaßt, wurde beschlossen, diesen Beitrag in den Band aufzunehmen.

Zu dem Themenkreis "Natur- und Freiraumschutz in Nordrhein-Westfalen" müssen einige Erläuterungen gegeben werden, da die Beiträge sonst für Außenstehende nicht ohne weiteres verständlich sind.

Im Jahre 1990 hatte der Minister für Umwelt, Raumordnung und Landwirtschaft des Landes Nordrhein-Westfalen einen ersten Entwurf von "Natur 2000 in Nordrhein-Westfalen - Leitlinien und Leitbilder für Natur und Landschaft im Jahr 2000" herausgebracht. Dieses Programm "Natur 2000" beinhaltet wesentliche neue Grundlagen für die künftige Naturschutzpolitik des Landes; vor allem ging es um eine Überwindung sektoraler Ansätze der Natur- und Umweltpolitik, die durch eine ganzheitliche Betrachtung von Natur und Landschaft abgelöst werden sollen. Im November 1990 fand zu diesem Entwurf eine Anhörung in Recklinghausen statt, die zu einer Überarbeitung des Programmes führte.

Albert Schmidt war in seiner Funktion als Präsident der Landesanstalt für Ökologie, Landschaftsentwicklung und Forstplanung Nordrhein-Westfalen (LÖLF) an der Erarbeitung dieses Programmes "Natur 2000" beteiligt. Im Dezember 1991 hat er einen ersten Entwurf zum Thema "Überlegungen zur Umsetzung von Natur 2000 in NRW in einem Landschaftsprogramm und in Landschaftsrahmenplänen" erstellt, der dann innerhalb der Landesarbeitsgemeinschaft auf der 49. Sitzung am 28.02.1992 behandelt wurde. Unter Einbeziehung der auf dieser LAG-Sitzung erzielten Diskussionsergebnisse hat er dann im März 1992 die erste Fassung des hier vorgelegten Beitrags erarbeitet und an die LAG-Mitglieder Berve, Finke und Konze versandt, die dazu verabredungsgemäß für die 50. Sitzung der Landesarbeitsgemeinschaft am 8. und 9. Oktober 1992 in Bonn jeweils aus ihrer Sicht eine Stellungnahme vorgelegt haben. Nach dieser Sitzung hat Albert Schmidt seinen Beitrag unter Einarbeitung der Diskussion aktualisiert und in die hier vorliegende Form gebracht - dabei beinhaltet das Schlußkapitel F seine Äußerungen zu den Stellungnahmen der LAG-Mitglieder Berve, Finke und Konze. Daraufhin sah sich Konze veranlaßt, im Februar 93 mit "Klärenden Wi(e)derworten" erneut auf Schmidt zu antworten.

Zum Verständnis und zur besseren Einordnungsmöglichkeit dieser hier wiedergegebenen Diskussionen über einen Zeitraum von 1 1/4 Jahren - von Ende 1991 bis Anfang 1993 - sei folgendes angemerkt:

1. Wichtige politische Rahmenbedingungen und Voraussetzungen für die Umsetzung von "Natur 2000" haben sich innerhalb dieses Zeitraumes geändert. Anfang 1993 hätte Schmidt sich in Fortführung früherer Überlegungen vielmehr mit der Frage befassen müssen, wie der von seinem Hause (LÖLF) zu erstellende sogenannte ökologische Fachbeitrag zum Gebietsentwicklungsplan in ziel- und umsetzungsorientierter Hinsicht weiterentwickelt werden könnte. Die gesamte Diskussion um den fachgutachtlichen, unabgestimmten Beitrag der Landschaftsplanung zur gesamträumlichen Planung in Form des Landschaftsprogrammes und von Landschaftsrahmenplänen hätte dann in anderer Form geführt werden können. Dennoch scheint es sinnvoll, diese Diskussion zu dokumentieren, da ähnliche Auseinandersetzungen seit einiger Zeit um den viel zitierten "Umweltleitplan" geführt werden (s. z.B. die gemeinsame Veranstaltung der Sektionen I und III der ARL zum Thema "Raumordnung und Umwelt-(leit)planung: Probleme der Integration" am 17. und 18. Juni 1993 in Mannheim).

2. Da insbesondere zwischen Konze als dem zuständigen Regionalplaner im Regierungsbezirk Düsseldorf und Schmidt in wichtigen Fragen keine Einigung erzielt werden konnte, wurde innerhalb der LAG beschlossen, den Beitrag von Schmidt und die Stellungnahmen von Berve, Finke und Konze in der Form zu dokumentieren, wie sie vorgetragen wurden und wie sie in zeitlicher Abfolge entstanden sind. Damit soll nach außen hin verdeutlicht werden, welche grundsätzlich unterschiedlichen Positionen in Kernfragen der räumlichen Planung bestehen und wie diese Fragen innerhalb der LAG Nordrhein-Westfalen diskutiert worden sind. Wir waren der Meinung, daß die Dokumentation derart kontroverser Standpunkte der Meinungsbildung Dritter sehr viel dienlicher sein würde als ein - wie auch immer - erzielter Kompromiß.

Mit insgesamt sechs Beiträgen zum Themenkomplex "Natur- und Freiraumschutz in Nordrhein-Westfalen" hat die Landesarbeitsgemeinschaft den Umweltfragen erneut einen deutlichen Schwerpunkt eingeräumt. Dies mag als Zeichen dafür gewertet werden, wie ernsthaft man sich in diesem Lande mit den Fragen der Integration von Naturschutz- und Umweltpolitik in das Planungssystem und mit dessen Fortentwicklung befaßt.

Hans-Jürgen von der Heide

Begrüßungsansprache für die Landesarbeitsgemeinschaft Nordrhein-Westfalen

1. Grüße und Dank des Präsidiums

Der Präsident der Akademie, Prof. Dr. Treuner, unsere Vizepräsidentin, Frau Prof. Dr. Erika Spiegel, und Vizepräsident Dr. Gottfried Schmitz haben mich, den vorhergehenden Präsidenten gebeten, sie bei dieser Jubiläumsveranstaltung zu vertreten, weil sie zu dieser Zeit durch eine Auslandsreise oder durch andere Termine an der Teilnahme hier verhindert sind.

Das Präsidium wünscht der Landesarbeitsgemeinschaft Nordrhein-Westfalen für die nächsten 50 Sitzungen alles Gute. Es dankt allen Vorsitzenden und Mitgliedern der Landesarbeitsgemeinschaft seit 1969 sowie den Gästen und den sonstigen Vortragenden, die in diesen nun bald 25 Jahren im Rahmen der Arbeitsgemeinschaft tätig geworden sind, für ihre Arbeit, ihre Hilfe und damit für ihre Unterstützung der Akademie für Raumforschung und Landesplanung.

Diese 50. Sitzung der Landesarbeitsgemeinschaft ist eine gute Gelegenheit, über die Position nachzudenken, die sie heute und für die Zukunft einnehmen wird. Die dramatischen Ereignisse der letzten drei Jahre wirken sich auch auf Nordrhein-Westfalen aus, obwohl dieses Land weit im Westen der ehemaligen Bundesrepublik Deutschland liegt.

Wir stehen vor drei großen Herausforderungen:

- den Folgen der Vereinigung Deutschlands,
- dem weiteren Zusammenwachsen Europas und
- den noch kaum erkannten, aber dennoch außerordentlich weitreichenden Folgen, die sich aus dem Prozeß der Abrüstung ergeben werden.

Alle drei Entwicklungen werden sich unmittelbar auch auf Nordrhein-Westfalen auswirken. Es ist sicher, daß die Landesarbeitsgemeinschaft und unsere Akademie in diesem Zusammenhang in den nächsten Jahren mit neuen großen Aufgaben konfrontiert sein werden.

Für diese Jubiläumssitzung ist der Tagungsort Bonn in diesem Hause unmittelbar neben der Universität besonders gut gewählt. Die Begrüßungsansprache von Professor Borchard reizt mich nun - anders als ich es bisher vorgesehen hatte -, noch näher auf diese Stadt Bonn einzugehen, die mir, dem gebürtigen Hamburger, nun seit mehr als 40 Jahren Heimat geworden ist.

2. Bonn nach dem Bundestagsbeschluß zur Verlegung des Parlamentssitzes und von Teilen der Bundesregierung nach Berlin

Um die Situation Bonns in den sich verändernden allgemeinen Rahmenbedingungen in Deutschland, in Mitteleuropa und in der Europäischen Gemeinschaft zu begreifen, muß zunächst ein Blick zurück gestattet sein. Ich will dabei die Position Bonns streifen

- als alte Residenz
- als Stadt der Wissenschaft
- als Stadt der Kultur
- als Bürgerstadt und Wirtschaftsstandort und
- als Bundeshauptstadt.

a)   Bonn als alte Residenz

Durch Jahrhunderte war, nachdem die Kölner - Köln war damals Europas größte Stadt - ihre Landesherren verjagt hatten, Bonn Sitz der Kurfürsten von Köln und ihrer Verwaltung. Vom Bonner Schloß, der heutigen Universität, sind nicht nur große Teile des Rheinlands, sondern vielfach auch Westfalen mit Niedermünster, dem heutigen Emsland, regiert worden. Von dieser Herrschaft, vor allem des Kurfürsten Clemens August aus dem Hause Wittelsbach, zeugt heute noch das sternförmige Jagdschloß Clemenswerth im Emsland. Die Landesarbeitsgemeinschaft ist damit an einem Ort zusammengetreten, der durch Jahrhunderte hindurch Residenz bedeutender Fürsten und politisches Zentrum des Rheinlands gewesen ist.

Dieser Charakter der Residenzstadt prägt noch heute in entscheidendem Maße das Gesicht der Stadt. Noch immer ist die Achse Stadtschloß, Poppelsdorfer Schloß und Wallfahrtskirche auf dem Kreuzberg für diese Stadt prägend.

Bonn stand in seiner Funktion als Residenz immer im Schatten der großen Stadt Köln. Auf zahlreichen mittelalterlichen Stichen von Colonia Aggripina kann man ganz links außen in der Form eines Ochsenauges das ferne Bonn sehen, das die Künstler dort als einen nicht unwesentlichen Bestandteil von Köln markiert haben. Das ist ein wichtiges Signal dafür, daß es seit altersher, nämlich von den Römern an, zwischen Bonn und Köln enge Verbindungen gegeben hat. Richtig verstanden ist Bonn heute noch der südliche Teil des großen Verdichtungsraumes Köln.

b)   Die Wissenschaftsstadt Bonn

Professor Borchard hat bei seinem Überblick über die Entwicklung der Universität Bonn dargestellt, wie sie entstand und welche Bedeutung sie in der Universitätslandschaft des Rheinlands und Westfalens hatte.

In der Tat war es eine das Schicksal dieser Stadt bestimmende Entscheidung, als unter Ernst Moritz Arndt 1818, also drei Jahre nach dem Wiener Kongreß, im nun frei gewordenen Schloß die neue Universität entstand, die seit 1777 einen akademischen und seit 1786 einen universitären Vorgänger hatte, der allerdings bis zum Einmarsch der Franzosen nur wenige Jahre Bestand hatte. Durch diese 170 Jahre hat die Universität das Gesicht der Stadt wesentlich bestimmt. Viele bedeutende Gelehrte haben an dieser Universität gewirkt und ihr weltweite Bedeutung verschafft. Durch den Lehrkörper der Universität hat sich auch das Gefüge der Stadtbevölkerung verändert. Bis zur Gründung der Universität war die Bevölkerung ganz einheitlich katholisch, allerdings mit einer großen jüdischen Minderheit, deren Entstehung weit in die römische Zeit zurückreichte. Durch die Professorenfamilien kam nun erstmals ein protestantischer Bevölkerungsanteil in diese Stadt.

Für die Neubestimmung des Images von Bonn kommt der Universität und den zahlreichen anderen wissenschaftlichen Forschungseinrichtungen, die sich inzwischen in dieser Stadt oder ihrem Umland etabliert haben, große Bedeutung zu. Als Wissenschaftsstadt hat Bonn auch in Zukunft große Chancen.

c)   Bonn als Kulturstadt

Die Residenzstadt Bonn war, wie so viele andere Residenzen in Deutschland, zugleich auch ein bedeutender Mittelpunkt kultureller Entwicklung. Neben den Baulichkeiten, die die Kurfürsten, vor allem Kurfürst Clemens August, in Bonn oder dem Umfeld der Stadt bis hin zum Brühler Schloß mit dem wunderbaren Treppenhaus von Balthasar Neumann errichtet hatten, kam der Musik besondere Bedeutung zu. Der junge Ludwig van Beethoven hat dem Bonner kurfürstlichen Orchester als Musiker angehört, bis ihn der Kurfürst, seine geniale Begabung erkennend, zur weiteren Ausbildung nach Wien auf die Reise schickte.

Bonn hat auch später als Bürgerstadt ein ordentliches Theater und gutes Orchester und große Museen gehabt. Hier sei nur an das bedeutende Rheinische Landesmuseum und an das Naturkundemuseum König erinnert. Durch die neuen Museensbauten im Regierungsviertel ist inzwischen eine eigenständige Museumsmeile entstanden, die auf lange Zeit das Gesicht dieser Stadt mitprägen wird. Zusammen mit den Museen und sonstigen bedeutenden Sammlungen, vor allem im universitären Bereich, hat Bonn durchaus etwas zu bieten.

Die Bürgerstadt und der Wirtschaftsstandort

Mit den Beschlüssen des Wiener Kongresses wurde das Rheinland und mit ihm Bonn Bestandteil des preußischen Königreiches. Die Funktionen der Residenz gingen verloren, neue staatliche Kompetenzen wuchsen dem preußischen Bonn nicht zu, nur ein Oberbergamt und eine Kreisverwaltung fanden in den Mauern der Stadt Platz. Bonn wurde in dieser Zeit aber als Wohnsitz wohlhabender Menschen beliebt. Es entstand nach und nach die Südstadt, die zu den besten Beispielen bürgerlichen Bauens in der Gründerzeit in Deutschland zählt. Mit der Einwohnerzahl wuchsen auch Handel, Handwerk und Gewerbe, aber zu einem wirklichen industriellen Standort ist die Stadt nie geworden, obwohl es in ihr einige bedeutende Unternehmen gab, darunter die Büroartikelfabrik Soennecken. Nach dem 2. Weltkrieg hatte Bonn als Großstadt etwas über 100.000 Einwohner.

d)   Bonn als Bundeshauptstadt

Als im Deutschen Bundestag die Entscheidung darüber fiel, daß Sitz des Parlaments und Sitz der Bundesregierung der neuen Bundesrepublik Deutschland Bonn sein sollte, war das heutige Stadtgebiet von Bonn noch Territorium von vier Kommunen. Im Süden der Stadt Bonn lag die kreisangehörige Stadt Bad Godesberg mit ungefähr 80.000 Einwohnern, auf der rechten Rheinseite die kreisangehörige Stadt Beuel und im Westen von Bonn das Amt Duisdorf mit mehreren selbständigen Gemeinden. Sie alle wurden erst durch die große Gebiets- und Verwaltungsreform zur neuen Großstadt Bonn zusammengefaßt, in der dann im wesentlichen alle Regierungsfunktionen vereinigt werden konnten. Nur noch einzelne Bundesinstitutionen befanden sich danach außerhalb des eigentlichen Stadtgebietes im Rhein-Sieg-Kreis oder im rheinland-pfälzischen Kreis Ahrweiler.

Die durch den Krieg stark in Mitleidenschaft gezogene Stadt begann in den 50er Jahren konsequent mit ihrem Wiederaufbau. Die bedeutenden Bauwerke der Stadt, das Bonner Münster, das Rathaus, die Universität und das Poppelsdorfer Schloß wurden wieder hergestellt. Für die Bediensteten der Bundesministerien entstanden im Stadtgebiet und an seinen Rändern große Wohnsiedlungen; aber der Bund hielt sich, weil er Bonn als provisorische Hauptstadt ansah und man damals noch mit einem kurzfristigeren Umzug nach Berlin rechnete, bis in die 60er Jahre zurück, bis er begann, eigene Gebäude für Bundesbehörden zu bauen, die bis dahin überwiegend in geräumten Kasernenanlagen der ehemaligen Wehrmacht untergebracht waren. Das Bundespostministerium und das Außenministerium in der Adenauerallee waren die ersten großen Bundesbauten in dieser Stadt. Hier sind in den späteren Jahren viele andere gefolgt, vor allem die Ministerialbauten in der Freifläche zwischen Bonn und Bad Godesberg. Auf der Grundlage des Bonn-Vertrages hat der Bund erhebliche Zuschüsse an diese Stadt geleistet, um ihr zu helfen, für die Hauptstadtfunktionen sachgerechte kommunale Lösungen zu finden.

Mit den vielen Botschaften, inzwischen deutlich über 100, hat die Stadt auch ein internationales Flair bekommen. In dieser Sicht ist es wohl die internationalste Stadt, die Deutschland aufzuweisen hat.

Mit dem Beschluß des Bundestages vom 20. Juli 1991 nach der Vereinigung Deutschlands, den Sitz des Parlamentes und von Teilen der Bundesregierung von Bonn nach Berlin zu verlegen, sind Bonn und die umliegenden Kommunen nunmehr gezwungen, sich ein neues Image zu verschaffen. Darüber wird in dieser Veranstaltung der Landesarbeitsgemeinschaft noch zu sprechen sein.

3.   Bonns Stellung in Nordrhein-Westfalen, Nordrhein-Westfalens Stellung im Bund

Bonns bisherige Entwicklung ist entscheidend durch seine lange Geschichte geprägt, die bis in die Römerzeit zurückreicht. Denn Ausgangspunkt der städtischen Entwicklung war das am Rhein gelegene Lager der römischen Legion. Bonn entstand also in jenem Teil

Deutschlands, der im Norden linksrheinisch und im Süden südlich des Limes, des römischen Festungswalls, Bestandteil des die damalige Welt umfassenden römischen Weltreiches war. Rom hat Entwicklungen und Kultur des Rheinlandes ebenso bestimmt wie die Entwicklung in Nordafrika, im Nahen Osten, auf der byzantinischen Halbinsel, auf dem südlichen Balkan, auf der iberischen Halbinsel, in Gallien und bis zur Mitte Großbritanniens. Die Städtekette am linken Rheinufer hat damit fast 1.000 Jahre mehr Geschichte als die Städte im übrigen Deutschland. Die rechtsrheinische Städtekette entstand frühestens 800 Jahre später. Berlin im Osten und Hamburg im Norden, als die beiden größten deutschen Städte, blicken nur auf bescheidene 800 Jahre Stadtgeschichte zurück.

Von seiner Entstehung an war Bonn eingebunden in die Entwicklung der benachbarten Großstadt Köln. Als sich nach der Industrialisierung mit der Dampfmaschine und der Eisenbahn die Standortvoraussetzungen in Deutschland dramatisch veränderten, die bis dahin gültige Agrargesellschaft durch eine neue Industriegesellschaft abgelöst wurde, bildete sich zunehmend der große Verdichtungsraum Köln/Bonn heraus, dessen südlicher Brückenpfeiler im Rheintal die Stadt Bonn war. Heute wird es als ein Erfolg angesehen, daß sich Bonn, der Siegkreis und der Kreis Ahrweiler zu einer "Region Bonn" zusammengeschlossen haben. Aber dies ist dauerhaft zu kurz gegriffen, denn die zukünftige Entwicklung Bonns wird nicht in diesem kleinen Teilraum, sondern nur im großen Verdichtungsraum Köln bestimmt. Im europäischen Binnenmarkt hat dieser Verdichtungsraum, wie wir aus Untersuchungen in unserem Akademie-Arbeitskreis "Metropolen" wissen, erhebliche Chancen. Sie muß Bonn nun nutzen.

Bonn ist nach dem Beschluß des Bundestages über die Sitzverlegung von Parlament und Teilen der Regierung nach Berlin zu einem Synonym für die mit der Wiedervereinigung eintretenden Veränderungsprozesse geworden. Der drohende Verlust an Arbeitsplätzen und Einwohnern ist für die Stadt und die Region markant. Aber es geht hier nicht um einen in dieser Weise einmaligen Fall in Deutschland. Viele andere deutsche Gemeinden, ja ganze Regionen, werden in den nächsten Jahren durch die Maßnahmen der Abrüstung in Mitteleuropa in ihrer Wirtschaftsstruktur sehr viel stärker betroffen sein als die Stadt Bonn. In den neuen Ländern ist die ehemalige nationale Volksarmee mit fast 200.000 Mann aufgelöst worden, die Streitkräfte der ehemaligen Sowjetunion haben mit über 350.000 Mann mit dem Abzug aus Deutschland begonnen und inzwischen bereits zahlreiche Städte geräumt. Auch der Abzug der verbündeten NATO-Streitkräfte auf westdeutschem Boden, die zunächst als Besatzungstruppen nach Deutschland gekommen waren, hat begonnen. In absehbarer Zeit werden Amerikaner, Briten, Franzosen, Kanadier, Belgier und Niederländer unser Staatsgebiet im großen und ganzen militärisch geräumt haben. Die Bundeswehr verkleinert sich erheblich. In dem engmaschigen Gefüge der NATO-Verteidigung in Deutschland gab es zahlreiche Regionen, besonders auch im Gebiet links des Rheines, deren Wirtschaftsstruktur entscheidend durch diese Streitkräfte geprägt war. Die hier eintretenden Verluste an Wirtschaftskraft sind in der Regel sehr viel bedeutender und tiefgreifender als das, was sich in Bonn im nächsten Jahrzehnt vollziehen wird. In diesen Gegenden wird es sehr viel schwerer sein, Ersatz für die verlorengegangene Wirtschaftskraft zu finden.

Also braucht man sich - so meine ich und habe dies auch in einer Stellungnahme für den Beirat für Raumordnung im Bundesbauministerium zum Ausdruck gebracht - um die

Entwicklung in Bonn keine allzu großen Sorgen zu machen. Die Lage innerhalb der großen und stärksten Entwicklungsachse der Europäischen Gemeinschaft vom Süden Englands über die Niederlande, die Industrie- und Dienstleistungsstädte Belgiens über die Städte der Rheinschiene, den großen Verdichtungsraum Frankfurt, den Großraum Mannheim/Ludwigshafen, die obere Rheinebene, die Mittelschweiz bis hinein nach Norditalien mit Mailand und Turin ist extrem günstig. Im Umkreis von Bonn leben 44 Mio. Menschen im Abstand von 4 Autobusstunden; bei 2 Autostunden sind es noch über 20 Mio. Vergleichbar günstige Voraussetzungen gibt es sonst kaum in der Europäischen Gemeinschaft.

Aber die Veränderungen, die sich durch die Wiedervereinigung und das weitere Zusammenwachsen Europas ergeben, berühren nicht nur Bonn, sondern auch das einwohnerstärkste Bundesland Deutschlands, nämlich Nordrhein-Westfalen, und zwar in vielfacher Hinsicht. Wir wissen inzwischen, daß die Vereinigung der beiden früheren deutschen Teilstaaten zu einem neuen deutschen Staatsgebilde nicht nur die Strukturen in den neuen Bundesländern und in Berlin geradezu umkrempeln wird, sondern daß auch die alten Bundesländer und ihre Regionen in einem viel größeren Maße von diesem Wandlungsprozeß erfaßt werden, als sie sich das bisher selbst klargemacht haben. Überdies wissen wir inzwischen, daß der Prozeß der Wiedervereinigung nur ein Teil eines viel weiter reichenden Prozesses ist, der mit dem Untergang des realen Sozialismus in Gang gesetzt wurde und inzwischen weit nach Eurasien hinein bis an die Küsten des Pazifiks reicht. Mit der Öffnung der Grenzen in Europa formieren sich Mittel- und Osteuropa neu; wie wir im ehemaligen Jugoslawien sehen, z. T. unter schmerzlichen Bürgerkriegswehen. Es wird wieder in jenen Gebieten geschossen und gestorben, die schon zwischen Ost-Rom und West-Rom umstritten waren und seither umstritten geblieben sind.

Wie tief die Veränderungen reichen, wird auch unmittelbar an unseren Grenzen durch den Trennungsprozeß zwischen den Tschechen und den Slowaken deutlich. Was sich weiter östlich endgültig ereignen wird, läßt sich schon im slawischen Teil der ehemaligen Sowjetunion zwischen Russen, Weißrussen, Ukrainern und den baltischen Völkern nicht vorhersagen. Ganz unabsehbar sind die Auswirkungen, die sich im südlichen Teil der ehemaligen Sowjetunion, diesem riesigen alten Kolonialgebiet Rußlands, ergeben werden. Dies alles wird auch die Entwicklung in Deutschland nicht unberührt lassen.

4. Veränderungen für Bund und Länder

Ich will hier nur einige ganz wenige Aspekte herausgreifen, die die Situation von Bund und Ländern, wie ich meine, dramatisch verändern können. Gegenstand unserer Überlegungen in der Akademie, und zwar in der von mir geleiteten Arbeitsgruppe "Fortentwicklung des Föderalismus", waren dabei zunächst jene Veränderungen, die sich im Bereich unserer Verfassungsordnung ergeben. Nach der Wiedervereinigung war man zunächst in weiten Teilen des Bundestages der Auffassung, man solle Änderungen im Verfassungsrecht auf das unbedingt Notwendige beschränken. Wir wissen jetzt, daß dies eine Illusion war. Denn die Verfassungswirklichkeit in Deutschland hat sich bereits entscheidend verändert. Jene Grundsätze von raumpolitischer Bedeutung, wie der Grundsatz nach gleichwertigen Lebensverhältnissen in allen Teilräumen und die relative Gleichheit in der Ausstattung unserer Länder, sind nicht mehr so anzuwenden, wie wir dies in der ehemaligen Bundesrepublik entwickelt hatten und gewohnt waren. Der ökonomische Abstand, der Abstand in der öffentlichen Infrastruktur, ja auch der Abstand im System sozialer Sicherheit ist zwischen den alten und den neuen Ländern außerordentlich und jedenfalls viel größer, als wir uns das früher je haben denken können oder wollen.

Die räumlichen Konsequenzen, die sich hier mit Auswirkungen auf unsere Verfassungsordnung stellen, hatten das Präsidium der Akademie zu zwei Eingaben an die Verfassungskommission von Bund und Ländern bewogen. In den beiden Schreiben haben wir uns mit der Änderung von Art. 29 GG, der Rechtsgrundlage für die Neugliederung der Länder, mit Grundproblemen der Finanzverfassung und mit der Frage auseinandergesetzt, wie heute die Problematik gleichwertiger Lebensverhältnisse in allen Teilgebieten Deutschlands zu beurteilen ist.

Alle drei angesprochenen Fragenbereiche berühren das Land Nordrhein-Westfalen und seine Politik. Wir werden auf lange Zeit in Deutschland eine Entwicklungspolitik mit zwei Geschwindigkeiten haben müssen. Die bisher stete Fortentwicklung in den alten Bundesländern wird zwangsläufig eingefroren werden müssen, während zum Abbau des vorhandenen Abstands in den neuen Bundesländern und in Berlin in hohem Maße zu investieren sein wird. Dies gilt nicht nur für die Entwicklungspolitik, sondern in gleicher Weise auch für die Umweltpolitik, und hier ist es besonders sinnfällig. Jede Verschärfung des Umweltstandards in den alten Bundesländern erschwert die Anpassung in den neuen Bundesländern, weil hier gerade auf dem Gebiet der Umwelt ganz besonders gewichtige Rückstände gegenüber den westlichen Industrienationen entstanden waren. Führte man etwa in Kiel oder Flensburg eine weitere Reinigungsstufe für Abwasser ein, so würde sich bei Milliardenkosten der Effekt auf wenige Prozent Verbesserung beschränken, während Kläranlagen in den großen Flußgebieten Ostdeutschlands und an der Ostseeküste in den neuen Ländern entweder ganz fehlen oder in einem desolaten Zustand sind. Weiter östlich im Raum St. Petersburg und in den baltischen Staaten werden Abwässer und Industrieabwässer praktisch völlig ungeklärt in die Ostsee abgepumpt. Für Beträge, die in den westlichen Ländern Verbesserungen um wenige Prozente bewirken würden, könnten in den neuen Bundesländern oder in den angrenzenden östlichen Staaten Effekte erzielt werden, die das Vielfache der im Westen noch zu erreichenden Verbesserungen ausmachen. Sinnvoll kann im Interesse der Erhaltung der Lebensgrundlagen doch wohl nur sein, die uns noch für solche Aufgaben zur Verfügung stehenden Mittel möglichst da einzusetzen, wo diese großen Effekte erzielbar sind. In dieser Sicht wird es also auch eine Umweltpolitik mit zweifacher Geschwindigkeit geben müssen: weitgehendes Einfrieren bei der Standardverbesserung im Westen, erhebliche Investitionen des Umweltschutzes im Osten.

Ein Feld moderner Umweltpolitik wird aber auch im Westen von Bedeutung bleiben, die Fortentwicklung der Abfallwirtschaft, die ihrerseits erhebliche räumliche Konsequenzen hat, die sich gerade im Lande Nordrhein-Westfalen nachhaltig auswirken werden. Wenn der Produktion von Waren in Zukunft zunehmend die Reproduktion gegenübergestellt wird, um die in den Waren enthaltenen Rohstoffe wieder zurückzuführen und erneut einsatzfähig zu machen, dann entsteht hier ein völlig neuer Wirtschaftszweig mit hohen Anforderungen an die Standorte.

Die bei uns in vierzig Jahren entwickelten verfassungsrechtlichen Grundsätze zum Gebot gleichwertiger Lebensverhältnisse können bei dem vorhandenen Abstand zwischen Ost und West so nicht mehr gelten. Als Ziele bleiben sie natürlich bestehen, aber es wird Jahrzehnte dauern, bis in Deutschland wieder ein Gleichgewicht erreicht sein wird, wie wir es in der ehemaligen Bundesrepublik mit unserer konsequenten Entwicklungs- und Umweltpolitik erreichen konnten.

Wenn man diesen Problemkreis im einzelnen betrachtet, so wird man sagen müssen, daß auf dem Gebiet sozialer Sicherheit von Anfang an Gleichbehandlung der Menschen in ganz Deutschland erreicht werden muß. Für den Ausbau der öffentlichen Infrastruktur auf allen Gebieten, von der Bundesbahn über die Bundesautobahnen, die Bundeswasserstraßen und die Flughäfen, bis hinein in den kommunalen Bereich, aber auch bei den Einrichtungen der Länder, wird zu gelten haben, daß sich Bund und Länder nachdrücklich darum bemühen müssen, allen Bürgern in unserem Lande in möglichst absehbarer Zeit unter voller Ausschöpfung der dafür vorhandenen Ressourcen ein Mindestmaß an öffentlicher Infrastruktur zur Verfügung zu stellen, das ein Grundmaß an Lebensqualität garantiert. Auf ökonomischem Gebiet wird es auf lange Zeit nicht möglich sein, in etwa gleiche Einkommenschancen zu schaffen. Hier ist ja überdies in den letzten 10 Jahren auch wieder zweifelhafter geworden, ob und inwieweit die Instrumente des Staates und der Europäischen Gemeinschaft überhaupt ausreichen, hier zu grundlegenden Veränderungen zu kommen.

Für die westlichen Länder wird aus den zahlreichen Förderprogrammen, die der Bund bisher entwickelt hat, manches in Zukunft nicht mehr im gebotenen Umfang und in der gewohnten Weise zur Verfügung stehen. Das gilt sowohl für den Einsatz all jener Bundesmittel, die für Bundesaufgaben wie die Unterhaltung der Eisenbahnen, der Bundesstraßen und der Bundeswasserstraßen sowie des Netzes der Telekommunikation angesetzt werden wie auch für die vielen Hilfs- und Unterstützungsprogramme, die wir uns mit dem wirtschaftlichen Aufschwung haben leisten können.

Die für die Entwicklungspolitik der Länder nicht uninteressante Strukturhilfe ist inzwischen bereits weggefallen. Einschränkungen in der regionalen Wirtschaftsförderung zeichnen sich ab, ebenso Einschränkungen bei zahlreichen sektoralen Förderprogrammen. Für Nordrhein-Westfalen wird hier insbesondere von Bedeutung sein, wie in Zukunft die Subventionierung von Kohle vorgenommen werden wird. Ich gehe davon aus, daß es zu erheblichen Einschränkungen gerade solcher Subventionen kommen wird.

5. Auswirkungen auf die Finanzverfassung

Dramatisch verändern wird sich auch der finanzielle Spielraum, der den Bundesländern verbleibt. Wir wissen inzwischen, wie ungeheuer hoch die Summen sein werden, die wir noch lange Zeit von Ost nach West zu transferieren haben. Die Berechnungen hierüber bewegen sich in Größenordnungen, die bei jährlich 150 - 200 Mrd. DM liegen, je nachdem, ob man den sozialen Ausgleich durch Rentenversicherungsträger mit in die Betrachtung einbezieht.

Wir wissen inzwischen auch, daß die Regelung des Einigungsvertrages, nach dem ab 1995 die Unterstützung der östlichen Länder allein im Wege des bisherigen Bundesfinanzausgleichs erfolgen soll, nicht praktikabel ist. Es bleibt nach wie vor zweifelhaft, ob es überhaupt möglich ist, mit einem geänderten Finanzausgleichsrecht diese Transferprobleme in den Griff zu bekommen. Viel wahrscheinlicher ist es, daß es notwendig sein wird, die Finanzverfassung in ihren Grundlagen zu verändern. Wir werden Abschied nehmen müssen von dem bisherigen Grundsatz fast gleicher Rahmenbedingungen für die Landeshaushalte. Die Ausgleichsquote lag bisher etwa bei 97 %. In Zukunft werden wir zwischen den Ländern sehr viel größere Ungleichgewichte in Kauf nehmen müssen, wenn das Finanzsystem überhaupt funktionieren soll.

Es liegt im Interesse des föderalen Systems in unserem Lande, wenn die Transferleistungen nicht allein vom Bunde, sondern wenn sie zugleich auch in erheblichem Umfange von den Ländern geleistet werden. Denn je größer die Transferleistungen des Bundes sind, um so größer ist auch die Abhängigkeit mindestens der neuen Länder vom Oberstaat. Das föderale System erfordert aber Selbständigkeit der Länder, auch in finanzpolitischer Hinsicht. Sie läßt sich nur erreichen, wenn die Steuern zwischen Bund und Ländern neu verteilt werden. Den Ländern muß dann aber auch ein eigener Spielraum zur Steuergestaltung gegeben sein, z. B. das Recht, Zuschläge zur Einkommens- und Lohnsteuer erheben zu können. Es darf aber nicht allein bei einer Steuergesetzgebung der Länder bleiben, sondern die Länder müssen auch darüber entscheiden können, ob sie ihre Haushalte nicht auch durch Sparmaßnahmen ausgleichen wollen. Dazu müssen sie berechtigt sein, in bisher bundesrechtlich geregelte Systeme eingreifen zu können. Dies gilt vor allem für das Sozialwesen. Vielleicht müssen wir, wenn diese Bewegungen zum Zuge kommen sollen, Teile der in der ehemaligen Bundesrepublik erreichten Rechtseinheit im Interesse der Erhaltung des föderalen Systems in Frage stellen oder sogar aufgeben.

Dieses Problem beschränkt sich aber nicht alleine auf jene Bereiche der Gesetzgebung, die Zahlungsverpflichtungen festlegen. Überprüft werden müssen ggf. auch alle jene Rechtsbereiche, in denen Verfahrensrecht geregelt ist, das in dieser komplizierten Form eines modernen, wohlhabenden Rechtsstaates nicht auf die neuen Länder im Osten übertragen werden kann. Mehr und mehr stellt sich heraus, daß sie durch die komplizierte Gesetzgebung in der ehemaligen Bundesrepublik, die nach dem Einigungsvertrag auch für sie geltendes Recht geworden ist, überfordert werden. Bundeskanzler Kohl und sein Vorgänger, Altbundeskanzler Helmut Schmidt, haben in ihren Festansprachen zum zweiten Jahrestag der Wiedervereinigung in Schwerin und Frankfurt übereinstimmend gefordert, daß der überkommene Bürokratismus drastisch eingeschränkt werden müsse; Bundeskanzler Schmidt allerdings mit dem Zusatz, daß es dann erwünscht wäre, solche Verfahren zur Erleichterung unverzüglich auch auf die alten Länder auszudehnen. Dies ist ein weites Feld, das hier nur erwähnt, nicht aber abschließend behandelt werden kann.

Das Präsidium der Akademie hat sich gegenüber dem Vorsitzenden der Verfassungskommission dafür ausgesprochen, den Art. 29 GG wieder so zu fassen, daß damit eine Länderneugliederung möglich wird. Gegenwärtig gibt es sicher keine politische Kraft für diese Aufgabe. Aber die sich schnell verändernden Rahmenbedingungen in Deutschland, vor allem auch die Probleme, die mit der Finanzierung der Transferleistungen aufgeworfen werden, könnten schon bald Zwang dahingehend ausüben, ernsthaft an eine Neugliederung der Länder zu denken. Es kann sich schon bald herausstellen, daß kleine und leistungsschwache Länder kaum eine Überlebenschance haben, weil sie sonst in totale Abhängigkeit vom Bund und von der europäischen Bürokratie geraten werden.

Sicher hat eine solche Länderneugliederung keine unmittelbaren Auswirkungen für Nordrhein-Westfalen, es sei denn, daß, ähnlich wie das die frühere Ernst-Kommission vorgeschlagen hatte, in bestimmten Grenzbereichen gewisse kleinere Korrekturen vorgenommen werden. Aber dennoch würde sich auch für das einwohnerstärkste Bundesland die Situation im föderalen Staatssystem grundsätzlich ändern, wenn ihm in Zukunft nur noch große Länder gegenüberstehen.

6. Aufgaben der Akademie im Bunde

Ich hatte eben versucht darzulegen, daß sich auch für das einwohnerstärkste Bundesland Nordrhein-Westfalen mit der Wiedervereinigung und natürlich in gleicher Weise auch mit dem Entstehen des Europäischen Binnenmarktes räumliche Rückwirkungen von großem Gewicht ergeben werden, die auch die Landesplanung vor ganz neue Aufgaben und Überlegungen stellen werden. Ich will jetzt abschließend noch einige wenige Bemerkungen darüber machen, welche Aufgaben die Akademie gegenüber der Bundesregierung hat.

Die vordringlichste Aufgabe scheint ihr, ist die baldige Verabschiedung des Orientierungsrahmens für die räumliche Entwicklung in Deutschland, weil dieser Leitlinien setzen muß für alle weiteren Entwicklungsvorhaben im Bundesbereich, in den Ländern und Kommunen und in der Wirtschaft. Frau Bundesministerin Dr. Schwaetzer strebt dabei kein neues Bundesentwicklungsprogramm an, wie wir es vor zwei Jahrzehnten bekamen. Wir haben aus dem damaligen Vorgehen gelernt, daß in dem Abstimmungsgeschäft zwischen Bund und Ländern, vor allem aber in den Abstimmungsprozessen innerhalb des Bundes selbst mit seinen Fachressorts, so viel an Kompromißnotwendigkeit besteht, daß der verbleibende Rest dann als Leitbild nicht mehr hinreicht. Mit ihrem Orientierungsrahmen will die Frau Bundesministerin in eigener Verantwortung die Zielsetzung der Bundesraumordnung klarstellen und sie den Fachressorts und den Ländern und Kommunen zur Beachtung empfehlen.

Von ähnlichen Überlegungen ausgehend, hatte die Akademie bereits 1989 in einer besonderen Arbeitsgruppe des Präsidiums Leitlinien für die zukünftige Entwicklung in Deutschland erarbeitet. Wir waren damals im Präsidium zutiefst davon überzeugt, daß die Wiedervereinigung Rückwirkungen für beide Teile Deutschlands haben werde, die man rechtzeitig erkennen muß, damit Fehlentwicklungen im Osten und im Westen vermieden werden können. Diese Überlegungen der Akademie sind früh als kleines Buch veröffentlicht worden. Frau Bundesministerin Dr. Schwaetzer hatte dieses Büchlein während ihres Urlaubs gelesen. Sie war von dem dort Dargelegten so beeindruckt, daß sie durch ihren persönlichen

Referenten das Präsidium und mich bat, ihr in den Räumen der Akademie zu einem persönlichen Gespräch zur Verfügung zu stehen. Wir haben intensiv miteinander über Grundprobleme des Orientierungsrahmens gesprochen. Als konkretes Ergebnis dieses Gespräches wurde vereinbart, daß die Mitglieder der damaligen Präsidialarbeitsgruppe zusammen mit den beteiligten Herren ihres Hauses den Entwurf des Orientierungsrahmens diskutieren. Ich finde, dieses ist ein bedeutender Erfolg unserer politiknahen Akademiearbeit.

Ich glaube, es hat sich bewährt, daß die Akademie unter ihren Präsidenten Rainer Thoss, Hans Kistenmacher, Peter Treuner und mir zunehmend den Elfenbeinturm der reinen Wissenschaft verlassen und sich darum bemüht hat, wissenschaftliche Beiträge in der aktuellen Politik umzusetzen.

Bei der Größe der vor uns liegenden Aufgaben in unserem Deutschland, in Europa, ja wohl darüber hinaus in der Welt, werden die Aufgaben nicht geringer werden. Ich glaube vielmehr, sie wachsen noch an. Viele der kommenden Entwicklungen werden unmittelbare räumliche Auswirkungen haben, die es rechtzeitig zu erkennen gilt. Gerade hier ist auch in Zukunft die Akademie zur unmittelbaren Mitarbeit aufgerufen, die Akademie insgesamt, aber auch ihre Arbeitsgemeinschaften und ihre Arbeitskreise.

Das gilt auch für die Landesarbeitsgemeinschaft Nordrhein-Westfalen. Die Akademie braucht ihre Hilfe in Nordrhein-Westfalen und darüber hinaus. Ich schließe deshalb mit dem Appell und der Bitte, wirken Sie weiter an diesen großen Aufgaben moderner Raumordnungspolitik und der Landesplanung mit, nicht zuletzt aber auch an den Aufgaben konsequenter Strukturpolitik und des Umweltschutzes. Auch wenn jetzt im Westen die Spielräume für Veränderungen in der Umweltpolitik, wie dargelegt, nur klein sind, so bleibt dennoch auch hier noch genug zu tun.

In diesem Sinne wünsche ich abschließend, zugleich noch einmal verbunden mit den besten Wünschen des Präsidiums, der Landesarbeitsgemeinschaft ein herzliches Glückauf zu neuen Taten.

HANS HEINRICH BLOTEVOGEL

Neue Ansätze regionaler Entwicklungspolitik in Nordrhein-Westfalen

Erfahrungen mit der regionalisierten Strukturpolitik und Perspektiven ihrer Verknüpfung mit der Landes- und Regionalplanung

1. Einleitung

Unter dem Eindruck anhaltender und in vielen Regionen sich weiter verschärfender wirtschaftlicher Strukturprobleme tritt in Nordrhein-Westfalen (ebenso wie in anderen Bundesländern) die regionale Strukturpolitik zunehmend in den Vordergrund des landes- und kommunalpolitischen Interesses. Die zunächst weitgehend auf Kohle und Stahl sowie arbeitsorientierte Konsumgüterindustrien wie Textil und Bekleidung beschränkten Entindustrialisierungsprozesse greifen immer stärker auch auf vermeintlich stabile Branchen wie Chemie, Maschinen- und Fahrzeugbau über und führen in den betroffenen Regionen zu teilweise dramatischen Beschäftigungseinbrüchen (Grabher 1988; Heinze u.a. 1992). Während dieser Prozeß in den Jahren 1990-92 durch die Sonderkonjunktur infolge der deutschen Einigung überlagert und weitgehend verdeckt wurde, läßt der konjunkturelle Abschwung von 1993 die regional differierenden Strukturschwächen der nordrhein-westfälischen Wirtschaft um so deutlicher hervortreten. Es bedarf keiner großen prophetischen Gabe, um vorauszusagen, daß die regionalen Struktur- und Arbeitsmarktprobleme auch in den nächsten Jahren zu den landespolitischen Brennpunkten zählen werden.

Die nordrhein-westfälische Landesregierung hat auf diese alten und neuen Herausforderungen durch eine Neuorientierung der regionalen Strukturpolitik reagiert. Als "regionalisierte, kooperative Strukturpolitik" wird der ambitionierte Versuch unternommen, an Stelle der traditionellen, sektoral segmentierten regionalen Wirtschaftspolitik ein komplexes, auf Integration verschiedener Politikfelder sowie auf Kooperation und Konsens setzendes Politikmodell in die Praxis umzusetzen (Heinze u. Voelzkow 1990; Kruse 1990; Hesse u.a. 1991; Kruse 1991; Voelzkow 1991; Heinze u.a. 1992). Da zugleich eine Dezentralisierung zugunsten von 15 Regionen angestrebt wird, ergeben sich vielfältige Berührungspunkte zur Landes- und Regionalplanung.

Im folgenden sollen zunächst die Kernelemente der neuen regionalisierten, kooperativen Strukturpolitik herausgearbeitet und diskutiert werden. Aus der Sicht der Regionalforschung und Raumplanung ist dann insbesondere auf Probleme der Regionsbildung und -abgrenzung, der Tätigkeit der Regionalkonferenzen sowie auf Koordinationsprobleme zwischen der regionalen Strukturpolitik und anderen Fachpolitiken und speziell auf das Verhältnis zur Landes- und Regionalplanung einzugehen. Einige Überlegungen zur allgemeinen Bewertung und weiteren Entwicklung der Regionalpolitik beschließen den Beitrag.

2. Kernelemente der regionalisierten, kooperativen Strukturpolitik

Das Konzept der regionalisierten, kooperativen Strukturpolitik wurde im wesentlichen in der zweiten Hälfte der achtziger Jahre entwickelt (Kruse 1990, 1991; Hesse u.a. 1991). Unter dem Eindruck von Zechenstillegungen, von Betriebsschließungen der Stahlindustrie, speziell in Hattingen und Oberhausen, sowie dem von heftigen Konflikten begleiteten Stillegungsplan des Krupp-Hüttenwerks in Duisburg-Rheinhausen richtete die Landesregierung 1987/88 die sog. "Zukunftsinitiative Montanregionen" (ZIM) ein. Für die Arbeitsmarktregionen im Ruhrgebiet sowie Aachen/Jülich, Siegen und Steinfurt/Tecklenburg (Ibbenbürener Revier) wurde ein Förderprogramm aufgelegt, in dessen Rahmen insgesamt 290 strukturpolitisch relevante Projekte mit einem Finanzvolumen von zusammen 1,07 Mrd. DM gefördert wurden (Bericht der Kommission Montanregionen 1989).

Das Neue an ZIM waren die über die traditionelle regionale Wirtschaftspolitik hinausgreifende Auffächerung auf fünf Handlungsfelder (von der Innovations- und Technologieförderung bis zur Verbesserung der Umwelt- und Energiesituation), die zugleich eine Einbindung der anderen Fachressorts in die Strukturpolitik bedeutete, sowie vor allem eine stärkere Einbeziehung der für die Regionalentwicklung Verantwortlichen "vor Ort" in den Prozeß der Erarbeitung und Bewertung der zu fördernden Projekte.

Der beträchtliche Erfolg von ZIM ließ sehr bald Kritik an der Begrenzung des Programms auf die ausgewählten Arbeitsmarktregionen laut werden. Die Landesregierung beschloß deshalb 1989, ZIM zu einer "Zukunftsinitiative für die Regionen Nordrhein-Westfalens" (ZIN) zu erweitern und auf das gesamte Land auszudehnen. Dabei wurde zugleich der Bezug auf die Arbeitsmarktregionen aufgegeben und es den für die Regionalentwicklung verantwortlichen Akteuren "vor Ort" überlassen, "Regionen" zu bilden. Unter maßgeblicher Beteiligung der Regierungspräsidenten, der Kreise und kreisfreien Städte sowie der Industrie- und Handelskammern konstituierten sich daraufhin 15 Regionen, die seitdem als die wesentlichen Bezugsräume der nordrhein-westfälischen Strukturpolitik fungieren (Abb. 1). In allen ZIN-Regionen fanden - zumeist moderiert durch die Regierungspräsidenten - sog. Regionalkonferenzen statt, auf denen über regional bedeutsame Projekte und Prioritätensetzungen beraten wurde.

Die Erfahrungen mit ZIM und ZIN und die große politische Akzeptanz veranlaßten die Landesregierung 1990, die Regionalisierung der Strukturpolitik weiter auszubauen und zu verstetigen. Sie bestätigte die im Rahmen von ZIN in einem offenen Prozeß erfolgte Bildung der 15 Regionen, betonte aber, daß deren Abgrenzung künftig für Veränderungen offen sei. In allen Regionen finden seitdem zwei- bis dreimal jährlich Regionalkonferenzen statt. Ihre Zusammensetzung ist nicht strikt vorgegeben, doch legt die Landesregierung Wert darauf, daß neben den administrativen, politischen und ökonomischen Repräsentanten auch Vertreter der sozialen, kulturellen, ökologischen, arbeitsmarktpolitischen und gleichstellungspolitischen Interessen "angemessen beteiligt" werden.

Von allen Regionen verlangt die Landesregierung die Erarbeitung und Aufstellung Regionaler Entwicklungskonzepte, in denen auf der Grundlage einer regionsspezifischen

Stärken-Schwächen-Analyse regionale Leitbilder formuliert und entwicklungsstrategische Schwerpunkte in den wesentlichen strukturpolitischen Handlungsfeldern benannt werden. Die Aufstellung Regionaler Entwicklungskonzepte soll dazu dienen, daß sich die regionalen Akteure über die Ziele und Schwerpunkte der Strukturpolitik für die betreffende Region verständigen und ein Orientierungsrahmen für das regionalpolitisch relevante Handeln geschaffen wird, der durch seine handlungskoordinierende Wirkung Synergieeffekte erzeugt.

Da die Zusammensetzung der Regionalkonferenzen und die Organisation der Arbeit weitgehend den Regionen selbst überlassen sind und das Wirtschaftsministerium für die Erarbeitung der Regionalen Entwicklungskonzepte lediglich "Handlungsempfehlungen" vorgegeben hat ("Regionalisierung" 1992, Anlage 5), kann es nicht verwundern, daß nicht nur der Stand der Erarbeitung, sondern auch die Inhalte der bisher fertiggestellten Konzepte von Region zu Region recht unterschiedlich sind. Um die Bedeutung und praktische Relevanz der Regionalen Entwicklungskonzepte zu unterstreichen, prüft und bewertet die Landesregierung die von den Regionalkonferenzen aufgestellten Konzepte inhaltlich und beschließt sie dann förmlich, gegebenenfalls mit Einschränkungen und unter dem Vorbehalt abweichender Positionen, so daß sie künftig eine bindende Funktion für die strukturrelevante Politik der Landesressorts erhalten. Bis Ende Oktober 1992 wurden in sieben der 15 Regionen die Regionalen Entwicklungskonzepte von den Regionalkonferenzen aufgestellt; davon wurden im Juni 1992 drei Konzepte, nämlich für die Regionen Aachen, Emscher-Lippe und Ostwestfalen-Lippe, von der Landesregierung förmlich beschlossen.

Im Unterschied zu ZIM ist die regionalisierte Strukturpolitik kein spezielles Förderprogramm mit bestimmten Förderrichtlinien und einer gesonderten Finanzausstattung. Vielmehr sollen unter ihrem Dach die strukturwirksamen Programme und Politikfelder der verschiedenen Ressorts koordiniert und besser miteinander verzahnt werden. Eine Finanzierung der aus den Regionalen Entwicklungskonzepten abgeleiteten und in den Regionalkonferenzen befürworteten Projekte kann beispielsweise durch "normale" Ressortmittel, etwa des Städtebaus, des Verkehrswegebaus oder des Hochschulbaus, oder aber aus den Wirtschaftsförderungsprogrammen wie der Gemeinschaftsaufgabe Verbesserung der regionalen Wirtschaftsstruktur (GRW) oder den EG-Programmen wie RECHAR, RESIDER, ESF oder INTERREG erfolgen. Auch spezielle Programme wie der "Handlungsrahmen Kohlegebiete" (1992-95) sollen unter dem konzeptionellen "Dach" der regionalisierten Strukturpolitik umgesetzt werden.

Versucht man, die neue Konzeption der regionalisierten, kooperativen Strukturpolitik in Nordrhein-Westfalen stichwortartig zu kennzeichnen, so lassen sich vier Kernelemente herausstellen. Schlagwortartig kann man sie als "Ansatz der vierfachen Kooperation" bezeichnen:

(a) Horizontale, d.h. räumliche Kooperation

Konstitutiv für das Politikkonzept ist sein Bezug auf "Regionen", d.h. nichtadministrative Räume mittlerer Größe auf einer Maßstabsebene zwischen den Kreisen einerseits und den Regierungsbezirken andererseits.

Die einzelnen Kreise und kreisfreien Städte sind als Bezugsräume wenig geeignet, da deren Grenzen vielfach enge interkommunale Verflechtungen durchschneiden. Dabei ist insbesondere auf die vielen Stadt-Umland-Probleme zu verweisen, die bei Großstädten in NRW nach der Gebietsreform von 1967-75 in der Regel zugleich Stadtkreis-Nachbarkreis-Probleme sind. Auf der anderen Seite sind für diese Aufgaben die nordrhein-westfälischen Regierungsbezirke in der Regel zu groß. Beispielsweise leben im (bevölkerungsstärksten) Regierungsbezirk Düsseldorf allein über 5,2 Mio. Menschen, also deutlich mehr als in den Bundesländern Rheinland-Pfalz oder Sachsen. Außerdem bilden die meisten Regierungsbezirke weder in struktureller noch funktionaler Hinsicht eine Einheit, so daß ihre Heterogenität die Konzipierung und Umsetzung regionaler Politik vor Ort erschwert.

Da die Regionalisierung von der Landesregierung nicht vorgegeben, sondern den Akteuren vor Ort überlassen wurde, entstanden Regionen von recht unterschiedlicher Größe und Abgrenzung (vgl. Abb. 1). Allerdings war der Prozeß der Regionsbildung in der Regel nicht von einer öffentlichen politischen Diskussion begleitet, sondern das Ergebnis interner Beratungen unter maßgeblicher Beteiligung der Regierungspräsidenten, der Hauptverwaltungsbeamten der betreffenden Kreise und kreisfreien Städte sowie der Hauptgeschäftsführer der Industrie- und Handelskammern. Im Ergebnis konstituierten sich in den Jahren 1989 und 1990 15 Regionen, die sich in den meisten Fällen eng an die (1977 neu gegliederten) Bezirke der 16 Industrie- und Handelskammern anlehnen.

(b)   Vertikale Kooperation

Regionale Strukturpolitik kann nur erfolgreich sein, wenn Politik und Verwaltung zwischen der kommunalen und staatlichen Ebene zusammenwirken. Durch eine weitgehende Dezentralisierung der (staatlichen) Regionalpolitik und durch die Einbeziehung der Akteure in den Regionen sollen zwei Ziele erreicht werden:

Erstens soll durch die Einbeziehung der regionalen Akteure in den Prozeß der Zielbestimmung und Strategieausformung erreicht werden, daß die regionale Selbstverantwortung gestärkt und die Identifikation der regionalen Akteure mit den Zielen und Maßnahmen der Politik gefördert wird.

Zweitens kann eine solche Politik das in den Regionen vorhandene spezielle Wissen um regionsspezifische Engpässe und Potentiale systematisch berücksichtigen und für die Ausarbeitung und Umsetzung einer auf die Region individuell zugeschnittenen Entwicklungsstrategie nutzen.

Damit greift dieser Ansatz Überlegungen des Konzepts der endogenen Entwicklungsstrategie auf, ohne jedoch das traditionelle "Top-down"-Modell durch eine reine "Bottom-up"-Strategie zu ersetzen. Angestrebt wird vielmehr ein Zusammenwirken zwischen staatlichen und kommunalen Ebenen, da jede regionalspezifisch ausgeformte Politik in den allgemeinen Rahmen der Landes-, Bundes- und EG-Politiken eingepaßt werden muß. Nicht durch eine einfache Delegation "nach unten", sondern nur durch gleichberechtigte Kooperation und gleichgerichtetes Zusammenwirken können Synergieeffekte entstehen.

Durch die Einführung der "Region" wird der bisherige sechsstufige Politik- und Verwaltungsaufbau (Gemeinde - Kreis - Regierungsbezirk - Land - Bund - EG) tendenziell um eine weitere Ebene ergänzt. Allerdings ist nicht daran gedacht, zwischen Kreis und Regierungsbezirk eine zusätzliche Verwaltungsebene einzuführen; etabliert wird vielmehr eine neue Bezugsebene für politische Willensbildungsprozesse und kooperatives politisches Handeln.

(c)   Funktionale Kooperation der Akteure

Ein weiteres Kernelement der neuen Strukturpolitik ist das Zusammenwirken aller Kräfte einer Region, die für den Prozeß der Regionalentwicklung verantwortlich sind und deren Handeln und raumwirksame Entscheidungen die strukturelle Entwicklung der betreffenden Region maßgeblich bestimmen. Dies sind neben Politik und Verwaltung vor allem die Unternehmen, die Industrie- und Handelskammern, Handwerkskammern, Gewerkschaften und andere Verbände, Hochschulen usw.

Dieser Ansatz beruht auf der Erfahrung, daß die Strukturpolitik nur eine sehr begrenzte Wirkung entfaltet, wenn sie auf staatliches Handeln beschränkt bleibt und es ihr nicht gelingt, die maßgeblichen Akteure in den Regionen zu mobilisieren und sie zu aktivem gleichgerichtetem und kooperativem Handeln zu bewegen. Während eine isolierte staatliche Strukturpolitik sogar gegenteilige Effekte erzeugen kann, wenn durch längerfristig gewährte staatliche Hilfen bei den regionalen Akteuren das Bewußtsein der Eigenverantwortlichkeit schwindet und eine Subventionsmentalität entsteht, strebt die kooperative Regionalpolitik die Stärkung der regionalen Eigenverantwortung durch die Einbindung der regionalen Akteure an. Das Ziel ist die Mobilisierung der Kräfte in den Regionen, um durch kooperatives Handeln Synergieeffekte zu erzeugen (vgl. Stöbe 1992).

Wichtigstes Instrument der funktionalen Kooperation sind die Regionalkonferenzen, die in allen Regionen zwei- bis dreimal jährlich zusammentreten und über Grundfragen der Regionalentwicklung wie regionsspezifische Leitbilder, Entwicklungsstrategien und regional bedeutsame Projekte beraten. Im Interesse der regionalen Autonomie ist der Teilnehmerkreis der Regionalkonferenzen von der Landesregierung nicht exakt vorgegeben, so daß verständlich wird, daß sowohl die Zusammensetzung wie auch die Arbeitsweise der Regionalkonferenzen von Region zu Region beträchtliche Unterschiede aufweisen. Zum Teilnehmerkreis gehören in der Regel die Hauptverwaltungsbeamten der kreisfreien Städte und Kreise, die Repräsentanten der regionalen Politik (Oberbürgermeister und Landräte sowie Fraktionsvorsitzende der Stadträte und Kreistage), die Hauptgeschäftsführer und Präsidenten der Industrie- und Handelskammer(n), die Repräsentanten des Handwerks, der Landwirtschaft und der Gewerkschaften, die Direktoren der Arbeitsämter, die Leiter der Einrichtungen zur Wirtschaftsförderung, die Hochschulrektoren sowie weitere Repräsentanten von Einrichtungen und Verbänden. Diese von der Landesregierung bewußt intendierte Einbeziehung organisierter Interessen in den politischen Prozeß wurde von Heinze und Voelzkow (1990) treffend als "inszenierter Korporatismus" charakterisiert.

(d)   Funktionale Kooperation der Fachpolitiken

Das vierte Kernelement der regionalisierten kooperativen Strukturpolitik ist ihre Verknüpfung mit anderen Fachpolitiken, soweit diese für die Regionalentwicklung relevant sind. Nach dem traditionellen Verständnis der regionalen Wirtschaftspolitik war dies in erster Linie die Infrastrukturplanung, wobei zwischen materieller (insbesondere Verkehrswege) und immaterieller Infrastruktur (Bildung, berufliche Qualifikation) unterschieden werden kann.

Heute strebt die Landesregierung eine sehr viel weiterreichende intersektorale Politikverknüpfung an. Gemäß der allgemeinen landespolitischen Leitlinie der "ökonomischen und ökologischen Erneuerung in sozialer Verantwortung" steht die regionale Strukturpolitik in einem dreipoligen Spannungsfeld zwischen dem wirtschaftspolitischen Ziel der Sicherung und Verbesserung der Wettbewerbsfähigkeit auf der einen Seite sowie den Anforderungen nach Sozialverträglichkeit und Umweltverträglichkeit auf den anderen Seiten (Regionalisierung 1992, S. 9ff.).

Drei Handlungsfelder erscheinen der Landesregierung im Hinblick auf die Förderung der Wettbewerbsfähigkeit der Wirtschaft in den Regionen von besonderer strategischer Bedeutung: die Qualifizierung von Arbeitskräften, die Technologiepolitik sowie die Mobilisierung von Flächen.

Die Einbindung und intersektorale Verknüpfung der Strukturpolitik wird besonders deutlich an den "Regionalen Entwicklungskonzepten", deren Erarbeitung die Landesregierung von allen Regionen verlangt. Nachdem im Kabinettsbeschluß vom 16.10.1990 bereits gefordert wurde, bei der Erarbeitung der Regionalen Entwicklungskonzepte "neben den ökonomischen auch die ökologischen, sozialen, kulturellen, arbeitsmarktpolitischen und gleichstellungspolitischen Interessen der Region" zu berücksichtigen (Regionalisierung 1992, Anlage 4), wurden die "Handlungsempfehlungen Regionale Entwicklungskonzepte" vom 26.11.1990 noch konkreter. Der dort (als Empfehlung) beigegebene Themenkatalog enthält neben "Innovation und Technologie", "Qualifikation", "Arbeitsmarktsituation" und "Entwicklung der Infrastruktur" auch "Frauenspezifische Aspekte des Strukturwandels" sowie Themen wie "Umwelt- und Energiesituation" und "Attraktivität der Region als Lebensraum (Wohnen, Freizeit, Kultur)" (Regionalisierung 1992, Anlage 5).

Dieses Anliegen einer breiten intersektoralen Einbindung der regionalen Strukturpolitik erscheint insofern plausibel, als ein isolierter sektoraler Ansatz nur wenig Erfolg verspricht und nur durch eine Verzahnung mit der Politik der anderen Ressorts der Strukturwandel in den Regionen wirksam vorangetrieben werden kann.

3. Ausgewählte konzeptionelle Probleme der regionalisierten, kooperativen Strukturpolitik

Eine umfassende Kritik und Bewertung des Politikkonzepts kann hier nicht geleistet werden, zumal dafür die Fachkompetenz verschiedener Wissenschaften herangezogen werden müßte und die bisherigen praktischen Erfahrungen für ein endgültiges Urteil noch nicht ausreichen.

Immerhin ist die Politik im Lande durchaus nicht unumstritten. Skeptische bis ablehnende Positionen bezogen insbesondere die kommunalen Spitzenverbände, einzelne Kommunalpolitiker unterschiedlicher Parteien und Vertreter der Oppositionsparteien im Düsseldorfer Landtag. Hingegen ist der Rückhalt in der Landesregierung und in der sie tragenden sozialdemokratischen Landtagsfraktion in den letzten Jahren eher noch gewachsen, so daß die Politik voraussichtlich auch in den nächsten Jahren, möglicherweise in weiterentwickelter Form, fortgeführt wird.

Aus der Sicht der Raumforschung, Regional- und Landesplanung ergeben sich insbesondere vier konzeptionelle Problemkreise, die im folgenden kurz diskutiert werden sollen. Neben der unvermeidlichen Regionalisierungsproblematik werden die Frage der demokratischen Legitimation der Regionalkonferenzen sowie Probleme der Ziel- und Maßnahmenkoordinierung mit anderen Ressortpolitiken und speziell das Verhältnis zur Landes- und Regionalplanung angesprochen.

3.1 Bildung und Abgrenzung der Regionen

Die regionale Binnengliederung des Landes Nordrhein-Westfalen ist eines jener Probleme, die seit Jahrzehnten in zyklischen Abständen von einigen Jahren immer wieder heftig kontrovers diskutiert wurden, ohne daß eine allgemein überzeugende Lösung gefunden, geschweige denn realisiert worden wäre. Auch die Verwaltungsreform von 1967-75 brachte zwar auf der kommunalen, nicht jedoch auf der regionalen Ebene eine durchgreifende Lösung, so daß dort auch heute noch vielfältige Unzulänglichkeiten bestehen:

- räumliche Überlagerungen regionaler Organisationen und ihrer Zuständigkeitsbereiche, insbesondere der Regierungsbezirke, der Landschaftsverbände Rheinland und Westfalen-Lippe sowie des Kommunalverbandes Ruhrgebiet, so daß in der Öffentlichkeit der Eindruck einer unübersichtlichen und ineffizienten regionalen Behördenorganisation entsteht;
- mangelnde Eignung der Regierungsbezirke als Planungsregionen, da die meisten Regierungsbezirke für diesen Zweck zu groß und zu heterogen strukturiert sind und ihre Grenzen vielfach funktional zusammengehörende Verflechtungsräume durchtrennen;
- Aufteilung des Ruhrgebiets auf drei Regierungsbezirke und damit Zuordnung zu drei (außerhalb des Reviers lokalisierten) Regionalplanungsbehörden und Bezirksplanungsräten;

- fehlende Institutionen zur Lösung von Stadt-Umland-Problemen, insbesondere zwischen kreisfreien Städten und den mit ihnen eng verflochtenen Nachbarkreisen;

- mangelnde funktionale Kohärenz vieler Kreise, die im Rahmen der Gebietsreform von 1967-75 häufig mit dem Ziel einer simplen quantitativen Vergrößerung, nicht jedoch nach Kriterien der verflechtungsräumlichen Zusammengehörigkeit gebildet wurden.

Die gerade auf regionaler Ebene unbefriedigenden Ergebnisse der Verwaltungsreform von 1967-75 und vor allem das Diktat der leeren öffentlichen Kassen haben in jüngster Zeit die politische Diskussion um eine erneute Reform wieder aufleben lassen, wenngleich kaum mit einer durchgreifenden Neugliederung, sondern allenfalls mit punktuellen Veränderungen und möglicherweise mit einer Bereinigung überlappender Strukturen gerechnet werden kann.

Allerdings ist eine regionale Verwaltungsgliederung, die alle wesentlichen Anforderungen erfüllt, nicht in Sicht und vermutlich auch prinzipiell unmöglich, da sich das Siedlungssystem Nordrhein-Westfalens aufgrund seiner charakteristischen agglomerativ vernetzten Struktur kaum in funktional kohärente Verwaltungsräume aufgliedern läßt. Insbesondere im Rhein-Ruhr-Ballungsraum muß jede Grenzziehung irgendwelche engen zwischenstädtischen Verflechtungen durchschneiden, so daß auch jede Reform der administrativen Gliederung notwendigerweise wieder neue Unzulänglichkeiten erzeugt.

Da in dieser Situation jede Festlegung der Regionsgliederung durch die Landesregierung angreifbar und vermutlich auch zum Gegenstand endloser und großenteils fruchtloser Auseinandersetzungen geworden wäre, erscheint die Entscheidung, die Regionsbildung den Akteuren vor Ort zu überlassen, nicht nur politisch geschickt, sondern im Hinblick auf die angestrebte Dezentralisierung politischen Handelns auch sachgerecht.

Die in einem offenen politischen Prozeß entstandenen und in Abb. 1 dargestellten Regionen haben zwei wesentliche Vorzüge: Zum einen werden sie in ihrem räumlichen Zuschnitt vom politischen Willen der maßgeblichen Akteure aus den Regionen getragen. Dies ist eine zwar noch nicht hinreichende, aber ganz wesentliche notwendige Bedingung für "regionales Denken" und regionale Identifikationsprozesse, zumindest bei den wichtigsten regionalen Akteuren aus Verwaltung und Politik sowie den Wirtschaftsverbänden.

Zum andern erfüllen die Regionen wenigstens im großen und ganzen die Anforderung der funktionalen Kohärenz, d.h. der Zusammenfassung von kreisfreien Städten und Kreisen, die nach verflechtungsräumlichen Kriterien (Pendler, zentralörtliche Verflechtungsbereiche, Verkehr usw.) zusammengehören Blotevogel 1985). Insbesondere bestehen die meisten Regionen aus einem Oberzentrum und den zu dessen Verflechtungsbereich gehörenden Kreisen und entsprechen damit prinzipiell dem Modell eines Ausgeglichenen Funktionsraums (Funktionsräumliche Arbeitsteilung 1985). Dies sind prinzipiell günstige Voraussetzungen für die Entwicklung "regionalen Denkens" und die Entstehung einer regionalen politischen Verantwortungs- und Gestaltungsgemeinschaft.

Abb. 1: Abgrenzung der Regionen in der regionalisierten Strukturpolitik

Regionsabgrenzung

1 Arnsberg
2 Mittleres Ruhrgebiet/Bochum
3 Dortmund/Kreis Unna/Hamm
4 Hagen
5 Siegen
6 Ostwestfalen-Lippe
7 Bergische Großstädte
8 Düsseldorf/Mittlerer Niederrhein
9 Mülheim a.d.Ruhr/Essen/Oberhausen (M-E-O)
10 Niederrhein
11 Aachen
12 Bonn
13 Köln
14 Emscher-Lippe
15 Münsterland

▬▬ Staatsgrenze
—·— Landesgrenze
──── Kreisgrenze oder Grenze einer kreisfreien Stadt
▬▬ Grenze der Region

Die insgesamt positive Bewertung darf allerdings nicht darüber hinwegtäuschen, daß aus regionalwissenschaftlicher Sicht die Bildung und Abgrenzung der 15 Regionen nicht in allen Fällen zu befriedigenden Ergebnissen geführt haben.

Daß die Kreise in der Regel bei der Regionalisierung als kleinste Bausteine dienten, hatte zur Folge, daß sich die mangelnde funktionale Geschlossenheit vieler Kreise auf die Regionen überträgt. Beispiele für die unzureichende Berücksichtigung enger räumlicher Verflechtungen und deren Durchtrennung durch Regionsgrenzen sind die Ausrichtung von Castrop-Rauxel und Waltrop auf Dortmund, von Wülfrath auf Wuppertal, von Geldern und Straelen auf Krefeld, von Wegberg und Erkelenz auf Mönchengladbach, von Wermelskirchen, Hückeswagen und Radevormwald auf Remscheid/Wuppertal sowie von Weilerswist und Euskirchen auf Köln/Bonn. Lediglich im Falle des Ennepe-Ruhr-Kreises, dessen Gemeinden in zentrifugaler Weise auf mehrere benachbarte Oberzentren ausgerichtet sind, wurde eine Ausnahme gemacht, indem (in Anlehnung an die Bezirke der Industrie- und Handelskammern) der nördliche Teil der Region Bochum und der südliche Teil der Region Hagen zugeordnet wurde.

Daß Kreise einer Region nach Möglichkeit ungeteilt angehören sollten, leuchtet unmittelbar ein. Sie sind nicht nur eine wichtige Verwaltungsebene und damit für die Umsetzung der Strukturpolitik von Bedeutung, sondern auch Räume politischer Willensbildung und insofern eine wesentliche Grundlage für die Politik der Regionen. Die mangelnde funktionale Kohärenz vieler Kreise als Erbe der Verwaltungsreform von 1967-75 beeinträchtigt jedoch vielfach auch den inneren Zusammenhalt mancher Regionen und erschwert nicht nur die Erarbeitung maßgeschneiderter Entwicklungsstrategien, sondern vor allem auch die Ausbildung regionaler Identität.

Auch die unterschiedliche Dimensionierung der Regionen gibt zu Kritik Anlaß (vgl. Tabelle 1). Dabei ist weniger die Streuung der Bevölkerungszahlen bedenklich als vielmehr die Unausgewogenheit der Flächengrößen und der inneren Struktur einiger Regionen. Wenn zwei Regionen (Bergische Großstädte sowie Mülheim/Essen/Oberhausen) nur aus jeweils drei kreisfreien Städten bestehen und allein im Kernraum des Ruhrgebiets sich drei sehr kleine Regionen nebeneinander gebildet haben, stellt sich die Frage, ob hier nicht die Idee der Regionalisierung ad absurdum geführt wird. Ohne Zweifel ist gerade in einem polyzentrischen Ballungsraum wie dem Ruhrgebiet interkommunale Kooperation eine elementare Voraussetzung für die Bewältigung der Strukturprobleme. Da ist es doch wohl ein Anachronismus, wenn nicht nur die beiden großen "Flügelstädte" des Reviers Duisburg und Dortmund (mit ihrerseits durchaus nachvollziehbaren Gründen) eigene Regionen bilden wollen, sondern auch nicht einmal das mittlere Ruhrgebiet zu einer Kooperation zusammenfindet. Hat ein zufälliges Kunstprodukt wie die "Region MEO", die nur aus den drei Ballungskernstädten Mülheim, Essen und Oberhausen besteht, trotz der anerkennenswerten Kooperationsbereitschaft der Verwaltungen und Stadträte wirklich eine realistische Chance, sich sowohl auf der europäischen Bühne des internationalen Standortwettbewerbs wie auch in den Köpfen der Bevölkerung als "Region" zu etablieren?

Auch das Argument, diese Regionalisierung sei nun einmal das Ergebnis politischer Willensbildungsprozesse in den Regionen selbst, kann nicht voll überzeugen. In den meisten

Tab. 1: Regionen der regionalisierten Strukturpolitik

Region	Regionszugehörige kreisfreie Städte und Kreise	Fläche qkm	Bevölkerung 1000 Ew 31.12.91
1 Arnsberg	Hochsauerlandkreis, Kreis Soest	3284	553,5
2 Mittl. Ruhrgebiet/Bochum	Städte Bochum, Herne, Hattingen, Witten	341	741,0
3 Dortmund/Kreis Unna/Hamm	Städte Dortmund, Hamm, Kreis Unna	1049	1191,1
4 Hagen	Stadt Hagen, Ennepe-Ruhr-Kreis (ohne Hattingen und Witten), Märkischer Kreis	1484	847,1
5 Siegen	Kreise Olpe, Siegen-Wittgenstein	1842	426,2
6 Ostwestfalen-Lippe	Stadt Bielefeld, Kreise Gütersloh, Herford, Höxter, Lippe, Minden-Lübbecke, Paderborn	6517	1924,8
7 Bergische Großstädte	Städte Wuppertal, Remscheid, Solingen	332	675,0
8 Düsseldorf/ Mittlerer Niederrhein	Städte Düsseldorf, Krefeld, Mönchengladbach, Kreise Mettmann, Neuss, Viersen	2071	2288,5
9 Mülheim/Essen/ Oberhausen (MEO)	Städte Essen, Mülheim, Oberhausen	379	1028,6
10 Niederrhein	Stadt Duisburg, Kreise Kleve, Wesel	2506	1251,1
11 Aachen	Stadt Aachen, Kreise Aachen, Düren, Euskirchen, Heinsberg	3526	1187,2
12 Bonn	Stadt Bonn, Rhein-Sieg-Kreis	1295	808,1
13 Köln	Städte Köln, Leverkusen, Erftkreis, Oberbergischer Kreis, Rheinisch-Bergischer Kreis	2544	2072,8
14 Emscher-Lippe	Städte Bottrop, Gelsenkirchen, Kreis Recklinghausen	966	1067,6
15 Münsterland	Stadt Münster, Kreise Borken, Coesfeld, Steinfurt, Warendorf	5936	1437,2

Regionen hat weder im politischen Raum, geschweige denn in der Öffentlichkeit, eine breite und offene Diskussion über die Bildung der Regionen stattgefunden. ZIM, ZIN und regionale Strukturpolitik galten als typische Expertenthemen ohne breites öffentliches Interesse. Insofern wird verständlich, daß der Kreis der Akteure, die die Regionen konstituierten, in der Regel sehr klein war und sich im wesentlichen auf die Regierungspräsidenten, die Hauptverwaltungsbeamten der kreisfreien Städte und Kreise, die Oberbürgermeister und Landräte sowie die IHK-Hauptgeschäftsführer beschränkte. Deren Entscheidungen zur Bildung und Abgrenzung der Regionen orientierten sich im allgemeinen an den Bezirken der Industrie- und Handelskammern.

Erst nachdem die Regionen gebildet waren, wurde insbesondere durch die Regionalkonferenzen und die Regionalen Entwicklungskonzepte der politischen Öffentlichkeit die Bedeutung und Tragweite dieser Politik bewußt. Dabei zeigte sich dann, daß die getroffenen Regionalisierungsentscheidungen nicht immer dem Selbstverständnis regionaler Zusammengehörigkeit in der Bevölkerung entsprachen. Es ist zwar zu begrüßen, daß die Landesregierung ausdrücklich erklärt hat, sie sei für eine Revision der vielfach ad hoc zustande gekommenen Regionalisierung offen, doch ist Skepsis angebracht, ob es in Anbetracht der bekannten Beharrungskraft einmal zustande gekommener politisch-administrativer Strukturen je zu einer Modifizierung kommt.

3.2 Zusammensetzung und demokratische Legitimation der Regionalkonferenzen

Ein zweiter Problemkreis betrifft die Zusammensetzung und Legitimation der Regionalkonferenzen und das Verhältnis der neuen Politikform zu den bestehenden politisch-administrativen Ebenen der Gemeinden, Kreise und Regierungsbezirke, speziell zu den Stadt- und Gemeinderäten, Kreistagen und Bezirksplanungsräten.

Vor allem in den Jahren 1989-91, als die Konzeption der regionalisierten kooperativen Strukturpolitik ausgearbeitet und erprobt wurde, argumentierten die kommunalen Spitzenverbände und viele Kommunalpolitiker, die Tätigkeit der Regionalkonferenzen entbehre jeder verfassungsrechtlichen Grundlage, ihre Zusammensetzung sei durch die prinzipiell willkürliche Einbeziehung organisierter Interessengruppen undemokratisch und überhaupt führe die neue Politikform zu einer Aushöhlung der verfassungsmäßigen Kommunalpolitik.

Tatsächlich war in der Anfangszeit das Verhältnis der Regionalkonferenzen zur verfaßten Kommunalpolitik nicht nur ungeklärt, sondern auch verfassungsrechtlich problematisch. Da die Prinzipien der Politik im Rahmen von ZIM und ZIN zunächst als einfache Verfahren zur Projektfindung und zur Einigung auf Prioritätenlisten entwickelt wurden und die Konferenzen bei der ZIN-Runde von 1989 unter einem enormen Zeitdruck standen, gingen die Entscheidungsfindungen vielfach an den Kommunalparlamenten vorbei. Die in den Regionen erarbeiteten Projektlisten wurden in der Regel direkt über die Regierungspräsidenten der Landesregierung zugeleitet, so daß in der Kommunalpolitik der Eindruck entstand, die regionalisierte Strukturpolitik führe zwar zu einer Kooperation zwischen Landesbehörden,

den Verwaltungsspitzen der Kreise und kreisfreien Städte sowie regionalen Interessengruppen, speziell den Wirtschaftsverbänden, verletze jedoch die verfassungsgemäßen Zuständigkeiten der Kommunalparlamente. Letztlich sei dies eine Regionalisierung "von oben", die einer politischen Willensbildung, die im Sinne einer Bottom-up-Strategie von der kommunalpolitischen Ebene ausgehe, widerspreche.

Die Landesregierung berücksichtigte die Kritik insofern, als sie klarstellte, daß die gesetzlichen Kompetenzen der Stadt- und Gemeinderäte, Kreistage und Bezirksplanungsräte nicht berührt werden. Per Kabinettsbeschluß vom 16.10.1990 verlangte sie, daß die Regionalen Entwicklungskonzepte nicht nur in den parlamentarischen Gremien der Kreise und kreisfreien Städte, sondern auch in den Räten der kreisangehörigen Städte und Gemeinden "beraten" werden (Regionalisierung 1992, Anlage 4). Dies gilt auch für Projektlisten und Förderkonzepte im Rahmen von Sonderprogrammen wie beispielsweise dem "Handlungsrahmen Kohlegebiete". Gemäß Landesplanungsgesetz befassen sich auch die Bezirksplanungsräte mit den Regionalen Entwicklungskonzepten, indem sie die von den Regionalkonferenzen aufgestellten Konzepte beraten und eine ergänzende Stellungnahme abgeben können.

Gleichwohl bleiben Bedenken, wenn auch nicht unbedingt verfassungsrechtlicher Art, sondern aufgrund des tatsächlichen Ablaufs der politischen Entscheidungsprozesse. Da beispielsweise die Regionalen Entwicklungskonzepte in der Regel zuerst in den Regionalkonferenzen beraten und verabschiedet werden, haben die kommunalen Räte und Kreistage nur noch die Möglichkeit, im nachhinein die Arbeitsergebnisse entweder zu sanktionieren, abzulehnen oder zu kommentieren; sie sind zumeist aber nicht maßgeblich in die Entscheidungsvorbereitungen eingebunden. Welcher Kreistag wird noch eine Vorlage ablehnen oder überhaupt inhaltlich seriös diskutieren, von der es heißt, sie sei bereits ausgiebig in der Regionalkonferenz mit dem geballten Sachverstand der dort vertretenen Organisationen erörtert und verabschiedet und zwischen den in der Region gelegenen Gebietskörperschaften abgestimmt worden, so daß deren Ablehnung nun möglicherweise sogar die Förderung hoffnungsvoller Projekte gefährde?

Noch unzulänglicher sind die Mitwirkungsmöglichkeiten der kreisangehörigen Städte und Gemeinden. Zwar haben auch sie bei der Aufstellung der Regionalen Entwicklungskonzepte das Recht zur Beratung und Stellungnahme, doch sind sie in der Regel nicht einmal in den Regionalkonferenzen vertreten, geschweige denn an der Entscheidungsvorbereitung ihrer Arbeit und Beschlüsse beteiligt.

Zwar läßt sich dem Wunsch nach einer stärkeren Beteiligung der kreisangehörigen Städte und Gemeinden entgegenhalten, daß sich die Regionalpolitik nicht mit lokal, sondern nur regional bedeutsamen Vorhaben befasse und bei einer großen Zahl von Gemeinden die praktischen Abstimmungsprobleme unlösbar würden. Eine solche Argumentation verkennt jedoch, daß viele regional bedeutsame Projekte auch von kreisangehörigen Städten und Gemeinden konzipiert und in das Verfahren der regionalisierten Politik eingebracht werden und daß das wichtige Ziel einer horizontalen, d.h. gemeinde- und kreisgrenzenüberschreitenden Kooperation nur gelingen kann, wenn auch die kreisangehörigen Städte und Gemeinden verantwortlich eingebunden sind.

Auf der anderen Seite müssen sich diese dann auch tatsächlich auf *regionale* Vorhaben und Problemstellungen beschränken und dürfen nicht versuchen, in einem falsch verstandenen lokalpolitischen Engagement lokale Projekte auf die regionale Ebene "hochzuzonen". Dies würde nicht nur die Problemlösungskapazität der Regionalkonferenzen sprengen, sondern auch zur andererseits beklagten Auszehrung kommunalpolitischer Handlungsspielräume beitragen.

Einer kommunalpolitischen Fundamentalkritik an der Mitwirkung regionaler Organisationen wie Kammern, Gewerkschaften, Hochschulen usw. an den Regionalkonferenzen kann hingegen nicht gefolgt werden. Wenn das erklärte und nach allen Erfahrungen auch überzeugende Ziel einer verantwortlichen Einbindung sämtlicher für die Regionalentwicklung wichtigen Akteure erreicht werden soll, muß deren Mitwirkung in den Regionalkonferenzen von seiten der Politik nicht nur toleriert, sondern als Bereicherung und Chance begriffen werden.

Eine gewisse Gefahr liegt allerdings darin, daß es sich bei den in den Regionalkonferenzen vertretenen Akteursgruppen in der Regel um Vertreter organisierter Interessengruppen wie Industrie- und Handelskammern, Gewerkschaften usw. handelt, die allein schon aufgrund ihrer Professionalität die Willensbildungsprozesse unter Umständen unangemessen beeinflussen können. Die politischen Mandatsträger sollten diese Impulse jedoch offen aufnehmen und die Regionalkonferenzen stärker als bisher zu Foren offener politischer Diskussion und Willensbildung machen.

Gefragt ist also eine stärkere Politisierung (nicht unbedingt parteipolitische Polarisierung) der Regionalkonferenzen. Wo sonst kann auf der regionalen Ebene in einem breiten Dialog zwischen Politik, Verwaltung, Wirtschaft, Gewerkschaften, Wissenschaft usw. über Grundfragen der Regionalentwicklung wie über regionsspezifische Leitbilder und zukunftsweisende profilgebende Projekte diskutiert und möglicherweise eine Synergien freisetzende Verständigung zu gemeinsamem Handeln erreicht werden?

Die bisherige Arbeit vieler Regionalkonferenzen krankt daran, daß die Chance zum offenen politischen Diskurs viel zu wenig genutzt und nicht nur ihre Zusammensetzung, sondern auch der Ablauf und die Ergebnisse ihrer Sitzungen wesentlich durch die vorbereitenden Lenkungsgremien vorbestimmt werden. Deren starke Schlüsselstellung kommt zwar sicher der Sitzungsökonomie und möglicherweise auch einer vordergründig verstandenen Effizienz der Fördermittelakquisition zugute, entspricht aber nicht unbedingt der Intention einer breiten verantwortlichen Einbindung der regionalen Akteure.

Um so wichtiger ist die personelle Zusammensetzung der Lenkungsausschüsse. Neben der Verwaltungsseite (und möglicherweise der Wirtschaft) sollte hier auch die Politik beteiligt sein, damit schon in der Vorbereitungsphase eine politische Rückkoppelung erfolgt. Wenn beispielsweise der Entwurf eines Regionalen Entwicklungskonzepts ohne breite Beteiligung der Politik vom Lenkungsausschuß erarbeitet und dann in einem Top-down-Verfahren durch die politischen Gremien "gebracht" wird, sind politische Widerstände geradezu vorprogrammiert, selbst wenn gar keine gravierenden inhaltlichen Einwände bestehen.

Kaum lösbar erscheint hingegen das Problem der sachgerechten Auswahl der in die Arbeit der Regionalkonferenzen einzubeziehenden Akteursgruppen. Zum einen liegt das Problem darin, daß nur Vertreter organisierter Interessengruppen als Ansprechpartner verfügbar sind, so daß andere Gruppen schon aus strukturellen Gründen von einer Mitwirkung ausgeschlossen sind. Dies gilt nicht nur generell für unterprivilegierte Gruppen wie beispielsweise Kinder, Ausländer, ÖPNV-Benutzer, Arbeitslose und Sozialhilfeempfänger, deren Interessen gar nicht oder nur wenig organisiert sind. Auch die Unternehmen, deren (Des)Investitionsentscheidungen die Regionalentwicklung ja wesentlich beeinflussen, sind nur indirekt über ihre Kammern beteiligt. Ihre mitverantwortliche Einbindung in den regionalpolitischen Dialog wäre jedoch ein wesentlicher Fortschritt bei einer künftigen Weiterentwicklung der regionalpolitischen Konzeption.

Auf der anderen Seite kann der Kreis der Organisationen und Interessengruppen, die an den Regionalkonferenzen beteiligt sind, nicht beliebig ausgeweitet werden. Mit zunehmender Größe sinken nicht nur Flexibilität und Effizienz; auch die Gefahr einer Schieflastigkeit zugunsten von Interessengruppen und zu Lasten der politischen Mandatsträger nimmt zu. Im übrigen muß immer kritisch gefragt werden, inwieweit die möglicherweise einzubeziehenden Organisationen und Interessengruppen überhaupt in der Lage sind, in konstruktiver Weise fachlich qualifizierte Beiträge zur Arbeit der Regionalkonferenzen zu leisten.

3.3 Koordination der Zielsysteme der Fachpolitiken

Ein dritter Problemkreis bezieht sich auf das Verhältnis der regionalen Strukturpolitik zu den anderen Fachpolitiken, insbesondere auf die Koordination der unterschiedlichen Zielsysteme und die Abwägung bei Zielkonflikten in der Bewertung konkreter Projekte.

Entsprechend dem oben dargestellten Ziel einer intersektoralen Verknüpfung der regionalen Strukturpolitik strebt die Landesregierung an, daß neben der regionalen Wirtschaftspolitik im engeren Sinne nicht nur (wie bisher) die Bereiche der materiellen und immateriellen Infrastruktur, sondern darüber hinaus sämtliche Sachgebiete, die für die Regionalentwicklung bedeutsam sind, einbezogen werden. Wie beispielsweise aus den vom Wirtschaftsministerium herausgegebenen Empfehlungen zur Erarbeitung der Regionalen Entwicklungskonzepte hervorgeht, sind damit insbesondere frauenspezifische Aspekte des Strukturwandels, die Umweltsituation ("regionale Umweltbilanzen") sowie die Attraktivität der Regionen als Lebensraum (Wohnen, Freizeit, Kultur) gemeint (Regionalisierung 1992, Anlage 5).

Dieses weitreichende Anliegen leuchtet prinzipiell ein: Eine Segmentierung und Isolierung der regionalen Wirtschaftspolitik würde nicht nur die angestrebte Einbindung des fachpolitischen Ziels einer verbesserten Wettbewerbsfähigkeit der regionalen Unternehmen in das obengenannte politische Spannungsfeld mit den Gegenpolen der Umwelt- und Sozialverträglichkeit verletzen. Sie müßte auch auf Synergieeffekte, die durch ein koordiniertes, gleichgerichtetes Handeln der verschiedenen Fachpolitiken entstehen können, verzichten.

Die Problematik des fachübergreifenden Politikansatzes ist eine zweifache. Zum einen erinnert das Anliegen zumindest der Tendenz nach an die um 1970 vielfach unternommenen und letztlich kläglich gescheiterten Versuche einer umfassenden integrierten Entwicklungsplanung von Ländern, Städten und Regionen. Die Hauptprobleme liegen in der außerordentlich hohen Komplexität der Aufgabenstellung, in der notwendigen Einbeziehung zahlreicher Fachexperten und in dem hohen Abstimmungsaufwand zwischen den Fachpolitiken auch auf der regionalen Ebene. Wenn hier die Ansprüche zu hoch geschraubt werden, überfordert dies sowohl die fachliche Kompetenz als auch die politische Problemlösungskapazität der Regionalkonferenzen.

In analoger Weise gilt dies für die Regionalen Entwicklungskonzepte. Eine seriöse Bearbeitung aller Sachgebiete, die in dem von der Landesregierung empfohlenen Themenkatalog genannt sind, erfordert umfangreiche Vorarbeiten, zahlreiche unterschiedliche Fachbeiträge sowie eine Vielzahl wechselseitiger fachlicher und politischer Abstimmungen, so daß sehr schnell die Kapazitätsgrenzen der mit der Erarbeitung der Konzepte befaßten Stellen erreicht werden. Hinzu kommt, daß die Regionen ja nicht über eigene Verwaltungen verfügen, so daß die Aufgaben von den beteiligten Dienststellen neben deren normalen Verpflichtungen erfüllt werden müssen, wenn man einmal von den an externe Gutachter delegierbaren Arbeiten absieht.

Allzu umfassend angelegte und umfangreiche Entwicklungskonzepte bergen darüber hinaus die Gefahr mangelnder Wirkung und Flexibilität. Erfahrungsgemäß hängt schon vom äußeren Umfang weitgehend ab, ob ein Konzept von der Zielgruppe überhaupt gelesen wird; und je größer der fachliche und politische Aufwand (sowie schließlich auch die Kosten) für die Erarbeitung eines Regionalen Entwicklungskonzepts, um so geringer ist erfahrungsgemäß die Neigung aller Beteiligten zur baldigen Fortschreibung und zur gegebenenfalls notwendigen Neufassung.

Die Aufstellung der Regionalen Entwicklungskonzepte kann aber nur der erste Schritt eines ständigen Prozesses sein, denn die angestrebten Ziele der regionalisierten, kooperativen Strukturpolitik können nur erreicht werden, wenn in den einzelnen Regionen ein kontinuierlicher politischer Diskurs über Leitbilder, Strategien und zentrale Entwicklungsprojekte in Gang gesetzt wird, dessen Ergebnisse in kurzen Abständen in dem jeweilen Regionalen Entwicklungskonzept dokumentiert werden.

Ein zweites Problem betrifft das Gewichtungsverhältnis zwischen den Zielen der regionalen Strukturpolitik im engeren Sinne sowie den Zielen der anderen, auch auf regionaler Ebene einzubeziehenden Fachpolitiken. Bekanntlich bestehen zwischen den unterschiedlichen Zielsystemen vielfache Antinomien, die im Planungsvollzug in politischen Abwägungsprozessen aufgelöst werden müssen. Beispiele sind die Konflikte zwischen dem Gewerbeflächenbedarf und dem Freiraumschutz, zwischen dem ökonomischen Wachstumsziel und der Verbesserung von Umweltstandards sowie zwischen einem nachfrageorientierten Straßenbau und den Zielen des Freiraum- und Immissionsschutzes.

Im Rahmen der regionalisierten Strukturpolitik und speziell in den Regionalkonferenzen sind angemessene Abwägungen zwischen konkurrierenden Zielen schon deshalb nicht möglich, weil die Vertreter konkurrierender Zielsysteme strukturell unterrepräsentiert sind. Dies gilt speziell für die Belange des Umwelt-, Landschafts- und Naturschutzes sowie der Sozial- und Kulturpolitik. In Fällen eindeutiger Zielantinomie ist deshalb vorprogrammiert, daß sich die Anwälte wirtschaftlicher Belange durchsetzen und beispielsweise der gemeinsam von Kommunen und Kammern vorgetragene Wunsch nach zusätzlichen Gewerbe- und Industrieflächen von den Regionalkonferenzen als "regionaler Konsens" artikuliert wird. Es besteht die Gefahr, daß dann bestimmte Akteursgruppen die Beschlüsse der Regionalkonferenzen und die Regionalen Entwicklungskonzepte als Vehikel benutzen, um die Freiflächensicherungspolitik des Landes aufzuweichen, wenn nicht gar auszuhebeln.

Selbst in Fällen weitgehender Zielharmonie lassen sich die Abwägungsprobleme auf der regionalen Ebene nur unbefriedigend lösen. Beispielsweise besteht zwischen der regionalen Strukturpolitik und der Bildungspolitik insofern eine Zielharmonie, als für beide Fachpolitiken die Verbesserung der allgemeinbildenden und beruflichen Qualifikationen einen zentralen Stellenwert besitzt. Bei einer näheren Konkretisierung gehen die Zielsysteme jedoch teilweise auseinander, da die Ziele und Inhalte des Bildungssystems zwar wesentlich, aber keinesfalls ausschließlich von den Anforderungen des Beschäftigungssystems bestimmt werden. Beispielsweise ist das pädagogische Ziel einer freien Persönlichkeitsentfaltung der Schüler durchaus eigenständig gegenüber den praktischen Erfordernissen des Arbeitsmarktes. In der Verknüpfung mit der regionalen Strukturpolitik wird die Bildungspolitik jedoch gleichsam instrumentalisiert, da sich ihr Stellenwert primär aus ihrem Beitrag zur Qualifizierung des Humankapitals und sekundär aus ihrer Bedeutung als "weicher" Standortfaktor, nicht jedoch aus ihrem eigenständigen Zielsystem definiert.

Eine ähnliche Situation besteht im Bereich Forschung und Technologie, dem in nahezu allen Regionen eine schlüsselhafte Bedeutung für die regionale Innovationstätigkeit und damit für die Modernisierungs- und Wettbewerbsfähigkeit der regionalen Wirtschaft beigemessen wird. Dementsprechend fordern die meisten Regionalen Entwicklungskonzepte die Gründung und den Ausbau anwendungsorientierter Forschungsinstitute sowie von Einrichtungen des regionalen Technologietransfers. Dies ist zwar unter regionalpolitischen Zielsetzungen nachvollziehbar und durchaus begründet. Aus der Sicht der Wissenschafts- und Hochschulpolitik wird jedoch die damit verbundene regionalpolitische Instrumentalisierung durchaus kritisch gesehen und beispielsweise mit Recht auf die drohende Gefahr einer Vernachlässigung der Grundlagenforschung und der Unterbewertung der Kulturwissenschaften und anderer Fächer, die keine unmittelbare wirtschaftliche und technische Wissensverwertung bieten, verwiesen.

Besonders deutlich wird die Gefahr der Instrumentalisierung bei der Landschaftsplanung. Für die regionale Wirtschaftspolitik ist "Landschaft" in erster Linie eine Ressource, nämlich als Produktionsfaktor in der Land- und Forstwirtschaft, als Lagerstätte beispielsweise für Sand- und Kiesabgrabungen, als Reservoir für notwendige Verkehrs-, Wohnbau-, Gewerbe- und Industrieflächen sowie als Potential und Marketingprodukt in der Tourismuswirtschaft. In einem weiteren Sinne ist eine "intakte", attraktive Landschaft ein wesentlicher weicher Standortfaktor in der interregionalen Standortkonkurrenz. In allen Fällen werden Landschaft und Natur jedoch nicht in ihrem eigenständigen Wert gesehen, sondern in ihrer Funktion für die regionale Wirtschaftsentwicklung bewertet.

Man könnte nun einwenden, diese Instrumentalisierung sei insofern ein Scheinproblem, als die regionale Strukturpolitik aufgrund ihres Wesens als Fachpolitik die verlangten Abwägungen notwendigerweise nicht leisten könne. Sie brauche dies auch gar nicht, weil die Abwägungen auf anderen Ebenen, beispielsweise im Bezirksplanungsrat bei der Gebietsentwicklungsplanung oder im Rahmen von Kabinettsentscheidungen geleistet würden.

Diese Argumentation unterschätzt jedoch die Dynamik, die die regionalisierte Strukturpolitik in vielen Regionen inzwischen gewonnen hat. Die Regionen verlangen durchaus zu Recht, daß ihre nach langen Vorarbeiten und Beratungen aufgestellten Entwicklungskonzepte und die im Konsens konzipierten Leitprojekte von der Landesregierung auch ernst genommen werden.

Hinzu kommt, daß erfahrungsgemäß vielen regionalen Akteuren der eingeschränkte fachpolitische Charakter der regionalen Strukturpolitik nicht bewußt ist. Dies liegt einerseits an der mißverständlichen Terminologie, da Begriffe wie "Regionalpolitik" und "Regionales Entwicklungskonzept" dem Nicht-Fachmann einen sektoral übergreifenden, umfassenden Anspruch suggerieren. Dieser Eindruck wird verstärkt durch die angestrebte Einbeziehung anderer Fachpolitiken, so daß die Regionalen Entwicklungskonzepte tatsächlich tendenziell den Charakter eines Fachkonzepts zur regionalen Wirtschaftsentwicklung verlieren und zu umfassenden Entwicklungskonzepten werden.

Zum andern besitzen in vielen Regionen wirtschaftliche Struktur- und Arbeitsmarktprobleme einen solch überragenden Stellenwert, daß viele Akteure diesem Politikfeld entweder unbewußt oder absichtlich eine Dominanz gegenüber anderen Fachpolitiken zumessen und insofern die Instrumentalisierung anderer Bereiche nicht nur tolerieren, sondern bewußt akzeptieren. Eine solche Akzentuierung und Gewichtungsverlagerung in dem dreipoligen politischen Spannungsfeld von Wettbewerbsfähigkeit, Sozialverträglichkeit und Umweltverträglichkeit ist dann durchaus nachvollziehbar und möglicherweise auch sachlich gerechtfertigt. Die dafür notwendigen Zielabwägungen können jedoch nicht allein in der Fachpolitik und den Regionalkonferenzen erfolgen, sondern müssen den demokratisch legitimierten Gremien wie den Kreistagen, Bezirksplanungsräten usw. vorbehalten bleiben.

Eine ganz andere Frage ist, ob nicht auf einer höheren Ebene eine Harmonisierung des regionalpolitischen Zielsystems mit den anderen Fachpolitiken erreichbar ist. Wenn die regionale Strukturpolitik sich nicht nur in einem vordergründigen und kurzsichtigen Sinne als Anwalt sektoraler Interessen versteht, sondern bereit ist, einen integrativen Beitrag zur umfassenden und vor allem nachhaltigen Entwicklung ("sustainable development") der regionalen Lebensräume zu leisten, besteht vielleicht auch auf der regionalen Ebene die Chance zu einem Ausgleich widerstreitender Ziele und Interessen.

Beispielsweise ist den Anwälten einer Flächenpolitik, die selbst in den Ballungsräumen die Erschließung von Verkehrs-, Gewerbe- und Industrieflächen auf Kosten der Freiräume fordert, entgegenzuhalten, daß die damit verbundene Beeinträchtigung der Lebensqualität zumindest in längerfristiger Sicht auch die wirtschaftliche Standortattraktivität und interregionale Konkurrenzfähigkeit nachhaltig mindert. Gerade auf der lokalen und regionalen

Ebene besteht jedoch bei vielen Akteuren unter dem Eindruck der massiven Entindustrialisierungsprozesse die Illusion, durch eine schlichte Politik der forcierten Flächenerschließung und des Verkehrsausbaus eine Re- bzw. Neo-Industrialisierung einleiten zu können. In diesen Grundfragen der Regionalentwicklung sind nicht nur Fehleinschätzungen über die tatsächlichen Mechanismen des Strukturwandels und die erreichbaren Ziele der Strukturpolitik weit verbreitet; es mangelt vielfach auch an einer Verständigung über regionale Leitbilder, die dem Grundsatz einer nachhaltigen Lebensraumentwicklung verpflichtet sind.

3.4 Koordinationsprobleme zwischen Regionalpolitik und Landes- und Regionalplanung

Besondere Probleme wirft das Verhältnis der regionalisierten Strukturpolitik zur Landes- und Regionalplanung auf. Durch die Einbeziehung anderer Fachpolitiken und durch die beabsichtigte Orientierung der Landespolitik an den Regionalen Entwicklungskonzepten hat die Strukturpolitik eine außerordentlich hohe inhaltliche "Reichweite" erlangt, so daß zwar keine sachliche Identität, aber doch eine erhebliche Überlappung mit den Aufgaben der Landes- und Regionalplanung entstanden ist. So finden sich in den Regionalen Entwicklungskonzepten vielfach ähnliche inhaltliche Gliederungen und Aussagen zu denselben Sachbereichen wie in den Gebietsentwicklungsplänen.

Das Verhältnis der beiden Politikfelder zueinander war in den ersten Jahren weithin offen und unklar. Bei der Landesregierung ressortieren sie bekanntlich bei unterschiedlichen Ministerien, während die beiden Stränge bei der Bündelungsbehörde der Regierungspräsidenten zusammenlaufen. Ungeklärt war zunächst vor allem das Verhältnis zwischen den Regionalkonferenzen und den für die Gebietsentwicklungsplanung verantwortlichen Bezirksplanungsräten.

Die Landesregierung äußerte sich zu dieser Problematik durch einen Beschluß vom 16.10.1990 zum Verfahren und dann noch einmal Ende 1992 (Regionalisierung 1992, S. 21f.). Demnach unterrichten die Regierungspräsidenten die Bezirksplanungsräte über die von den Regionalkonferenzen aufgestellten Regionalen Entwicklungskonzepte. Die Bezirksplanungsräte können die Konzepte beraten und Stellung nehmen.

Einer weitergehenden Verflechtung der beiden Politikbereiche hält die Landesregierung entgegen, daß "das Feld der Problemkreise von strukturpolitischer Relevanz" "um einiges größer" sei "als das im Rahmen der Landesplanung abgehandelte Problemfeld", das sich "im wesentlichen auf solche Bereiche" beziehe, "die einen Flächenbezug haben" (Regionalisierung 1992, S. 21). Auf der anderen Seite behandelten die Regionalen Entwicklungskonzepte "eine Vielzahl von Themen, die nicht Gegenstand der Landesplanung sind", wie beispielsweise Fragen des Technologietransfers und der Qualifizierung.

Im übrigen sei nach dem Landesplanungsgesetz keine Zuständigkeit der Bezirksplanungsräte für die regionale Wirtschaftspolitik gegeben. Lediglich die allgemeine Aufgabe der Bezirksplanungsräte zur Beratung der Landesplanungsbehörde und der Gemeinden des jeweiligen Regierungsbezirks begründe die Legitimation zur Beratung und Stellungnahme (Regionalisierung 1992, S. 22).

Diese formale Trennung zwischen der regionalen Strukturpolitik einerseits sowie der Landes- und Regionalplanung andererseits kann jedoch im Ergebnis nur wenig befriedigen.

Schon die formale Begründung kann insofern nicht überzeugen, da sie von einem bemerkenswert engen Verständnis der Landesplanung als einer im wesentlichen flächenbezogenen Politik ausgeht. Diese Einschränkung entspricht weder dem üblichen Selbstverständnis von Raumordnung und Landesplanung noch deren im Landesplanungsgesetz (LPlG) und im Landesentwicklungsprogramm (LEPro) festgelegten allgemeinen Aufgaben und Grundsätzen.

Landesplanung wird im LPlG bekanntlich als "übergeordnete, überörtliche und zusammenfassende Planung für eine den Grundsätzen der Raumordnung entsprechende Landesentwicklung" definiert. Wenn im LEPro von der "räumlichen Struktur" des Landes die Rede ist, so meint dies selbstverständlich nicht nur den physischen Raum und die Flächennutzung, sondern vor allem auch den Siedlungs- und Wirtschafts"raum", d.h. Siedlung, Wirtschaft, Verkehr usw. in ihrer räumlichen Struktur und Entwicklung. Wie könnten sonst die "bestmögliche Entwicklung aller Teile des Landes" und die Schaffung von "Voraussetzungen für gleichwertige Lebensbedingungen" (LEPro) wesentliche Grundsätze der Raumordnung und Landesplanung sein?

Konsequenterweise beziehen die im LEPro gesetzlich festgelegten "Allgemeinen Ziele der Raumordnung und Landesplanung für Sachbereiche" denn auch nicht nur die "Gewerbliche Wirtschaft", die "Energiewirtschaft" und die "Land- und Forstwirtschaft" mit ein, sondern auch strukturpolitisch so wesentliche Bereiche wie den Verkehr, das Bildungswesen und die Abfallentsorgung. Auf der Landesebene ist damit eine enge Verflechtung zwischen regionaler Strukturpolitik und Landesplanung trotz unterschiedlicher Ressortzuordnung zumindest de jure durchaus gegeben.

Auf der regionalen Ebene ist die Situation etwas komplizierter. Zwar laufen hier die fachplanerischen Stränge in der Bündelungsbehörde des Regierungspräsidenten zusammen, aber der im LPlG festgelegte Aufgabenkatalog der Bezirksplanungsräte klammert tatsächlich die regionale Wirtschaftspolitik aus und nennt neben Städtebau und Wohnungsbau lediglich einige Bereiche der Infrastruktur wie Verkehr und Abfallbeseitigung. Vermutlich hängt diese Einschränkung mit dem traditionellen Verständnis von regionaler Wirtschaftspolitik als einer ausschließlich staatlichen Aufgabe zusammen, während die Regionalplanung ihre historische Wurzel bekanntlich in der kommunalen Selbstverwaltung durch die in der Weimarer Republik gebildeten kommunalen Planungsverbände hat.

Allerdings ist diese historische Aufgabentrennung in Zeiten aktiver kommunaler Wirtschaftspolitik längst obsolet geworden, zumal gerade das Zusammenwirken von staatlicher und kommunaler Ebene ohnehin zu den Kernelementen der regionalisierten Strukturpolitik gehört. Im übrigen kann bereits jetzt von einer Ausklammerung der regionalen Strukturpolitik aus der Arbeit der Bezirksplanungsräte keine Rede sein. Das wichtigste Instrument der Bezirksplanung sind bekanntlich die Gebietsentwicklungspläne, die laut LPlG "die regionalen Ziele der Raumordnung und Landesplanung für die Entwicklung der Regierungsbezirke" festlegen und insofern ebenfalls ein fachlich übergreifendes Aufgabenfeld unter Einschluß der Wirtschaft abdecken.

Als Kernproblem ergibt sich damit das Verhältnis zwischen den Bezirksplanungsräten und den von ihnen aufzustellenden Gebietsentwicklungsplänen einerseits sowie den Regionalkonferenzen und den von ihnen zu erarbeitenden Regionalen Entwicklungskonzepten andererseits. In vielen Regionen mangelt es noch an einer hinreichenden Koordination und Vernetzung beider Seiten, da sich nicht nur die Kreise der Beteiligten und die räumlichen Zuständigkeitsbereiche unterscheiden, sondern auch unterschiedliche Stellen mit der Ausarbeitung der Pläne bzw. Konzepte befaßt sind.

Bei der konzeptionellen Weiterentwicklung der regionalisierten Strukturpolitik sollte deshalb wenigstens auf mittlere Sicht eine bessere Vernetzung mit der Regionalplanung angestrebt werden. Beispielsweise wäre eine zumindest partielle Personalunion von Mitgliedern der Bezirksplanungsräte und der Regionalkonferenzen denkbar, so daß letztere gleichsam zu (personell natürlich wesentlich erweiterten) "Wirtschaftsausschüssen" der Bezirksplanungsräte würden. Auch eine räumliche Deckungsgleichheit wäre wünschenswert, beispielsweise indem die strukturpolitischen Regionen zu Bezugsräumen der Gebietsentwicklungspläne bzw. von deren räumlichen Teilabschnitten gemacht würden.

Auf lange Sicht könnte vielleicht eine räumliche Deckungsgleichheit der Zuständigkeitsbereiche der Bezirksplanungsräte mit den Regionen der Strukturpolitik hergestellt werden. Dies wäre beispielsweise, wie bereits jetzt in Ostwestfalen-Lippe, durch die Deckungsgleichheit mit einem ganzen Regierungsbezirk erreichbar oder auch dadurch, daß ein Regierungsbezirk in zwei oder drei Regionen (evtl. mit jeweils eigenen "Regionalplanungsräten" an Stelle des Bezirksplanungsrats) aufgegliedert würde. Schließlich wäre im Ruhrgebiet theoretisch auch die Bildung einer bezirksübergreifenden Region, realistischerweise wohl ohne die Flügelstädte Duisburg und Dortmund, denkbar.

Solche Denkmodelle könnten letztlich auch zu einer Neuordnung der regionalen Kommunalverbandsgliederung führen, indem eine räumliche Deckungsgleichheit zwischen strukturpolitischen Regionen, Regionalplanungsregionen und regionalen Kommunalverbänden hergestellt wird. Solche Regionen könnten ungleich wirksamer als bisher zu Bezugsräumen regionaler politischer Willensbildungsprozesse und interkommunaler Kooperation werden.

Selbstverständlich müßte sich eine solche Regionalisierung soweit wie möglich an den Regierungsbezirken und ihren Grenzen orientieren, ohne jedoch unbedingt eine vollständige Deckungsgleichheit zwischen Regionen und Bezirken oder gar eine Neugliederung der Regierungsbezirke zu fordern. Im übrigen steht eine grundsätzliche Revision der Kreis- und Bezirksgliederung derzeit nicht auf der politischen Tagesordnung; auf längere Sicht ist jedoch durchaus denkbar, daß die durch die Strukturpolitik ausgelöste neue Dynamik der politischen Regionalisierung zu einer neuen Verwaltungsreformdebatte führt.

4. Resümee und Ausblick

Die regionalisierte, kooperative Strukturpolitik Nordrhein-Westfalens ist eine politische Innovation ersten Ranges und hat zu einer bemerkenswerten Dynamik regionaler Politik und Planung geführt. Die aus der Sicht der Regionalforschung und Landesplanung hier angesprochenen ausgewählten Probleme sollen keineswegs den Eindruck erwecken, das Politikkonzept sei insgesamt eher problematisch oder gar gescheitert. Beabsichtigt ist vielmehr eine konstruktive Kritik, um vor dem Hintergrund der Erfahrungen in den letzten Jahren zur Diskussion um eine Weiterentwicklung und Verbesserung beizutragen.

In allen Regionen sind, wenn auch von Region zu Region in unterschiedlicher Intensität, neue Formen der Kooperation entstanden, die dazu beitragen, alte Blockaden zu überwinden und neue Handlungspotentiale zu erschließen und zu mobilisieren.

Allein die überall eingeleiteten interkommunalen Kooperationsprozesse sind ein bemerkenswertes Ergebnis (Fürst 1991). Sowohl zwischen kreisangehörigen Gemeinden wie vor allem auch zwischen kreisfreien Städten und ihren Nachbarstädten und Umlandkreisen sind vielfache Gespräche über gemeinsame und besser regional anzugehende Probleme wie Nahverkehr, Abfallwirtschaft, Technologieförderung, Fremdenverkehr, Standortmarketing usw. in Gang gekommen, die früher kaum denkbar waren.

In fast allen Regionen sind deutliche Ansätze zu "regionalem Denken", das über kommunale Kirchturmhorizonte hinaus die regionale Dimension vieler Probleme wahrnimmt und diese durch interkommunale, regionale Kooperation zu lösen versucht, unverkennbar. Regionales Denken heißt zugleich, unfruchtbare interkommunale Konkurrenzen zu überwinden und beispielsweise auch ruinösen Wettbewerb um Gewerbeansiedlungen zu vermeiden. (Dies bedeutet natürlich nicht, daß es überhaupt keine zwischenstädtischen Konkurrenzlagen mehr gibt.)

Allerdings steht dieses "regionale Denken" vielerorts noch sehr am Anfang. Viele Akteure vor allem aus der Kommunalpolitik sehen eher die Gefahr eines kommunalpolitischen Autonomieverlusts als die neuen Chancen, welche sich durch Kooperationen eröffnen. Insofern darf sich "regionales Denken" nicht nur auf die Veranstaltung von Regionalkonferenzen im Sinne einer Pflichtübung beschränken; es muß vielmehr zu "regionaler Identität" weiterentwickelt und verstetigt werden.

Der Prozeß regionaler Identitätsbildung ist in den Regionen sehr unterschiedlich weit vorangeschritten. Während anscheinend die Regionen Ostwestfalen-Lippe und Münsterland hier relativ weit sind, stehen andere, vor allem im Rhein-Ruhr-Ballungsraum, noch sehr am Anfang. Zudem scheinen sich in vielen Regionen die regionalen Identitätsbildungsprozesse noch weithin auf eine schmale Schicht von regionalpolitischen Akteuren zu beschränken. Die regionale Identität bedarf jedoch einer breiten Verankerung in der Bevölkerung, wenn sie zu einer relevanten Größe politischer Willensbildung und zu einer Ressource für neue Handlungspotentiale werden soll.

Über die Bedeutung, Entwicklung und Ausprägungen regionaler Identitäten und Möglichkeiten ihrer zielgerichteten Weckung und Förderung gibt es bisher allerdings nur wenige gesicherte Erkenntnisse. Hier eröffnet sich nicht nur für die konzeptionelle Weiterentwicklung regionalisierter Politik, sondern auch für die Regionalforschung ein weites Feld offener Fragen.

Die Bildung regionaler Identität ist untrennbar mit der Frage regionsspezifischer Leitbilder verknüpft. Eine Verständigung über Ziele und Strategien der Regionalentwicklung setzt voraus, daß in den Regionen ein Mindestmaß an Konsens über die regionsspezifischen "Begabungen" und Potentiale sowie vor allem über die Richtung der erstrebenswerten künftigen Entwicklung der Region, kurz: über regionale Leitbilder, besteht. Nur wenn sich eine Region über die Grundlinien ihrer künftigen Struktur und Entwicklungsziele verständigt, wenn sie sich also ihrer regionalen Identität auch im Hinblick auf konkrete Zukunftsoptionen vergewissert, können regionale Leitbilder eine praktische politische Relevanz entfalten.

Auch bei der Erarbeitung regionaler Leitbilder stehen die meisten Regionen noch am Anfang. Wie eine Durchsicht der bisher vorliegenden Regionalen Entwicklungskonzepte zeigt, enthalten diese dazu nur selten konkrete Aussagen und oft genug Leerformeln (Prozessuale Begleitforschung 1993). Das ist insofern verständlich, als regionale Leitbilder nicht einfach von externen Experten vorgegeben oder "von oben" erlassen werden können, sondern in einem offenen und keineswegs einfachen politischen Prozeß in den Regionen selbst entwickelt werden müssen. Diese politischen Debatten, die sich nicht nur auf kleine Zirkel beschränken dürfen, sondern in einer breiten politischen Öffentlichkeit geführt werden sollten, haben in den meisten Regionen aber gerade erst begonnen.

Bei den bisherigen Leitbilddiskussionen hat sich in vielen Regionen die Bewältigung der durch die fortschreitende Entindustrialisierung ausgelösten Herausforderungen als zentrales Problem herausgestellt. Die meisten Akteure in den Regionen interpretieren diesen Prozeß fälschlicherweise immer noch als sektorale Anpassungskrise der bisher dominierenden Industriebranchen. Dies ist besonders ausgeprägt in den durch "alte" Industrien wie Kohle und Stahl sowie in zweiter Linie auch bei den durch Textil- und Bekleidungsindustrie geprägten Regionen.

Als Problemlösung wird dann, ganz im Einklang mit der traditionellen industriewirtschaftlichen Identität, die Ansiedlung von "Ersatzindustrien", vorzugsweise solcher mit denselben großbetrieblichen Strukturen und vergleichbaren standardisierten Fertigungsverfahren, angestrebt. Dahinter steht häufig die aus der traditionellen regionalen Identität als "Industrieregion" gespeiste Vorstellung, die wegbrechende alte industrielle Basis ließe sich weitgehend ersetzen, so daß für das vorhandene Arbeitskräftepotential neue Beschäftigungsmöglichkeiten mit vergleichbaren Qualifikationserfordernissen, d.h. insbesondere für weniger qualifizierte Fertigungsberufe, geschaffen werden könnten.

Ergebnisse der internationalen regionalwissenschaftlichen Forschung lassen jedoch die Schlußfolgerung zu, daß eine solche Strategie der Re-Industrialisierung fehlschlagen muß (Keeble 1991). Sie übersieht, daß die fortschreitenden Entindustrialisierungsprozesse nicht die Folge einfacher sektoraler Anpassungskrisen sind, sondern Ausdruck des Niedergangs der großbetrieblich organisierten, standardisierten Massenproduktion, die als "fordistische Produktionsweise" in allen hochentwickelten Ländern rapide an Bedeutung verliert (Piore u. Sabel 1985; Sabel 1989; Borst u.a. 1990; Heinelt u. Wollmann 1991; Kilper u. Rehfeld 1991; Krätke 1991; Danielzyk 1992; Häussermann 1992).

Eine einfache Re-Industrialisierungsstrategie ist nicht nur aussichtslos, da das Investitionspotential für den Aufbau umfangreicher neuer Fertigungskapazitäten überhaupt nicht in Sicht ist; als industriepolitisches Leitbild wäre sie für viele nordrhein-westfälische Regionen auch geradezu verhängnisvoll. Anhänger dieser Strategie fordern nämlich vielfach auch in den Ballungsräumen eine forcierte Politik der Gewerbe- und Industrieflächenerschließung und des Verkehrsausbaus, auch auf Kosten der Freiräume. Sie glauben damit, wesentliche Engpaßfaktoren erfaßt zu haben, sie übersehen jedoch, daß eine intakte Landschaft, hohe Umweltstandards und attraktive Lebensbedingungen bereits jetzt und künftig eher noch stärker wesentliche Determinanten der interregionalen Wettbewerbsfähigkeit sind.

Bei einer Option auf traditionelle industriepolitische Leitbilder (vgl. Malecki 1991; Krumbein 1991; Sturm 1991; Trischler u. Eisenhardt 1991) besteht die Gefahr, daß unter dem Eindruck der offenkundigen Erfolglosigkeit einfacher Re-Industrialisierungsstrategien dann Sündenböcke für deren Scheitern gesucht werden. Hier bietet sich ein breites Spektrum an: die angeblich rigide Umweltpolitik, die Politik der Freiflächenerhaltung, die vermeintlich zu zurückhaltende Straßenbaupolitik, das angeblich zu starre System der Landes-, Regional- und Bauleitplanung, aber auch die zu hohe Belastung durch Lohnkosten und Sozialausgaben.

Aber welche realistischen Alternativen bei der Erarbeitung tragfähiger und politisch konsensfähiger Leitbilder haben die industriewirtschaftlich geprägten Regionen? Wie könnte eine "post-fordistische" Industriepolitik aussehen, die nicht die Erhaltung oder Wiederherstellung traditioneller Produktionsstrukturen anstrebt und auch nicht allein auf eine technologische Modernisierung im Sinne eines unrealistischen einfachen Ersatzes alter durch neue "Schlüsseltechnologien" setzt (Aydalot u. Keeble 1988; Camagni 1991)?

Dies sind weithin ungelöste Grundfragen sowohl der Industrie- und Regionalpolitik als auch der Landes- und Regionalplanung. Auch die Wissenschaft kann zu ihrer Lösung bisher nur wenig gesicherte Erkenntnisse beisteuern. Die regionalisierte, kooperative Strukturpolitik eröffnet aber die Chance, daß über diese zentralen Zukunftsfragen nicht nur in akademischen Zirkeln, sondern auch in der politischen Öffentlichkeit - und hier vor allem in den Regionen selbst - eine breite Diskussion geführt wird.

Literatur

Aydalot, P. und D. Keeble (Hrsg.) (1988): High technology industry and innovative environments. The European experience. London.

Bericht der Kommission Montanregionen des Landes Nordrhein-Westfalen (1989). Hrsg.: Minister für Wirtschaft, Mittelstand und Technologie des Landes NRW. Düsseldorf.

Blotevogel, H. H. (1985): Die Abgrenzung Ausgeglichener Funktionsräume. Methodische Fragen und ein Regionalisierungsvorschlag für Nordrhein-Westfalen. In: Funktionsräumliche Arbeitsteilung und Ausgeglichene Funktionsräume in Nordrhein-Westfalen, S. 13-50.

Borst, R. u.a. (Hrsg.) (1990): Das neue Gesicht der Städte. Basel.

Camagni, R. (Hrsg.) (1991): Innovation networks: spatial perspectives. London.

Danielzyk, R. (1992): Gibt es im Ruhrgebiet eine "postfordistische Regionalpolitik"? In: Geogr. Zeitschr. 80, S. 84-105.

Fürst, D. (1991): Stadt und Region in Verdichtungsräumen. In: Staat und Stadt. Hrsg. v. B. Blanke u. S. Benzler. Opladen. S. 93-112. = PVS, Sonderh. 22/1991.

Funktionsräumliche Arbeitsteilung und Ausgeglichene Funktionsräume in Nordrhein-Westfalen (1985). Hannover. = Veröff. d. Akad. f. Raumf. u. Landespl., Forsch.- u. Sitzungsber. 163.

Grabher, G. (1988): De-Industrialisierung oder Neo-Industrialisierung? Innovationsprozesse und Innovationspolitik in alten Industriegebieten. Berlin.

Häussermann, H. (Hrsg.) (1992): Ökonomie und Politik in alten Industrieregionen Europas. Probleme der Stadt- und Regionalentwicklung in Deutschland, Frankreich, Großbritannien und Italien. Berlin. = Stadtforsch. aktuell 36.

Heinelt, H. u. H. Wollmann (Hrsg.) (1991): Brennpunkt Stadt. Basel. = Stadtforsch. aktuell 31.

Heinze, R. G. u. H. Voelzkow (1991): Kommunalpolitik und Verbände. Inszenierter Korporatismus auf lokaler und regionaler Ebene? In: Brennpunkt Stadt. S. 187-206.

Heinze, R. G., H. Voelzkow u. J. Hilbert (1992): Strukturwandel und Strukturpolitik in Nordrhein-Westfalen. Entwicklungstrends und Forschungsperspektiven. Opladen. = Schr. d. Inst. Arbeit u. Technik 3.

Hesse, J. J., A. Benz u. H. Backhaus-Maul (1991). Regionalisierte Wirtschaftspolitik. Das Beispiel "Zukunftsinitiative Montanregionen". Baden-Baden. = Schr. z. Innenpol. u. z. kommunalen Wiss. u. Praxis 7.

Keeble, D. (1991): De-industrialisation, new industrialisation processes and regional restructuring in the European Community. In: Wild, T. u. Jones, P. (Hrsg.): De-industrialisation and new industrialisation in Britain and Germany. Cambridge. S. 40-65.

Kilper, H. u. D. Rehfeld (1991): Vom Konzept der Agglomerationsvorteile zum Industrial District. Überlegungen zur Bedeutung innerregionaler Verflechtungen und Kooperationsbeziehungen für die Stabilität von Regionen. Gelsenkirchen. = IAT PS 03.

Krätke, S. (1991): Strukturwandel der Städte. Städtesystem und Grundstücksmarkt in der "postfordistischen" Ära. Frankfurt.

Krumbein, W. (1991): Industriepolitik: Die Chance einer Integration von Wirtschafts- und Gesellschaftspolitik. In: Industriepolitische Strategien. Bundesländer im Vergleich. Hrsg. v. U. Jürgens u. W. Krumbein. Berlin. S. 34-56.

Kruse, H. (1990): Reform durch Regionalisierung. Frankfurt.

Kruse, H. (1991): Eigenständige Regionalentwicklungspolitik im gemeinsamen Binnenmarkt. Das Beispiel Nordrhein-Westfalen. In: Europäische Regionen im Wandel. Hrsg. v. H. H. Blotevogel. Dortmund. S. 323-342. = Duisburger Geogr. Arb. 9.

Malecki, E. J. (1991): Technology and economic development. New York.

Piore, M. J. und Ch. F. Sabel (1985): Das Ende der Massenproduktion. Berlin.

Prozessuale Begleitforschung der Regionalisierung der Strukturpolitik in Nordrhein-Westfalen. Kurzfassung (1993). Hrsg. v. Ministerium für Wirtschaft, Mittelstand und Technologie des Landes Nordrhein-Westfalen. Düsseldorf o.J.

Regionalisierung. Neue Wege in der Strukturpolitik Nordrhein-Westfalens (1992). Hrsg. v. Ministerium für Wirtschaft, Mittelstand und Technologie des Landes Nordrhein-Westfalen. Düsseldorf.

Rischler, J. u. G. Eisenhardt (1991): NRW 2010: Wirtschaft, Beschäftigung, Qualifikation und neue Techniken. Szenarien und Gestaltungsvarianten gesellschaftlicher Entwicklung. Opladen. = Sozialverträgl. Technikgestaltung, Mater. u. Ber. 24.

Sabel, Ch. (1989): Flexible specialisation and the re-emergence of regional economies. In: P. Hirst und J. Zeitlin (Hrsg.): Reversing industrial decline. Industrial structure and policy in Britain and her competitors. Oxford. S. 17-70.

Stöbe, S. (1992): Kooperation in der lokalen Arbeitsmarktpolitik. Opladen. = Schr. d. Inst. Arbeit u. Technik 6.

Sturm, R. (1991): Die Industriepolitik der Bundesländer und die europäische Integration. Unternehmen und Verwaltungen im erweiterten Binnenmarkt. Baden-Baden.

Voelzkow, H. (1991): Organisatorisch-institutionelle Aspekte einer regionalen Industriepolitik, illustriert am Beispiel Nordrhein-Westfalen. In: Industriepolitische Strategien. Bundesländer im Vergleich. Hrsg. v. U. Jürgens u. W. Krumbein. Berlin. S. 136-154.

Heinz Konze

Regionalkonferenzen

1. Ursprünge

Panta rhei - alles fließt. Ob quantitative oder qualitative Veränderungen - gesellschaftliche und wirtschaftliche Strukturen unterliegen einem ständigen Wandel. Politik, Wirtschaft und Verwaltung stellen die "entscheidenden" Akteure im Prozeß zur Bewältigung der mit dem Strukturwandel einhergehenden Probleme und Schwierigkeiten.

Sogenannte neue Rahmenbedingungen und nicht zuletzt krisenhafte Entwicklungen sind immer wieder Auslöser und Antrieb für die Suche nach ebenso neuen Wegen und Mitteln der Problemlösung. Spezialisierung im Wissen und Arbeitsteilung im Handeln erfordern erhöhten Abstimmungsbedarf zwischen den Spezialisten und Fachleuten, wenn ein besseres Gesamtergebnis erzielt werden soll. In allen Richtungen komplexer und regionsspezifischer werdende Entwicklungsprozesse erschweren dabei zunehmend gesamtstaatliche Politikansätze.

Auch weltweit agierende Konzerne reagieren auf die "neue Unübersichtlichkeit". Zauberworte dabei sind Dezentralisierung (profit-center) und "lean production" bzw. "lean-management". Die Antwort in Politik und Verwaltung in Nordrhein-Westfalen heißt: "Regionalisierte Strukturpolitik".

Diese neue Art der regionalen Strukturpolitik hat ihre Wurzeln in der "public-private-partnership (PPP)" aus dem angelsächsischen Raum.

2. Anstöße

Der Regierungspräsident Düsseldorf hat deshalb mit Blick auf die großen Herausforderungen für seinen Bezirk durch den beschlossenen EG-Binnenmarkt und die sich abzeichnenden krisenhaften Entwicklungen im Montanbereich zu drei Regionalkonferenzen im Januar, März und Juni 1989 eingeladen. Vorausgegangen waren Analysen zur Arbeitsmarkt- und Wirtschaftsstruktur (1986 und 1988) und die Durchführung einer großen Wirtschaftsförderungskonferenz im Mai 1988.

Der Beitrag enthält knappe grundsätzliche Ausführungen zur regionalisierten Strukturpolitik und beschränkt sich beispielhaft auf die dennoch nicht unrepräsentative Situation im Regierungsbezirk Düsseldorf.

An den Regionalkonferenzen beteiligt waren neben politischen und beamteten Vertretern der verschiedenen öffentlichen Stellen auch Partner aus der Wirtschaft, den Gewerkschaften und der Wissenschaft.

Selbstgestecktes Ziel war es, auch ohne zusätzliche staatliche Fördermittel die gemeinsam erkannten und nur noch regional lösbaren Entwicklungshemmnisse unter Aktivierung der sogenannten endogenen Entwicklungspotentiale durch abgestimmtes Handeln aufzulösen und so einer gewünschten regionalen Entwicklung zuzuführen.

Schon bei der Vorbereitung der Regionalkonferenzen wurde sehr schnell klar, daß der Schwerpunkt der Interessen und Aktivitäten im wirtschaftsstrukturellen Bereich liegen sollte; andere Politikfelder - wie Umweltschutz, Arbeitsmarkt und (Berufs-)Ausbildung, Kultur und Freizeit - würden eine gleichbedeutende, ergänzende Rolle einnehmen müssen.

Da die meisten erörterten Überlegungen und Maßnahmen einer raumbezogenen und flächennutzenden vorlaufenden Planung bedurft, übernahm die für die Regionalplanung zuständige Bezirksplanungsbehörde die Federführung in der Abwicklung der jeweils ersten Regionalkonferenzen; für das Haus des Regierungspräsidenten Düsseldorf gilt dies bis heute auch für die Begleitung der Fortführung der Regionalkonferenzen durch die Regionen selbst.

Das durch die gebietsentwicklungsplanerische Arbeit angesammelte Wissen und das langjährig vom Gegenstromprinzip der Regionalplanung gekennzeichnete Know-how in Sachen regionaler Zusammenarbeit haben der Mittelbehörde Regierungspräsident und damit auch allen Beteiligten in den Regionen die Arbeit wesentlich erleichtert. So fiel denn der Aufruf des Regierungspräsidenten zum "dreifachen K" - Kommunikation, Koordination und Kooperation - überwiegend auf fruchtbaren Boden.

3. Initiativen

Für die Landesregierung in Nordrhein-Westfalen war sicher auch die konkrete Strukturkrise im Montanbereich - so der Streik 1987/1988 bei Krupp in Duisburg-Rheinhausen - Anlaß, die mit der Zukunftsinitiative Montanregionen (ZIM) erzielten Erfolge als besondere Ausgestaltung von PPP auch in anderen Landesteilen zu nutzen und diese Politikstrategie auf das gesamte Land auszudehnen; die "Zukunftsinitiative" für die Regionen Nordrhein-Westfalens (ZIN) wurde ins Leben gerufen. Mit dem Kabinettsbeschluß vom 16.10.1990[1] bekräftigte die Landesregierung diesen für die Verteilung der seinerzeitigen Strukturhilfemittel des Bundes eingeschlagenen Weg. Darin "ermuntert" die Landesregierung die Regionen, regionale Entwicklungskonzepte (REK) "zu formulieren ... und ... dabei neben ökonomischen auch die

---

[1] Der im Text wiederholt zitierte Kabinettsbeschluß ist nachlesbar in : Regionalisierung, Neue Wege in der Strukturpolitik Nordrhein-Westfalens, Hrsg.: Ministerium für Wirtschaft, Mittelstand und Technologie des Landes NRW, Dezember 1992.

ökologischen, sozialen, kulturellen, arbeitsmarktpolitischen und gleichstellungspolitischen Interessen der Region zu berücksichtigen". Ziel der Landesregierung sei die weitere Stärkung der regionalen Selbstverantwortung bei Bestehenbleiben der politischen und rechtlichen Verantwortung der Landesregierung für die Landespolitik.

Im Wortlaut des Kabinettsbeschlusses waren die eigenverantwortliche Erarbeitung der regionalen Entwicklungskonzepte mit Eigeninitiative und Kreativität, die Bestätigung und Verfestigung regionaler Kooperation, die Bildung der Regionen in einem offenen Prozeß und die Beratung der im regionalen Konsens erstellten regionalen Entwicklungskonzepte durch die demokratisch legitimierten Gremien ebenso Schlüsselbegriffe wie die Informations-, Anstoß-, Moderations- und Bündelungsfunktion der Regierungspräsidenten als Ansprechpartner der Regionen.

4. Koordinierung der strukturpolitischen Aktivitäten

Es war keine Frage, daß die unabhängig voneinander ergriffenen Initiativen der Landesregierung und des Regierungspräsidenten in Düsseldorf in seinem Bezirk sofort zusammengeführt wurden, um zu einer effizienten regionalen Arbeit zu kommen.

Letztlich kam es dabei im Regierungsbezirk Düsseldorf zur Bildung der vier Regionen: "Bergische Großstädte", "Düsseldorf/Mittlerer Niederrhein", "Mülheim-Essen-Oberhausen (MEO)" und "NiederRhein". Zwischenzeitlich hat sich bestätigt, daß die Idee der - wie sie von Regierungspräsident Dr. Fritz Behrens genannt wurde - doppelten Grenzüberschreitung, nämlich der kommunal- und fachkompetenz-grenzenübergreifenden Zusammenarbeit, bei nahezu allen Beteiligten anerkannt wird.

5. Stolpersteine?

In den Regionen wird die Fortsetzung der neuen Politikstrategie erwartet und begrüßt. Dennoch gibt es Reibungsflächen, die einer weiteren Aufarbeitung bedürfen.

Kernbereich der Kritik waren bzw. sind teilweise auch heute noch:
- die Regionsabgrenzungen,
- der organisatorische Ablauf der regionalen Zusammenarbeit,
- die Beteiligten,
- die Legitimation der Akteure und
- die ausgewählten Handlungsfelder.

Letztlich wird auch eine positive Würdigung des regionalen Handelns der Regionen durch die Landesregierung eingefordert. Die Anerkennung der regional erarbeiteten und abgestimmten Entwicklungskonzepte und daraus abgeleiteter Projekte durch die Landesregierung wird sicher einer der wichtigsten Prüfsteine für die Glaubwürdigkeit dieser auf horizontale und vertikale Zusammenarbeit angelegten neuen Strukturpolitik sein.

Ohne ausführlich auf die Kritikfelder[2] im einzelnen einzugehen, ist jedoch folgendes festzustellen:

a) Die Abgrenzung der Regionen bzw. ihre Akzeptanz fällt den Akteuren schwer, weil je nach Handlungsfeld oft unterschiedliche räumliche Verflechtungsbereiche bestehen. Da bisher insbesondere wirtschaftsstrukturelle Fragen die Arbeit der Beteiligten bestimmen, sind aus eher pragmatischen Gründen die Zuständigkeitsbereiche der Industrie- und Handelskammern für die Grenzziehung zugrunde gelegt worden.

Viele infrastrukturpolitische und -planerische Themen (wie etwa der Verkehrssektor, die Ver- und Entsorgungswirtschaft, die großräumige Funktionsteilung) lassen aber fachlich bedingte Einengungen für gemeinsames Handeln in "zu kleinen" Regionen spürbar werden.

Der regionsübergreifenden Koordinierung durch den Regierungspräsidenten kommt deshalb maßgebliche Bedeutung zu. Was schon für die Initiative zu den Regionalkonferenzen galt, wird in regionsübergreifenden Fragestellungen auch künftig gelten.

b) Der Ruf nach organisatorischen Vorgaben für die konkrete Abwicklung der regionalisierten Strukturpolitik ging einher mit dem Vorwurf der Schaffung neuer Verwaltungs- und Entscheidungsebenen.

In regionaler Zusammenarbeit weniger geübte öffentliche Dienststellen beklagten aus ihrer Sicht zusätzliche und unnötige Sitzungen. Kreisangehörige Gemeinden vermißten andererseits eine angemessene Einbeziehung in die regionale Zusammenarbeit durch die Kreise.

Für die Erledigung der notwendigen koordinierenden Geschäftsstellenarbeit in der Region fehlten zunächst in den meisten Regionen die geeigneten Voraussetzungen.

In der Region "Düsseldorf/Mittlerer Niederrhein" wurde allerdings schon von Anfang an ein von verschiedenen Mitgliedskommunen personell unterstütztes "Regionalbüro" installiert. Ein solches Regionalbüro ist zwar ein notwendiges, aber nicht hinreichendes Instrument für das organisatorische Funktionieren der regionalen Zusammenarbeit; die zielgerichtete Bildung und Besetzung von speziellen Arbeitskreisen für die Vorberatung einzelner Handlungsfelder bestimmen in hohem Maß die Effizienz und den Erfolg der Arbeit mit. Wesentliche Voraussetzungen für das Gelingen der regionalisierten Strukturpolitik sind die fachliche Kompetenz, die persönliche Motivation, das regionale Bewußtsein und das Selbstverständnis aller Mitglieder, mit dem jeweiligen eigenen Fachwissen und der Bündelung mit anderen Fachkenntnissen die Entscheidungsgrundlagen für die zuständigen Entscheidungsträger zu verbessern und damit zum positiven Verlauf des Entwicklungsprozesses der Region beizutragen.

---

[2] Das Ministerium für Wirtschaft, Mittelstand und Technologie des Landes Nordrhein-Westfalen hat dazu eine Kurzfassung eines Forschungsberichtes über die "Prozessuale Begleitforschung der Regionalisierung der Strukturpolitik in Nordrhein-Westfalen" veröffentlicht.

Eine Schwierigkeit eigener Art ist die fehlende organisatorische Einbindung der gesondert vom Ministerium für Arbeit, Gesundheit und Soziales geschaffenen Regionalkonferenzen und Regionalbüros in den sogenannten Ziel-2-Gebieten (Teilgebiete der vorgenannten Regionen); eingerichtet zur Verteilung der EG-Fördermittel aus dem europäischen Sozialfonds (ESF).

c) Natürlich liegt das Hauptgewicht der Beteiligten bei den Verwaltungen der Kommunen sowie unterschiedlichster Fachdienststellen. Die Landesregierung hat den Kreis der Beteiligten zwar nicht fest bestimmt. "Sie legt aber Wert darauf, daß neben den ökonomischen auch die sozialen, kulturellen, ökologischen, arbeitsmarktpolitischen und gleichstellungspolitischen Interessen der Region angemessen repräsentiert sind. Dies bedeutet, daß nach der Vorstellung der Landesregierung in den Regionalkonferenzen z. B. auch die Träger sozialer Arbeit (Initiativen, Wohlfahrtsverbände) und die Gleichstellungsbeauftragten vertreten sind".

Dies hat in einigen Regionen Mißfallen ausgelöst. Es wurde die Meinung vertreten, man wolle - wenn schon die Eigenverantwortlichkeit der Regionen für die regionale Arbeit propagiert würde - den Beteiligtenkreis selbst insoweit festlegen, daß insbesondere die für den speziellen wirtschaftsstrukturellen Entwicklungsprozeß wichtigen Akteure einbezogen, andere aber nicht unbedingt hinzugezogen werden müßten. Auch die Bereitschaft und die z. T. mangelhaften organisatorischen Möglichkeiten einzelner gesellschaftlicher Gruppen waren Bestimmungsfaktoren für die Zusammensetzung des Beteiligtenkreises.

Wegen der wirtschaftsstrukturellen Schwerpunktsetzung war die Mitwirkung von nichtwirtschaftlichen Interessengruppen wie z. B. der Naturschutzverbände bislang eindeutig von untergeordneter Bedeutung. Überraschender ist da schon eher, daß auch Vertreter der in den Regionen ansässigen Betriebe direkt kaum oder gar nicht am regionalen Willensbildungsprozeß beteiligt waren.

d) Wesentlicher Streitpunkt bei der Diskussion über die Einrichtung von Regionalkonferenzen war lange Zeit die Frage nach der Legitimation und Verfassungskonformität dieses neuen Gremiums. Es war zweifelsfrei, daß die Regionalkonferenz über keinerlei formelle Entscheidungskompetenz verfügen kann und daß sie lediglich beratende Funktionen für die legitimierten, d. h. durch Kommunalwahlen bzw. aufgrund besonderer Rechtsgrundlagen kompetente Gremien (z. B. der Bezirksplanungsrat) übernehmen soll. Die Frage der Verfassungskonformität wurde allerdings gestellt, weil allein das Tätigwerden der Regionalkonferenz den freien Entscheidungsspielraum der legitimierten Gremien faktisch entscheidend einengen würde.

Einerseits wurden die Aktivierung der verschiedensten Sachkenntnisse vor Ort, die bessere Nutzung der spezifischen lokalen und regionalen Möglichkeiten und die regionale Konsensfindung und Kooperation durchaus als sinnvolle Zielsetzungen akzeptiert. Andererseits bekämen die von vielen, fachlich kompetenten Personen gemeinsam gefundenen Konzepte und Projekte schon aufgrund der Empfehlung durch die Regionalkonferenz ein so hohes politisches Gewicht, daß "freie" Entscheidungen von Ratsmitgliedern in den Städten und Gemeinden nicht mehr uneingeschränkt möglich seien.

Außerdem sei - wenngleich laut Beschluß der Landesregierung das Prinzip der Freiwilligkeit gelten solle und es auch keinen Konsenszwang gebe - die Tatsache von höchster politischer Brisanz, daß die Regionalkonferenz auch regionale Prioritäten für Handlungen und Maßnahmen finden solle.

In einzelnen Regionen wurde deshalb schon zu Beginn der regionalen Zusammenarbeit die Einbindung der kommunalen Politiker in die Arbeit der Regionalkonferenz vorgesehen.

Es ist jedoch verwaltungsorganisatorisch ein Unterschied, ob die politischen Repräsentanten aller im Rat vertretenen Parteien in einer Region aus drei kreisfreien Städten oder in einer Region mit z. B. 30 kreisangehörigen Gemeinden in mehreren Kreisen in der Regionalkonferenz mitdiskutieren. Die Handlungsfähigkeit der Regionalkonferenz kann sehr schnell durch zu viele Teilnehmer mehr als nur eingeschränkt werden.

Von Hauptverwaltungsbeamten wird zum Teil die Meinung vertreten: Da die Regionalkonferenz lediglich vorbereitenden Charakter habe, sei es ausschließlich eine Aufgabe der Verwaltung, sich mit anderen fachkundigen, für die wirtschaftsstrukturelle Entwicklung relevanten Akteuren um qualifizierte Entscheidungsunterlagen zu bemühen. Eine geeignete und begleitende Information der Räte über den Fortgang der Regionalkonferenz-"Beratungen" durch den Hauptverwaltungsbeamten sei ausreichend.

Seitens der zunehmend an regionalen Fragen interessierten Kommunalpolitiker wird dagegen mehr und mehr die Möglichkeit des direkten Mitwirkens in der Regionalkonferenz (oder aus Kontrollgründen doch nur des "Dabeiseins"?) eingefordert.

Auf jeden Fall ist festzustellen, daß die angemessene und wirkungsvolle Verknüpfung zwischen verwaltungstypischer Vorarbeit für Entscheidungsvorschläge durch die Administration und politischer Vorberatung im regionalen Verbund durch Kommunalpolitiker nach wie vor nicht gelöst ist. Neben begleitender Information über parallel verlaufende Beratungen von Verwaltungen und Fraktionen bis zu konkreter Zusammenarbeit beamteter und politischer Akteure in einzelnen von der Regionalkonferenz eingerichteten Arbeitskreisen reicht der bunte Kranz regional-organisatorischer Phantasie.

Die Landesregierung hat immer wieder betont, daß sie nicht beabsichtige, zu den schon zahlreich bestehenden Verwaltungsebenen eine weitere hinzuzufügen. Angesichts der im europäischen Maßstab zu nennenden 7 vorhandenen Verwaltungsebenen (Europa, Nationalstaat, Land, Regierungsbezirk, Landschaftsverband bzw. Kommunalverband Ruhrgebiet, Kreise bzw. kreisfreie Städte, kreisangehörige Städte und Gemeinden sowie zusätzlich verschiedenste Fachbehörden und Sonderdienststellen) ist aber der mittlerweile offene Ruf nach einer strafferen Verwaltungsstruktur auch in Verbindung zu Regionalkonferenzen nicht verwunderlich.

e) Die im Kabinettsbeschluß der Landesregierung vom 16. Oktober 1990 ausgesprochene "Ermunterung" der Regionen, "zunächst regionale Entwicklungskonzepte zu formulieren", war nicht nur verbunden mit der Aufforderung, die Stärken und Schwächen der Region herauszuarbeiten und strukturpolitisch besonders bedeutsame Aktionsfelder aufzuzeigen; die

Landesregierung verband damit in ihren Handlungsempfehlungen vom 26. November 1990 auch die Erwartung, die Schwerpunkte der Landespolitik "Neue Technologien", "Qualifikation", "Mobilisierung von Flächen" sowie arbeitsmarkt- und sozialpolitische Belange und die Gleichstellung von Mann und Frau mit einem besonderen Stellenwert zu versehen.

Mit Hinweis auf eine spätere Fortschreibung wurde diese Vorgabe der Landesregierung jedoch nicht in allen Punkten befolgt. Die in den regionalen Entwicklungskonzepten getroffene Auswahl entspricht eher dem politischen Gewicht bzw. der fachlichen Autorität der in den Regionalkonferenzen vertretenen Akteure.

Aber nicht nur die Auswahl der Handlungsfelder, auch die unterschiedliche inhaltliche Tiefe der behandelten Themen lassen regionsspezifische Besonderheiten erkennen. Die Formulierung eines Leitbildes spielt dabei für die Profilierung der Region eine hervorgehobene Rolle.

Der so bei der Formulierung eines regionalen Entwicklungskonzeptes entstehende interaktive Meinungsbildungsprozeß stellt den eigentlichen Wert des methodischen Ansatzes der regionalisierten Strukturpolitik dar. Er führt über Kommunikation und Konsens zur Kooperation. Das Erkennen regionaler Besonderheiten, das gemeinsame Bewerten der Stärken- und Schwächenstrukturen und schließlich das gemeinsame Ziel, notwendige Konsequenzen zu ziehen, führen zur regionalen Identifikation. Auf diese Weise wird eine emotionale Absicherung nicht nur dieses Politikansatzes in der Region, sondern auch eine dauerhafte Motivierung aller Beteiligten bei der Umsetzung der Problemlösungsvorschläge durch gemeinsam ins Auge gefaßte Planungsabsichten und Projekte erreicht.

6. Ausblick

Zunehmende Komplexität und Überörtlichkeit der Strukturprobleme stellen hohe Anforderungen an die Bereitschaft und die Fähigkeit der Gesellschaft, Lösungen für die Zukunft zu finden.

Mit der regionalisierten Strukturpolitik ist ein mutiger Schritt in Richtung der neuen Qualität regionaler Entwicklungspolitik getan worden. Die bislang erzielten Ergebnisse sprechen für eine hohe Motivation der Beteiligten, den eingeschlagenen Weg weiterzugehen. Die Einbeziehung der örtlichen Kräfte in den regionalen Politikprozeß, das Zusammenführen der Akteure zur gemeinsamen Erarbeitung regionsspezifischer Problemlösungsvorschläge sind geeignete Ausgangspositionen, regionale Verantwortungsgemeinschaften wachsen zu lassen.

Regionalkonferenzen - in der Zuständigkeit der sich freiwillig gebildeten Regionen durchgeführt - sind derzeit das richtige Instrument, regionales Bewußtsein zu formen, die Erkenntnisse regionaler Zusammenhänge zu fördern und örtliche mit regionalen Belangen zu verknüpfen.

Die bisher gemachten Erfahrungen mit dem Interaktionsprozeß der Beteiligten - im übrigen durchaus vergleichbar mit dem in der Gebietsentwicklungsplanung erfolgreich praktizierten Gegenstromprinzip - lassen hoffen, daß nicht zuletzt das hochgesteckte Ziel, die strukturpolitischen Handlungsfelder inhaltlich miteinander zu verzahnen und sogenannte Synergieeffekte durch eine integrierte regionale Entwicklungspolitik zu erzielen, erreicht wird. Als erstes sollte aber mit der Umsetzung der erarbeiteten regionalen Entwicklungskonzepte begonnen werden. Überlappend sollte der Prozeß der regionalen Zusammenarbeit durch die Fortschreibung der regionalen Entwicklungskonzepte weitergeführt und vertieft werden. Gegenstand der Fortschreibung sollten die Aktualisierung der behandelten Themenfelder sowie die Ergänzung um die nicht bzw. nicht ausreichend behandelten strukturbedeutsamen Politikbereiche (z. B. Ökologie) sein.

Letztendlich sollte die verwaltungsorganisatorische Komponente einer begleitenden Prüfung unterzogen werden, um die Qualitätsverbesserungen im regionalen Entwicklungsprozeß nicht durch unangepaßte bürokratische Strukturen zu mindern.

ULRICH BRÖSSE

Netze, Netzwerke und Milieus in der Euregio Maas-Rhein

1. Netze, Netzwerke und Milieus als Gegenstand der Regionalforschung und der Regionalpolitik

Netze, Netzwerke und Milieus werden im Rahmen regionalwissenschaftlicher Fragestellungen in zunehmendem Maße dann diskutiert, wenn die Verflechtungen von Betrieben, Unternehmen, Institutionen, Personen, Städten oder Gemeinden im Vordergrund der Untersuchung stehen.

Ein Netz läßt sich definieren als eine Menge von Elementen, die miteinander verbunden sind. Die Elemente können den Regionalforscher interessierende Wirtschaftseinheiten, Infrastruktureinrichtungen und andere Einrichtungen (z.B. Universitäten) sein. Die Verbindungen können aus physischen Verknüpfungen oder sozio-ökonomischen Beziehungen bestehen. Je nach der Art der Verbindungen der Elemente eines Netzes lassen sich somit physische und sozio-ökonomische Netze unterscheiden. Ein physisches Netz kann z.B. aus der Menge aller Bahnhöfe bestehen, die durch Gleisanlagen miteinander verknüpft sind[1]. Im Rahmen regionalwissenschaftlicher Fragestellungen können Verkehrsnetze diskutiert werden, wenn die Entwicklung einer Region in Abhängigkeit von der Verkehrsanbindung untersucht werden soll. Ein sozio-ökonomisches Netz kann eine Menge von rechtlich selbständigen Unternehmen sein, die durch über den Markt gesteuerte Lieferbeziehungen miteinander in Verbindung stehen. Für solche Zuliefernetze können die Einflüsse der Lieferbeziehungen auf die regionale Entwicklung mit Hilfe von (regionalen) Einkommens- und Beschäftigungsmultiplikatoren ermittelt werden[2]. Im folgenden werden nur sozio-ökonomische Netze betrachtet und von diesen nur solche, an denen Unternehmen beteiligt sind. Im Gegensatz zu den physischen Netzen sollen die Elemente in sozio-ökonomischen Netzen hier näher als Akteure bezeichnet werden, soweit sie als Handelnde und Entscheidungsträger auftreten.

Netze in obiger Definition können sehr umfassend und heterogen sein. So kann ein Netz von Unternehmen, die durch Lieferbeziehungen verbunden sind, sehr viele Unternehmen enthalten, zu denen neben direkten auch indirekte Lieferbeziehungen bestehen. Für Untersuchungszwecke wird man deshalb die Akteure und vor allem die Verflechtungen in einem Netz nach sachlichen und inhaltlichen Gesichtspunkten (z.B. Intensität und Art der Beziehungen) abgrenzen. Ergebnis einer solchen Abgrenzung sind Netzwerke und Milieus. Netzwerke und Milieus lassen sich danach als spezielle Netztypen definieren. In diesem Sinne besteht ein Netzwerk aus einer Menge von Akteuren, die ihre Beziehungen in einer besonderen Weise regeln und aufrechterhalten, wodurch sie sich von ihrer Umwelt und von anderen Akteuren abheben[3]. Ein Netzwerk erfaßt meist gleichartige Akteure, die gleiche Ziele verfolgen, also z.B. nur Unternehmen, die mit dem Ziel der Kostenminimierung kooperieren. Charakteristische Merkmale für Netzwerke sind besondere Formen der Kooperation, Vertrauen, (meist langfristige) persönliche oder vertragliche Bindungen und Abhängigkeiten. Beispiele sind Freundesgruppen, Verwandtschaften, politische oder gesellschaftliche Elitegruppen oder Unternehmenskooperationen.

Ein Netzwerk, das aus einer Menge von Unternehmen besteht, die auf der Basis bestimmter Beziehungen miteinander kooperieren, läßt sich als Unternehmensnetzwerk bezeichnen. Unternehmensnetzwerke stellen eine besondere Organisationsform für die Beziehungen zwischen mehreren Unternehmen dar. Die Kooperation in Unternehmensnetzwerken kann auf Zulieferbeziehungen basieren[4]. Aber auch andere Beziehungen können Gegenstand der Kooperation in einem Netzwerk sein, z.B. die zwischenbetriebliche Abstimmung in den Bereichen der Forschung, der Entwicklung oder der Produktionssteuerung. In der Regel basieren Unternehmensnetzwerke auf vertraglichen oder ähnlich engen Beziehungen. Ein Unternehmensnetzwerk ist eine Organisationsform als Ergebnis des Wettbewerbs mit dem Ziel der Kostensenkung, der Flexibilisierung des unternehmerischen Verhaltens und der Nutzung von Synergismen auf der Basis nicht kompetitiver, kooperativer und auf Vertrauen beruhender, eher langfristiger, meist vertraglicher Beziehungen zwischen rechtlich selbständigen Unternehmen.

In Unternehmensnetzwerken werden Entscheidungen der angeschlossenen Unternehmen vielfach nicht mehr von jedem einzelnen selbständig und nur marktorientiert getroffen. Es bestehen vielmehr Abhängigkeiten, vertragliche und technische Zwänge, gegenseitige Rücksichtnahmen, die auch beachtet werden müssen, wenn regionalpolitische Maßnahmen konzipiert werden, die sich bislang und in traditioneller Weise an das einzelne Unternehmen und dessen Entscheidungsverhalten richten. Das Verhalten einzelner Unternehmen kann also nur noch im Zusammenhang mit dem Verhalten anderer Unternehmen verstanden werden. Dies gilt für alle Untersuchungen, die das Verhalten von Unternehmen zum Gegenstand haben. Die Identifizierung von Unternehmensnetzwerken dient solchen Untersuchungen dann für die Berücksichtigung von Einflüssen durch andere Unternehmen. Beispielsweise wird die Innovationskraft eines Unternehmens nicht nur durch das Vorhandensein von Forschungs- und Entwicklungseinrichtungen und qualifizierten Fachkräften innerhalb des Unternehmens beeinflußt, sondern auch durch die Einrichtungen und Fachkräfte der Unternehmen, zu denen Netzwerkbeziehungen bestehen. Die Identifizierung von Unternehmensnetzwerken kann für regionalwissenschaftliche Themen wie u.a. die Diffusionsgeschwindigkeit von Innovationen, das industrielle Flexibilitätspotential, die funktionsräumliche Arbeitsteilung oder die grenzüberschreitende Regionalentwicklung neue Erkenntnisse liefern[5].

Der Begriff Milieu stammt aus der Soziologie und steht dort für die Umstände, in denen ein Individuum lebt. Dabei interessieren besonders die Kontakte, die ein Individuum zu anderen Personen und zu Gruppen hat. Individuen, Personen, Gruppen u.a. sowie ihre Kontakte lassen sich als Netz begreifen, so daß man von regionalen Milieus als Netzen sprechen kann. In bezug auf regionalwissenschaftliche Fragestellungen werden Milieus dann diskutiert, wenn die vielfältigen Beziehungen zwischen unterschiedlichen Akteuren in einer Region insgesamt betrachtet werden[6]. Als Akteure werden in regionalwissenschaftlichen Arbeiten vor allem

Unternehmen sowie staatliche und halbstaatliche Einrichtungen betrachtet. Das Netz dieser Akteure und ihre Verflechtungen können als Milieu bezeichnet werden. Es unterscheidet sich von Netzwerken dadurch, daß die Elemente unterschiedlicher Art sind, also z.B. nicht nur Unternehmen[7]. Anders als in den Netzwerken verfolgen die Akteure in einem Milieu durchaus auch verschiedene Ziele. Beispielsweise können gewinnorientierte Unternehmen und nicht gewinnorientierte öffentliche Institutionen gleichzeitig Elemente eines Milieus sein. In Milieus bedarf es auch keiner speziellen vertraglichen Bindungen und Abhängigkeiten zwischen den Akteuren. Die Verflechtungen sind locker und werden je nach Bedarf aktiviert. Ein Beispiel für ein Milieu bilden die vielbeachteten Akteure Mittelitaliens[8]. Auch in Deutschland wurden Milieus nachgewiesen. So hat u.a. das besonders wirtschaftsfreundliche Milieu der Stadt Aachen dieser den Titel "wirtschaftsfreundlichste Stadt 1990" eingebracht[9]. Zum Aachener Milieu zählen u.a. die regionale Sparkasse, die Risikokapital bereitstellt, die IHK zu Aachen und die Aachener Gesellschaft für Innovation und Technologietransfer mbH, die diverse Technologie- und Gründerzentren und -parks koordiniert.

In der vorliegenden Arbeit werden Milieus explizit nur im Zusammenhang mit der Innovationstätigkeit in der Region betrachtet. Weitergehende Analysen z.B. bezüglich eines wirtschaftsfreundlichen Klimas werden nicht durchgeführt. Die Identifizierung von regionalen Milieus erfolgt in der Literatur vielfach mit dem Ziel der Ermittlung der Innovationskraft von Regionen[10]. Es wird angenommen, daß der technische Fortschritt als wichtige Determinante der regionalen Wirtschaftsentwicklung durch unterschiedliche regionale Milieus beeinflußt wird. Beispielsweise kann die Innovationstätigkeit in zwei sonst identischen Regionen deshalb unterschiedlich sein, weil die verschiedenen Akteure (Unternehmen, Universitäten, Forschungseinrichtungen, Banken, Wirtschaftsförderungsgesellschaften u.a.) in unterschiedlichem Maße zusammenarbeiten. Werden solche Defizite im regionalen Milieu erkannt, dann können gezielte regionalpolitische Maßnahmen wie beispielsweise die Einrichtung von Technologietransferstellen ergriffen werden.

2. Vorliegende Untersuchungen als Grundlage für die Erforschung von Unternehmensnetzen, Netzwerken und Milieus in der Euregio Maas-Rhein

Im Jahre 1988 wurde für die Industrie- und Handelskammer zu Aachen eine Untersuchung über Zulieferbeziehungen in der Region Aachen durchgeführt. Aufgabe dieser Untersuchung war es, Maßnahmen zur Beeinflussung der Zulieferbeziehungen in der Region Aachen mit dem Ziel der Stärkung der regionalen Wirtschaftskraft abzuleiten. Netze, Netzwerke oder Milieus waren nicht explizit Gegenstand dieser Untersuchung[11]. Zulieferverflechtungen können aber de facto als Netze oder Netzwerke beschrieben werden.

Zulieferverflechtungen sind eine besondere Form von Lieferverflechtungen. Die Zulieferprodukte unterscheiden sich von anderen gelieferten Gütern wie Investitionsgütern und nicht häufig benötigten Gebrauchsgütern. Zulieferprodukte werden Bestandteil eines Hauptproduktes, das von einem Abnehmer hergestellt wird. Die Lieferung von Zulieferprodukten ist also unmittelbar abhängig vom Umfang des Outputs eines Abnehmers. Dementsprechend ist die Zulieferung oft ein wiederkehrender Vorgang. Die Zulieferer und Abnehmer von

Zulieferprodukten stehen, verglichen mit anderen Lieferungen, in relativ häufigem Kontakt. Dies ist oft die Basis für eine langfristige Gestaltung der Zulieferbeziehung und für weitergehende Kooperationen. Es liegt dementsprechend nahe, im Zusammenhang mit Zulieferverflechtungen die Existenz von Netzwerken zu vermuten. Daher ist es sinnvoll, die erwähnte Untersuchung auch unter dem Blickwinkel der Netzwerke auszuwerten. Deshalb wird das vorliegende Material daraufhin untersucht, ob und welche Aussagen es zur Bildung von Netzen und Netzwerken durch Zulieferbeziehungen erlaubt. Dabei werden auch Ergebnisse über aktuelle Veränderungen der zwischenbetrieblichen Arbeitsteilung und deren Einfluß auf die Netzwerkbildung berücksichtigt[12].

Darüber hinaus werden die Daten einer statistischen Auswertung von grenzüberschreitenden Zweigniederlassungen in der Untersuchungsregion unter dem Aspekt der Unternehmensnetzwerke interpretiert[13]. Zum Thema der Milieus wird auf die Ergebnisse einer Befragung bezüglich des regionalwirtschaftlichen Innovationspotentials der TH Aachen zurückgegriffen[14].

Die vorliegenden Ausführungen beziehen sich auf die Euregio Maas-Rhein (siehe Karte 1). Die Euregio Maas-Rhein - kurz: die Euregio - besteht aus den nationalen Teilregionen Region Aachen, Region Niederländisch-Limburg sowie den belgischen Regionen Lüttich und Hasselt. Die Befragung über Zulieferbetriebe fand nur im deutschen Teil statt, also in der Region Aachen. Es wurden aber die grenzüberschreitenden Beziehungen explizit erfragt. Von 294 angeschriebenen Industriebetrieben mit mindestens 10 Beschäftigten konnten schließlich 162 in persönlichen Interviews befragt werden. Dies entspricht etwa 23% der Grundgesamtheit. Für die Auswertung wurden drei Betriebsgrößenklassen gebildet: Betriebe mit 10 bis 99, 100 bis 499 und mit mehr als 500 Beschäftigten. Einen Überblick gibt Tab. 1, aus der sich auch die regionale Branchen- bzw. Betriebsstruktur ablesen läßt.

Die Industriebetriebe wurden nach ihren Beschaffungen und ihrem Absatz von Zulieferprodukten befragt. Die Zulieferungen wurden nach Arten unterschieden in die sechs Kategorien technisch einfache Produkte, technisch einfache Massenprodukte, in großer Zahl gefertigte technisch anspruchsvollere Produkte, in kleiner Zahl gefertigte technisch anspruchsvollere Produkte, Lohnaufträge und produktionsorientierte Dienstleistungen.

Die drei Merkmale Betriebsgröße, Art der Zulieferung und Branchenzugehörigkeit wurden als wichtige Faktoren für die räumliche Ausdehnung der Zulieferbeziehungen und somit auch für die Bildung von regionalen Netzen erkannt. Weitere Themen der Befragung, die für die Netzbildung relevant sind, waren die Informations- und Kommunikationsbeziehungen, die Fertigungstiefe und der einheitliche EG-Binnenmarkt. Auf die einzelnen Ergebnisse wird im folgenden Bezug genommen. Abschließend wird das Thema der Netzwerkbildung durch die Gründung von Zweigniederlassungen und der Milieubildung durch den Wissens- und Technologietransfer angesprochen.

Karte 1: Gebiet der Euregio-Maas-Rhein mit Bevölkerungszahlen und Flächen (in km²)

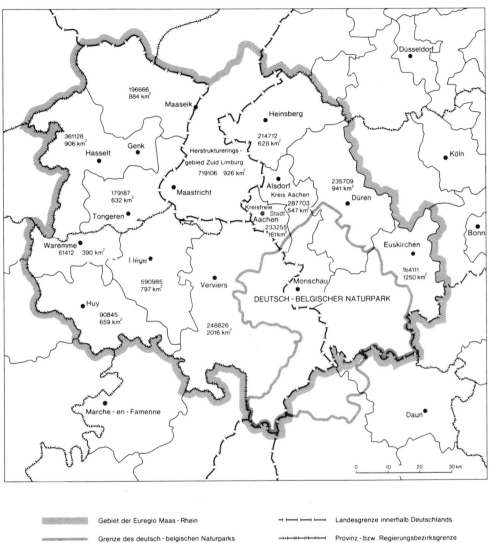

Tab. 1: Zahl der Unternehmen des verarbeitenden Gewerbes (Industriebetriebe) im Bereich der IHK zu Aachen nach Branchen und Beschäftigungsgrößenklassen sowie die Anzahl der befragten Unternehmen nach Branchen

Branche	Summe	10-49	50-99	100-199	200-499	500-999	>1000	Befragte Unternehmen
20 Chemie	21	11	2	2	2	1	3	10
21 Kunststoff/Gummi	66	32	12	12	8	-	2	21
22 Feinkeramik/Glas	18	8	4	1	2	2	1	6
23 Metall	64	28	13	8	9	4	2	21
24 Maschinenbau	135	77	27	15	7	5	4	34
25 E-Technik, Feinmechanik, Optik	106	65	23	7	6	4	1	24
26 Holz, Papier, Druck	154	104	21	15	9	2	3	18
27 Textil	126	77	21	15	9	2	3	23
28 Ernährung	21	-	6	6	5	1	3	5
Gesamt	711	402	129	84	55	22	19	162

Quelle: Industrie- und Handelskammer zu Aachen: Firmen-Listen der Industriebetriebe mit 10-50 Beschäftigten und mit 50 Beschäftigten und mehr, Stand 20.11.1987.

3. Der Einfluß unterschiedlicher Verflechtungen auf die Bildung von Netzen

Es ist zu vermuten, daß die Art der Verflechtungen von Unternehmen ein Einflußfaktor bei der Bildung von Netzen ist. So läßt sich für die Region Aachen feststellen, daß der Anteil der aus der Region bezogenen Zulieferungen bei jedem Unternehmen durchweg größer ist als der Anteil der innerhalb der Region zugelieferten Leistungen an ein Unternehmen. Mit anderen Worten heißt das, daß Beschaffungsverflechtungen mit Betrieben in der Region durchschnittlich größer sind als Absatzverflechtungen. Das Netz der Zulieferbeziehungen ist demnach auf der Beschaffungsseite in der Region stärker ausgeprägt als auf der Absatzseite. Bemerkenswert ist, daß der grenznahe Bereich auf niederländischer und belgischer Seite sowohl bei den Beschaffungs- als auch bei den Absatzverflechtungen eine unbedeutende Rolle einnimmt. Hierin spiegelt sich zum einen die starke nationale Orientierung vieler Zulieferbeziehungen in der Region, zum anderen aber auch die weniger leistungsfähige Industriestruktur der angrenzenden Gebiete.

Einen weiteren Einfluß auf die Bildung von Netzen hat die Art der Zulieferung. Die Höhe der Anteile der aus der Region bezogenen und gelieferten Leistungen variiert stark je nach der Art der Zulieferung. Benötigte Lohnarbeiten und produktionsorientierte Dienstleistungen werden in deutlich höherem Maße (ungefähr 50%) aus der Region bezogen als Zulieferteile (kleiner als 30%). Der durchschnittliche Anteil der aus der Region erhaltenen Lohnarbeiten und Aufträge für produktionsorientierte Dienstleistungen liegt bei rund einem Drittel. Die in die Region abgesetzten Zulieferteile erreichen dagegen maximal 15 %. Folglich sind Netze mit Beziehungen im Bereich von Lohnaufträgen und produktionsorientierten Dienstleistungen eher kleinräumig als solche für Zulieferteile. Allerdings hängt das wiederum von der Beschaffungs- und der Absatzsituation in einer Region ab, die jeweils unterschiedlich sein können. Die hohen Anteilswerte auf der Beschaffungsseite zeigen aber, daß im Falle der geeigneten Betriebsstruktur, d.h. bei gegebenem Potential, solche Netze auch entstehen bzw. gebildet werden.

Zusätzlich kann die Gruppe der Zulieferteile noch in technisch einfache und technisch anspruchsvollere Produkte unterschieden werden. Auch hier zeigt sich ein deutlicher Einfluß auf die Bildung von Netzen. Rund 30 % der technisch einfachen Produkte werden aus der Region bezogen. Das Netz der Zulieferverflechtungen mit technisch einfachen Produkten ist gegenüber dem Netz für technisch anspruchsvollere Produkte, die zu 12 bis 20 % in der Region beschafft werden, eher regional ausgerichtet. Ein Teil der Zulieferungen erfolgt allerdings auch über den örtlichen und regionalen Handel, also nicht vom Zulieferer direkt. Es könnte daher sein, daß der regionale Bezug zu hoch bewertet wird. Zuliefernetze enthalten auch Handelsbetriebe als Zulieferer. In bezug auf regionale Einkommens- und Arbeitsplatzmultiplikatoreffekte sind Handelsbetriebe sicherlich anders zu bewerten als produzierende Netzakteure.

Es läßt sich weiterhin vermuten, daß grenzüberschreitende Verflechtungen einen Einfluß auf die Bildung von Netzen haben. Dies zeigt sich auch bei den grenzüberschreitenden Zulieferverflechtungen in der Region Aachen. Tabelle 2 gibt für jede Zulieferart die Zahlen der befragten Unternehmen an, die Zulieferbeziehungen unterhalten, und davon die Anteile der Unternehmen, die grenzüberschreitende Zulieferbeziehungen haben. Auffällig ist, daß die Zahl der Unternehmen auf der Beschaffungsseite deutlich höher ist als auf der Absatzseite.

Tab. 2: Zahlen und Anteile der befragten Unternehmen in der Region Aachen, die die jeweilige Zulieferart beschaffen bzw. absetzen

Art der Zulieferprodukte	Beschaffung			Absatz		
	Zahl der Unternehmen =100 %	aus dem Grenzgebiet	aus dem übrigen Ausland	Zahl der Unternehmen = 100 %	in das Grenzgebiet	in das übrige Ausland
	absolut	%	%	absolut	%	%
Technisch einfache Produkte	63	11	35	28	25	79
Technisch einfache Massenprodukte	76	8	47	30	37	73
In großer Zahl gefertigte technisch anspruchsvollere Produkte	71	11	49	50	18	82
In kleiner Zahl gefertigte technisch anspruchsvollere Produkte	55	7	42	34	32	97
Lohnaufträge	53	11	25	17	6	43
Produktionsorientierte Dienstleistungen	38	5	13	8	25	100

Demgegenüber sind die absoluten Zahlen der Unternehmen, die in das Grenzgebiet liefern und aus dem Grenzgebiet beliefert werden, kaum unterschiedlich, was auch für das übrige Ausland gilt. Dies trifft aber nicht mehr für die nach Beschaffung und Absatz differenzierten prozentualen Zahlen zu. Absatzverflechtungen zur Grenzregion und zum übrigen Ausland sind, relativ gesehen, häufiger als Beschaffungsverflechtungen.

Es läßt sich weiterhin vermuten, daß grenzüberschreitende Verflechtungen einen Einfluß auf die Bildung von Netzen haben. Dies zeigt sich auch bei den grenzüberschreitenden Zulieferverflechtungen in der Region Aachen. Tabelle 2 gibt für jede Zulieferart die Zahlen der befragten Unternehmen an, die Zulieferbeziehungen unterhalten, und davon die Anteile der Unternehmen, die grenzüberschreitende Zulieferbeziehungen haben. Auffällig ist, daß die Zahl der Unternehmen auf der Beschaffungsseite deutlich höher ist als auf der Absatzseite. Demgegenüber sind die absoluten Zahlen der Unternehmen, die in das Grenzgebiet liefern und aus dem Grenzgebiet beliefert werden, kaum unterschiedlich, was auch für das übrige Ausland gilt. Dies trifft aber nicht mehr für die nach Beschaffung und Absatz differenzierten prozentualen Zahlen zu. Absatzverflechtungen zur Grenzregion und zum übrigen Ausland sind, relativ gesehen, häufiger als Beschaffungsverflechtungen.

4. Der Einfluß der Größe der Akteure auf die Bildung von Netzen

Die Bildung von Netzen kann auch von der Größe der Akteure abhängen. Größere Akteure verfügen meist über mehr Ressourcen und mehr Informationen bei der Anknüpfung von Verflechtungen als kleine Akteure. Diese Tendenz zeigt sich bei einer Gruppierung der befragten Unternehmen nach den drei erwähnten Größenklassen. Kleinere Abnehmer orientieren sich bei in kleiner Zahl gefertigten technisch anspruchsvolleren Produkten, Lohnaufträgen und produktionsorientierten Dienstleistungen deutlich mehr an der Region als mittlere Betriebe und diese wiederum mehr als große Unternehmen. Die großen Betriebe haben vielleicht die bessere Marktübersicht, weiterreichende Geschäftskontakte und evtl. Konzernbindungen und bewegen sich sicherer auf größeren Märkten. Demgegenüber sucht der kleinere Betrieb mehr die räumliche Nähe. Darüber hinaus mag aber auch das Angebot aus der Region heraus für die größeren Abnehmer von Zulieferungen zu klein sein.

Die Tendenz zu kleinräumigen Zuliefernetzen bei kleineren Betrieben und zu großräumigen Netzen bei größeren Betrieben zeigt sich auch auf der Absatzseite. Je kleiner die Unternehmen sind, um so größer ist der durchschnittliche Anteil des Absatzes von Zulieferungen in die Region, oder anders gesagt: Je größer die Unternehmen sind, um so geringer ist der durchschnittliche Anteil des Absatzes ihrer Zulieferungen in der Region Aachen. Das leuchtet ein, wenn es zutrifft, daß die großen Betriebe ein großes Absatzvolumen haben, für das die Region Aachen ein viel zu kleiner Markt ist. Dieser Zusammenhang zeigt aber auch, daß die kleineren Zulieferer teilweise viel stärker von der wirtschaftlichen Entwicklung in der Region Aachen abhängen als die großen, wenn etwa über 20 % des Zulieferumsatzes mit Abnehmern in der Region getätigt werden.

Abb. 1: Zulieferverflechtungen der Region Aachen mit dem niederländischen und belgischen Teil der Euregio Maas-Rhein

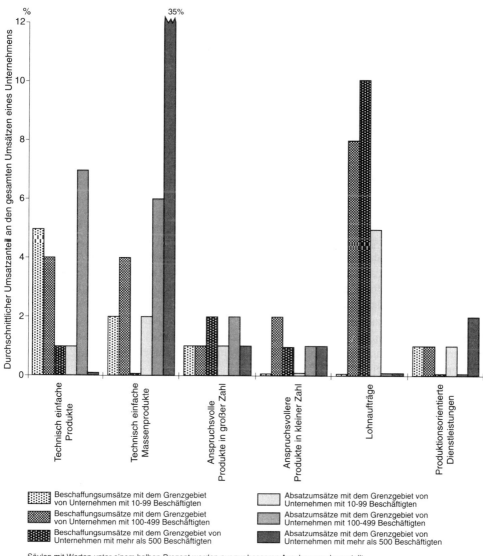

Kleinere Betriebe sind also auf der Absatz- und der Beschaffungsseite viel stärker in regionale Netze eingebunden als große Betriebe. Dementsprechend spielt das regionale Netz für den kleineren Betrieb eher eine existentielle Rolle als für den Großbetrieb.

Auch bei den grenzüberschreitenden Zulieferbeziehungen der Region Aachen mit dem benachbarten Grenzgebiet der Euregio zeigt sich ein Einfluß der Größe der Akteure auf die Bildung von Netzen (siehe Abb. 1). Für einige Zulieferarten ergibt sich das erwartete Bild, daß große Unternehmen einen größeren Umsatzanteil mit dem Grenzgebiet aufweisen. Dies gilt vor allem für den Absatz von technisch einfachen Massenprodukten.

Auf der Beschaffungsseite haben größere Unternehmen bei der Vergabe von Lohnaufträgen in das Grenzland erheblich höhere Anteile. Kleinunternehmen vergeben sogar überhaupt keine Lohnaufträge in die benachbarte Grenzregion. Die Vergabe von Lohnaufträgen (Beschaffungsseite) in das Grenzland ist also eindeutig eine Domäne der mittleren und großen Unternehmen.

Beim Absatz von Lohnaufträgen ergibt sich genau das umgekehrte Bild. Mittlere und große Unternehmen erhalten überhaupt keine Aufträge für Lohnarbeiten aus dem Grenzland. Nur kleinere Unternehmen führen Lohnaufträge für Unternehmen aus dem Grenzgebiet durch. Es läßt sich vermuten, daß es sich bei den kleineren Unternehmen um hochspezialisierte Firmen handelt, die Lohnaufträge für solche Arbeiten erhalten, die im Grenzgebiet nicht durchgeführt werden können. Lohnaufträge beinhalten oft doppelte Lieferungen, d.h., ein Produkt wird vom Auftraggeber zum Auftragnehmer transportiert und von dort nach einer Bearbeitung wieder zurück. Grenzüberschreitende Zulieferbeziehungen für Lohnaufträge erfordern also eine erhebliche Mehrarbeit (Transporte u.a.) als andere grenzüberschreitende Zulieferbeziehungen. Die größeren Anteile für die Vergabe von Lohnaufträgen in die Grenzregion als für die Auftragsannahme deuten auf eine unterschiedliche Bereitschaft beiderseits der Grenze hin, die Mehrarbeit für grenzüberschreitende Zulieferaufträge in Kauf zu nehmen, sowie wohl auch auf eine unterschiedliche Industriestruktur.

Die Beschaffung von technisch einfachen Produkten und Massenprodukten ist eine Domäne der kleinen und mittleren Unternehmen. Bei den technisch anspruchsvolleren Produkten und bei den produktionsorientierten Dienstleistungen zeigen sich kaum Unterschiede in den Größenklassen. Hierfür bestehen insgesamt kaum bedeutende Zulieferbeziehungen mit dem Grenzgebiet.

5. Der Einfluß der Fertigungstiefe auf die Bildung von Netzen

Die Bildung von Netzen hängt wesentlich auch von der Fertigungstiefe der einzelnen Betriebe ab. Wird die Fertigungstiefe in einem Betrieb verändert, dann verändert sich auch das Netz der Verflechtungen[15]. In der Region Aachen zeigt sich für die verschiedenen Zulieferarten die Situation, daß von den 162 befragten Unternehmen 95 in den letzten fünf Jahren ihre Fertigungstiefe verändert und 67 sie beibehalten haben. Diese Zahlen lassen erkennen, daß sich die Zulieferbeziehungen in den letzten fünf Jahren erheblich verändert haben müssen und daß sich das offensichtlich auf die Bildung von Netzen ausgewirkt haben muß.

Ein weiteres Befragungsergebnis ist, daß außer bei in großer Zahl gefertigten technisch anspruchsvolleren Produkten die Verringerung der Fertigungstiefe weit häufiger der Fall war als ihre Erhöhung. Besonders von der Herstellung technisch einfacher Produkte haben viele Unternehmen abgesehen. Aufgrund von Ausgliederungen wurden neue Zulieferbeziehungen 44mal in der Region angeknüpft und 8mal im belgisch-niederländischen Grenzraum. Mit 70 Nennungen für die BR Deutschland und das übrige Ausland überwiegt allerdings der Abfluß von Aufträgen aus der Region. Hier zeigt sich zweifellos eine Strukturschwäche der Region Aachen als Standort geeigneter Zulieferer für die regionale Wirtschaft und für die Herausbildung regionaler Netze.

6. Der Einfluß der Marktgröße auf die Bildung von Netzen

Werden die Schwierigkeiten, ein Netz in andere Marktgebiete auszudehnen, abgebaut, dann wachsen die Netze. Die Verwirklichung des EG-Binnenmarktes stellt eine Öffnung aller EG-Märkte für grenzüberschreitende Netze dar. Der einzelne nationale Markt wird damit um ein Vielfaches vergrößert. Gerade für Grenzräume verändert sich nicht nur die nationale Marktgröße, sondern auch die regionale Marktgröße. Neue regionale Netze können sich daher auch vermehrt grenzüberschreitend herausbilden. Das zeigt sich deutlich in der Aachener Grenzregion.

Die Mehrheit der befragten Unternehmen verspricht sich vom Binnenmarkt eine Ausweitung sowohl des Absatzes als auch der Beschaffungsvolumina von Zulieferprodukten. Einschränkungen werden kaum gesehen. Allerdings vermutet rund ein Drittel der Unternehmen überhaupt keine Veränderungen. Ein Fazit der Untersuchung ist, daß der Binnenmarkt auch eine Vergrößerung der Zulieferströme für die Region Aachen mit sich bringen wird.

Die Frage, mit welchen Gebieten die Ausweitungen und Einschränkungen der Zulieferungen stattfinden werden, kann den Stellenwert der Grenzregion Aachen bei den Ausweitungen bzw. Einschränkungen der Zulieferbeziehungen etwas erhellen. Interessanterweise werden Einschränkungen der Zulieferbeziehungen am häufigsten und Ausweitungen am seltensten mit der Region Aachen genannt. Am günstigsten wird das übrige Ausland bewertet, und auch der belgisch-niederländische Grenzraum wird noch besser bewertet als der deutsche Teil der Euregio Maas-Rhein.

Diese Aussagen deuten auf eine Ausdehnung der grenzüberschreitenden Netze hin, wobei zunehmend auch das benachbarte niederländische und belgische Grenzgebiet einbezogen werden soll. Dagegen wird eine Intensivierung der Zulieferbeziehungen in der Region Aachen von zwei Dritteln der Befragten nicht erwartet. Damit bleibt immerhin noch ein Drittel, das dies anders sieht. Jedoch scheint einiges dafür zu sprechen, daß eine automatische Stärkung des Netzes innerhalb der Region Aachen durch den gemeinsamen Binnenmarkt nicht unbedingt erwartet werden kann.

Auf diese Tendenz deuten auch die Aussagen zu den beabsichtigten Kooperationen mit ausländischen Betrieben wegen des gemeinsamen Binnenmarktes hin, wohingegen Kooperationen mit inländischen Firmen nur knapp halb so oft genannt werden. Mit 50 Nennungen steht Frankreich mit Abstand an der Spitze, gefolgt von den Niederlanden mit 38 Nennungen und Belgien mit 34 Nennungen. Diese Zahlen spiegeln sicherlich die engen wirtschaftlichen Verflechtungen zwischen der BR Deutschland und seinen drei westlichen Nachbarstaaten wider. Trotzdem hat auch der Mittelmeerraum (Italien, Spanien, Portugal) bei den Überlegungen vieler Unternehmen in der Region einen beachtlichen Stellenwert. Auch hieran wird deutlich, daß die Ausdehnung der Netze vor allem grenzüberschreitend sein wird, allerdings schwergewichtig in Richtung der westlichen Nachbarn und in geringem Maße in Richtung der südlichen EG-Räume. Interessanterweise spielt das "Global sourcing", also die weltweite Beschaffung von Zulieferungen, für den eher klein- und mittelständisch strukturierten Wirtschaftsraum Aachen anscheinend keine große Rolle.

7. Die Branchenstruktur und Netze

Wie schon mehrfach angeklungen, hat die in einer Region vorhandene Industriestruktur einen ganz erheblichen Einfluß darauf, ob Zulieferbeziehungen innerhalb der Region überhaupt zustande kommen können. Sind geeignete Zulieferer oder Abnehmer in einer Region vorhanden, dann ist die Wahrscheinlichkeit groß, daß Zulieferbeziehungen dieser Betriebe auch zu anderen Betrieben der gleichen Region existieren.

In der Region Aachen wird von vielen der befragten Unternehmen für die Verstärkung der innerregionalen Zulieferbeziehungen die Ansiedlung bestimmter Zulieferbetriebe als Voraussetzung genannt. Zwar verfügt die Region über ein durchaus bedeutsames Zulieferpotential verschiedener Branchen, für eine Ausweitung innerregionaler Lieferbeziehungen fehlen aber doch bestimmte Zulieferbetriebe. 156 Unternehmen beantworteten die Frage nach der Art der Betriebe und Branchen, die in der Region angesiedelt werden sollten. Teilweise wurden Handwerksbetriebe, Rohstofflieferanten und Zulieferer gefordert. Viele Befragte nannten Branchen des produzierenden Gewerbes. Oft wurden auch Betriebstypen des Dienstleistungssektors und für Lohnaufträge gewünscht. Insgesamt überwiegen bei den Befragten die Wünsche nach Zulieferern.

Die meisten Nennungen entfallen auf Betriebe der Feinmechanik, Elektro- und Elektronikindustrie, die als Zulieferer, aber auch als Abnehmer gesucht werden. Einen Engpaß stellen weiterhin Betriebe dar, die Lohnaufträge übernehmen können. Hier kommt zum Ausdruck, daß manche Tätigkeiten aus Kostengründen und evtl. auch aus Kapazitätsgründen ausgelagert werden sollten. Nicht zuletzt spielen auch Umweltschutzauflagen eine Rolle, die dafür sprechen, emissionsreiche Tätigkeiten in Spezialbetrieben durchführen zu lassen.

Interessant ist, daß sich viele Befragte auch für die Befürwortung von Dienstleistungsbetrieben aussprachen. Das deutet auf eine Bestätigung der These von der Tertiarisierung der industriellen Produktion hin. Dabei handelt es sich im einzelnen um Betriebe für die Reparatur und die Unterhaltung von Maschinen und Anlagen, d.h. um Betriebe, die in der Region eher unterrepräsentiert sind. Weiterhin werden Datenverarbeitungsbetriebe, Konstruktionsbüros, Planungs- und Exporthäuser, Recyclingunternehmen, Transporteure und Lagerhalter gewünscht. Den häufigsten Nennungen folgt ein Mittelfeld, das Maschinenbauunternehmen sowie Metall- und Kunststoffverarbeiter erwähnt.

Im einzelnen wird auch deutlich, daß bestimmte Betriebe von einigen Branchen häufiger gewünscht werden. Betriebe der Regelungs- und Steuerungstechnik werden von Maschinenbau- und Elektronikunternehmen als Kooperationspartner und Zulieferer in der Region gewünscht. Kooperationspartner zur Herstellung von Komponenten vermißt ein Unternehmen aus der Branche Kunststoff, Gummi. Am meisten fehlen metallverarbeitende Betriebe, die von den Branchen Glas, Steine, Erden, Metallverarbeitung, Maschinenbau und Elektrotechnik erwähnt werden.

8. Die Bildung von Netzwerken aufgrund der zwischenbetrieblichen Informationsverarbeitung

In den vorangegangenen Erläuterungen wurden Einflüsse auf die Bildung von Netzen untersucht. Aus der vorliegenden Untersuchung lassen sich darüber hinaus auch Anzeichen erkennen, daß einige der befragten Betriebe zu Netzwerken gehören. Es läßt sich anhand der bisherigen Forschungen nicht umfassend klären, welche Netzwerke in welchem Umfang in der Euregio vorhanden sind. Ein Merkmal für die Existenz von Netzwerken ist die enge Kooperation mehrerer Betriebe im Bereich der zwischenbetrieblichen Informationsverarbeitung.

Die Ergebnisse bezüglich der Informationsverarbeitung in den befragten Betrieben zeigen, daß die Beschaffung von Informationen und ihre Übertragung in der Region vorwiegend auf traditionelle Art und Weise verläuft. Das heißt, man bedient sich der Prospekte und Lieferantenhandbücher, auch des Telex` und des Telefax`. Demgegenüber stellen die Datenfernübertragung und die automatische Bestellabfertigung eher die Ausnahme dar. Das gilt verstärkt für die kleineren Betriebe (10 bis 99 Beschäftigte). Die Informationsbeschaffung stellt offensichtlich bei den meisten Betrieben der Region keinen besonders netzwerkbildenden Faktor dar. Die Marktteilnehmer beschaffen sich Marktinformationen "wie eh und je".

Sehr wohl zeigt sich ein netzwerkbildender Faktor durch die Integration der Betriebe aufgrund der zwischenbetrieblichen Informationsverarbeitung. Von zwischenbetrieblicher Informationsverarbeitung (ZIV) wird gesprochen, wenn "die IV-Systeme von mindestens zwei oder mehr Unternehmen so aufeinander abgestimmt sind, daß die Daten des zwischenbetrieblichen Verkehrs (z.B. Angebotsaufforderungen, Angebote, Aufträge, Auftragsbestätigungen, Lieferscheine, Rechnungen, Buchungsanzeigen) in maschinell lesbarer Form ausgetauscht werden können"[16]. Die zentrale Informationsverarbeitung erfaßt die gesamte Organisation aller relevanten Informationsflüsse.

Eine so weitgehende Integration selbständiger Betriebe durch eine zwischenbetriebliche Informationsverarbeitung führt zu einem Verbund von Betrieben, die durch Zulieferbeziehungen anderer Art charakterisiert sind, als es für die Beziehungen aufgrund traditioneller Informationsaustausche der Fall ist. Es ist daher berechtigt, von Netzwerken zu sprechen.

Die weitgehende Integration

- hat engere Bindungen zwischen Abnehmern und Lieferanten zur Folge,
- schafft neue Kooperationsformen, ggf. auch betriebsübergreifende "kollektive" Unternehmensstrategien und Partnerschaften neuer Art,
- führt zur Aufgabe von Selbständigkeiten und Autonomie und dadurch zu anderen Machtverteilungen,
- läßt Unternehmensgrenzen unscharf werden.

Genau das sind Merkmale und Eigenschaften von Unternehmensnetzwerken. Es ist daher zu erwarten, daß sich mit fortschreitender ZIV auch die Unternehmensnetzwerke ausbreiten werden. Für die Region Aachen ist, wie erwähnt, charakteristisch, daß die Einbindung von Betrieben in solche informationstechnisch verflochtene Netzwerke die Ausnahme darstellt. Dies gilt z.B. für Netzwerke mit Just-in-Time-Zulieferungen. In der Region Aachen werden Just-in-Time-Zulieferungen von 70 Abnehmern und 58 Zulieferern für denkbar gehalten und von 61 Abnehmern und 27 Zulieferern angestrebt. Als Engpässe werden angesehen ein zu geringes Zulieferpotential in der Region, eine ungenügende Verkehrsinfrastruktur, fehlender Lagerraum und eine unzureichende Informationsvermittlung zwischen Zulieferern und Abnehmern.

Bezüglich der unzureichenden Informationsvermittlung haben die Kammern in der Euregio Maas-Rhein mit einer "Euregionalen Zuliefervermittlung" geantwortet. Über Telefon und Telefax und mit Hilfe eigener Datenbanken werden die Informationen zur Beantwortung der Anfragen von Firmen nach möglichen Zulieferanten aus der Euregio beschafft. Die euregionale Zuliefervermittlung hat das Ziel, die regionalen Zuliefernetze durch Verbesserung der Information zu verstärken. Auch hierbei handelt es sich um ein eher traditionelles Verfahren der Informationsübertragung und Informationsbeschaffung.

9. Grenzüberschreitende Netzwerke aufgrund von Zweigniederlassungen

Ein weiteres Indiz für Netzwerke bildet die enge Zusammenarbeit von Unternehmen, die zwar rechtlich unabhängig sind, aber dennoch eng zusammenarbeiten. Offensichtlich ist dies der Fall bei Unternehmen, die rechtlich selbständige Zweigniederlassungen in einer anderen Nation haben. In einer Grenzregion wie der Euregio ist daher anzunehmen, daß solche Zweigniederlassungen beiderseits der Grenzen zur Bildung regionaler Netzwerke beitragen.

In einer empirischen Untersuchung wurden Zweigniederlassungen von Unternehmen des deutschen Teils der Euregio Maas-Rhein in den belgischen und niederländischen Teil der Euregio der Jahre 1985/86 untersucht[17]. Es wurden 27 Firmen mit 28 Zweigniederlassungen oder Beteiligungen erfaßt, was einem Viertel der gesamten deutschen Direktinvestitionen in diesem Raum entspricht. Auffällig ist die grenznahe Konzentration der Gründungen im deutschsprachigen Gebiet der Provinz Lüttich. Auch in niederländisch Süd-Limburg ist die Entfernung zur deutschen Muttergesellschaft in der Regel gering. Während die Muttergesellschaften oft (17 von 27) ihren Sitz im Oberzentrum Aachen haben, ziehen die Provinzhauptstädte Maastricht und Lüttich nur wenige bzw. gar keine Gründungen an.

Von den erfaßten Zweigwerken gehören die meisten zum sekundären Sektor, jedoch produzieren davon lediglich 12. Dies ist ein Zeichen dafür, daß es sich überwiegend um Verkaufs- und Servicestellen handelt, die aus absatzstrategischen Überlegungen zur Marktsicherung und Markterschließung gegründet wurden. Auch zwingen die zeitaufwendigen Grenzformalitäten vor allem Firmen der Nahrungsmittelherstellung, jenseits der Grenze Vertriebsniederlassungen zu unterhalten, um ihre Kunden schnell beliefern zu können.

Bei den Produktionsstätten handelt es sich eher um traditionelle Industriebranchen, weniger um Wachstumsbranchen. Oft sind es typisch lohnintensive Betriebe, die das niedrige Lohnniveau und Subventionen ausnutzen. Insgesamt ist das Beschäftigungspotential dieser Betriebsgründungen mit etwa 200 Arbeitsplätzen im belgischen Teil und etwa 500 Beschäftigten im niederländischen Teil relativ niedrig. Trotzdem sind solche Zweigniederlassungen als Ansätze grenzüberschreitender Unternehmensnetzwerke zu bewerten.

10. Der Einfluß des Wissens-, Technologie- und Personaltransfers auf die Bildung von Milieus

Die Identifizierung von für die Regionalentwicklung bedeutsamen Milieus verlangt vor allem auch die Erfassung von selbständigen privaten und öffentlichen Forschungseinrichtungen. Diese haben für den Wissens-, Technologie- und Personaltransfer eine entscheidende Bedeutung, denn von ihnen können Forschungsergebnisse an private Anwender übertragen und Forschungsaufträge angenommen werden. Für die regionale Innovationskraft und damit für den Stand des technischen Fortschrittes in einer Region sind sie maßgeblich verantwortlich. Von entsprechenden Milieus, bestehend aus Instituten der TH Aachen und Unternehmen, wird im Zusammenhang mit dem Personal-, Wissens- und Technologietransfer in einer Studie über die RWTH Aachen berichtet[18].

Ausgangspunkt der Untersuchung sind die Forschungsaufträge einzelner Unternehmen an ein Institut der RWTH Aachen. Solche Forschungsaufträge werden mit Hilfe eigener technischer oder von den Firmen gelieferter Einrichtungen durchgeführt. Durch diese Aufträge werden oft so enge Kontakte zwischen den beteiligten Akteuren hergestellt, daß z.B. die wissenschaftlichen Bearbeiter in den TH-Instituten später als leitende Angestellte zu den auftraggebenden Firmen wechseln. Durch wissenschaftliche Symposien und Fördervereinigungen der Institute und die dadurch hervorgerufene und gepflegte Kommunikation werden die Aufträge und der Forschungs- und Personaltransfer verstärkt. Die persönliche Identifikation der Personen mit dem Institut bzw. mit der jeweiligen Firma stabilisieren das Milieu. Nicht beteiligten Firmen gelingt es nur schwer, in solche Netze einzudringen.

Unternehmen-Instituts-Milieus können sehr weiträumig sein. Von besonderer regionalpolitischer Bedeutung für die Region Aachen werden sie, wenn Spin-off-Gründungen in der Region daran beteiligt sind. "Von den innerhalb der Regionsgrenzen verbliebenen Ehemaligen des Instituts für Kunststoffverarbeitung und auch des Forschungsinstituts für Rationalisierung haben jeweils um ein Drittel den Weg zum eigenen oder schon bestehenden Instituts-Spin-off gewählt, ein Wert, der größenordnungsmäßig noch für weitere Maschinenbauinstitute der RWTH dokumentiert ist. Von allen dem Aachener Raum treu gebliebenen Promovierten des Instituts für Siedlungswasserwirtschaft aus dem Bereich Bauingenieurwesen haben sogar zwei Drittel ein eigenes Büro gegründet, und auch das Institut für Stadtbauwesen verzeichnet große regionale Spin-off-Zahlen mit enormen Personal-Nachzugseffekten."[19] Es liegt nahe, daß eine Zusammenarbeit zwischen Spin-off und Hochschulinstitut fortgesetzt wird. Beispielsweise werden Aufträge Dritter gemeinsam bearbeitet, oder das Institut wird zum Unterauftragnehmer eines Auftrags des Spin-offs.

Die Herausbildung eines grenzüberschreitenden Milieus aufgrund des Technologietransfers und von Spin-off-Gründungen durch die TH Aachen ist selten und eher die Ausnahme[20]. Im Frühjahr 1989 konnten bei einer Erhebung sieben Ausgründungen der TH Aachen im niederländischen und deutschsprachigen belgischen Teil der Euregio gegenüber 28 Spin-offs in diesen Gebieten aus anderen euregionalen Hochschulen (z.B. aus der Universität Lüttich) ausgemacht werden[21]. Die Ursachen sind vor allem Sprachschwierigkeiten, mentale Barrieren, unterschiedliche Normen und Standards sowie die Wirtschaftsstruktur jenseits der Grenze, aufgrund derer nicht immer geeignete Ansprechpartner zu finden sind. Die Grenze ist also noch eine deutliche Begrenzungslinie für die erwähnten Unternehmens-Instituts-Netze, allerdings weniger aufgrund ihrer Funktion als politische Grenze unterschiedlicher Rechtssysteme als vielmehr als eine Linie, die de facto unterschiedliche Lebensweisen und Wirtschaftsstrukturen voneinander trennt.

Literatur

Aldrich, H., Whetten, D., Organization-sets, Action-sets and Networks: making the Most of Simplicity, in: Nystrom, P.C., Starbuck, W.H., (Hrsg.), Handbook of Organizational Design, Vol. 1., Adapting Organizations to their Environments, Oxford 1981, S. 385-408

Bergman, E., Maier, G., Tödtling, F., Introduction, in: Bergmann, E., Maier, G., Tödtling, F., Regions Reconsidered - Economic Networks, Innovation, and Local Development in Industrialized Countries, London 1991, S. 2 - 12

Bergmann, E., Maier, G., Tödtling, F., Regions Reconsidered - Economic Networks, Innovation, and Local Development in Industrialized Countries, London 1991

Brösse, U., Grenzüberschreitende Netze durch Zulieferbeziehungen in der Region Aachen, in: Institut für Orts-, Regional- und Landesplanung, Akademie für Raumforschung und Landesplanung, Bundesamt für Raumplanung (Hrsg.), Räumliche und funktionale Netze im grenzüberschreitenden Rahmen, Materialien zum Deutsch - Schweizerischen Fachgespräch, 17./18. September 1992, Zürich 1992, S. 124 - 138

Brösse, U., Müller, J., Zulieferbeziehungen der Wirtschaftsregion Aachen, hrsg. von der Industrie- und Handelskammer zu Aachen, Aachen 1990

Brösse, U., Spielberg, R., Industrielle Zulieferbeziehungen als ein Bestimmungsfaktor der Raumstruktur und der Regionalentwicklung unter besonderer Berücksichtigung aktueller Veränderungen der zwischenbetrieblichen Arbeitsteilung, hrsg. von der Akademie für Raumforschung und Landesplanung, Beiträge 121, Hannover 1992

Canibol, H.-P., Stimpel, R., Städtevergleich (I): Die besten Standorte für die Wirtschaft - Städte mit Köpfchen, in: Wirtschaftswoche Nr. 42 vom 12.10.1990, S. 80 - 96

Dickmann, F., Grenzüberschreitende Zweigniederlassungen von Unternehmen innerhalb der Euregio-Maas-Rhein, in: Informationen und Materialien zur Geographie der Euregio-Maas-Rhein, Heft 22, Aachen 1988, S. 17 - 25

Fromhold-Eisebith, M., Wissenschaft und Forschung als regionalwirtschaftliches Potential? Das Beispiel von Rheinisch-Westfälischer Technischer Hochschule und Region Aachen, Informationen und Materialien zur Geographie der Euregio-Maas-Rhein, Beiheft Nr. 4, Aachen 1992

Garofoli, Local Networks, Innovation and Policy in Italian Industrial Districts, in: Bergmann, E., Maier, G., Tödtling, F., Regions Reconsidered - Economic Networks, Innovation, and Local Development in Industrialized Countries, London 1991, S. 119 - 140

Hoffmann, J., Die Bedeutung von Zulieferbeziehungen für die regionale Wirtschaftsentwicklung - theoretische und empirische Analyse am Beispiel der Zulieferbeziehungen der Wirtschaftsregion Aachen, Aachener Beiträge zu den Wirtschaftswissenschaften, Bd. 1, Aachen 1992

Institut für Orts-, Regional- und Landesplanung, Akademie für Raumforschung und Landesplanung, Bundesamt für Raumplanung (Hrsg), Räumliche und funktionale Netze im grenzüberschreitenden Rahmen, Materialien zum Deutsch - Schweizerischen Fachgespräch, 17./18. September 1992, Zürich 1992

Maillat, D., The Innovation Process and the Role of the Milieu, in: Bergmann, E., Maier, G., Tödtling, F., Regions Reconsidered - Economic Networks, Innovation, and Local Development in Industrialized Countries, London 1991, S. 103 - 117

Mertens, P., Integrierte Informationsverarbeitung, 1. Administrations- und Dispositionssysteme in der Industrie, Wiesbaden, 8. Auflage 1991

Spielberg, R., Netzwerke als Analyseinstrument in der Raumforschung, in: Gesellschaft für Regionalforschung (Hrsg.), Seminarberichte, Frühjahr 1992, Heidelberg 1993 (in Vorbereitung)

Stalder, O., Öffentliche Verkehrsnetze in der Schweiz, in: Institut für Orts-, Regional- und Landesplanung, Akademie für Raumforschung und Landesplanung, Bundesamt für Raumplanung (Hrsg.), Räumliche und funktionale Netze im grenzüberschreitenden Rahmen, Materialien zum Deutsch - Schweizerischen Fachgespräch, 17./18. September 1992, Zürich 1992, S. 64-66

Anmerkungen

[1] Vgl. Stalder, Verkehrsnetze, 1992, S. 64-66.

[2] Vgl. Hoffmann, Zulieferbeziehungen, 1992.

[3] Vgl. Aldrich/Whetten, Organization-sets, Action-sets, and Networks, 1981, S. 387; Brösse, Grenzüberschreitende Netze, 1992, S. 124.

[4] Vgl Brösse, Grenzüberschreitende Netze, 1992, S. 124.

[5] Vgl. Spielberg, Netzwerke als Analyseinstrument, 1993.

[6] Vgl. Bergmann/Maier/Tödtling, Introduction, 1991, S. 8.

[7] Vgl. Maillat, Role of the Milieu, 1991, S. 8.

[8] Vgl. Garofoli, Local Networks, 1991, S. 119 - 140.

[9] Vgl. Canibol/Stimpel, Städtevergleich, 1990, S. 80.

[10] Vgl. Maillat, Role of the Milieu, 1991, S. 103 - 117.

[11] Vgl. Brösse/Müller, Zulieferbeziehungen, 1990.

[12] Vgl. Brösse/Spielberg, Industrielle Zulieferbeziehungen, 1992.

[13] Vgl. Dickmann, Grenzüberschreitende Zweigniederlassungen, 1988, S. 17 - 25.

[14] Vgl. Fromhold-Eisebith, Regionalwirtschaftliches Potential, 1992.

[15] Zum Problem der Messung von Fertigungstiefe und dem Zusammenhang von Fertigungstiefe und Zulieferbeziehungen vgl. Brösse/Spielberg, Industrielle Zulieferbeziehungen, 1992, S. 40-48.

[16] Mertens, Integrierte Informationsverarbeitung, 1991, S. 5.

[17] Vgl. Dickmann, Grenzüberschreitende Zweigniederlassungen, 1988, S. 17 - 25.

[18] Vgl. Fromhold-Eisebith 1992, Regionalwirtschaftliches Potential, S. 190ff.

[19] Ebenda,1992, S. 191.

[20] Vgl. ebenda, S. 194ff.

[21] Vgl. ebenda, S. 198.

Viktor Frhr. v. Malchus

Europäische Rahmenbedingungen und erste Folgerungen für die Landesentwicklung in Nordrhein-Westfalen

1. Veränderungen wichtiger wirtschaftlicher und politischer Rahmenbedingungen in den letzten Jahren

Weltweite Herausforderungen, die Entwicklung zum Europäischen Binnenmarkt in der Europäischen Gemeinschaft (EG) 1993, der Zusammenschluß von 19 europäischen Ländern zum Europäischen Wirtschaftsraum (EWR) ab 1993, die Novellierung des EWG-Vertrages mit dem Ziel der Schaffung eines Union-Vertrages, die Einheit Deutschlands seit 1990 mit der Folge, daß Nordrhein-Westfalen Teil eines größer gewordenen Bundesstaates ist, sowie die politischen Veränderungen, Demokratisierungstendenzen und Neuorientierungen der Wirtschaftsordnungen in Mittel- und in Osteuropa verändern die Strukturen in der Welt, in Europa und in Deutschland[1].

Weltweit ist Europa und damit auch Nordrhein-Westfalen vor allem betroffen durch die

- Veränderungen in der Weltwirtschaft durch Globalisierung der Absatz- und Beschaffungsmärkte und eine Internationalisierung der Produktion (Textil, Kohle, Stahl);
- politische Destabilisierung der früheren Sowjetunion (Verlust von Absatzmärkten);
- Veränderungen in der Erdatmosphäre und als Folge davon des Klimas auf der Welt (Umweltproblematik);
- weltweiten Wanderungsbewegungen mit ihren besonderen Ausprägungen in den Ost-West- und Süd-Nord-Wanderungen (Herausforderungen für alle Politikbereiche).

Aus diesen weltweit zu berücksichtigenden Rahmenbedingungen ergeben sich wichtige Folgerungen für Neuorientierungen und globale Zusammenarbeit in der Weltwirtschaftsordnung, in der Umweltpolitik und in der Entwicklungspolitik, um die raumbedeutsamen Wirkungen wirtschaftlicher Not und Umweltschädigungen abzumildern und wenn möglich zu beseitigen.

Europaweit ist Nordrhein-Westfalen im besonderen Maße betroffen durch die mit der Entwicklung zum Europäischen Binnenmarkt und zum Europäischen Wirtschaftsraum verbundenen strukturellen Wirkungen. Die Schaffung des gemeinsamen Binnenmarktes, mit dem sich Freizügigkeit, Dienstleistungsfreiheit, ungehinderter Warenaustausch und die Liberalisierung des Kapitalverkehrs verbinden, führt langsam zu einem Europa ohne Grenzen.

Die wirtschaftliche Entwicklung im immer größer werdenden Europäischen Binnenmarkt hat eine zunehmende internationale Verflechtung von Produktion, Dienstleistungen und Kapitalbewegungen sowie eine zunehmende Internationalisierung der Wirtschaft zur Folge.

Diese wird allerdings - wie auch die vier Grundfreiheiten - noch für eine gewisse Zeit durch das Vorhandensein unterschiedlicher Rechts-, Verwaltungs- und Steuersysteme, Sozial- und Kulturpolitik innerhalb des Binnenmarktes in vielfältiger Art und Weise, insbesondere an den Grenzen, gehemmt sein. Deshalb werden die zu erwartenden Deregulierungs- und Liberalisierungseffekte nur bedingt eine neue Qualität raumwirtschaftlicher Rahmenbedingungen beinhalten[2]. Es werden also keine neuen Entwicklungstrends durch den Binnenmarkt und durch den Europäischen Wirtschaftsraum ausgelöst, sondern bestehende Entwicklungstrends nur verschärft und beschleunigt. Diese bestehen vor allem aus:

- der Globalisierung und Internationalisierung der Produktion, der Absatz- und Beschaffungsmärkte,
- einer Tertiärisierung der Produktion sowie
- einer Herausbildung neuer Formen inner- oder zwischenbetrieblicher Arbeitsteilung.

Wichtige neue qualitative Implikationen für die räumliche Entwicklung von NRW ergeben sich dabei aus:

- der Europäisierung der Politik,
- einer Zunahme der ökologischen Restriktionen sowie
- neuen Bedingungen in den Grenzregionen.

Die Europäisierung der Politik verknüpft sich einerseits mit den Überlegungen zur Novellierung des EWG-Vertrages im Hinblick auf die Schaffung einer Politischen Union und einer Wirtschafts- und Währungsunion und andererseits mit der Ausbildung eines Europäischen Wirtschaftsraumes, verbunden mit der Öffnung der Grenzen nach Mittel- und Osteuropa.

Der Europäische Wirtschaftsraum (EWR), gebildet nach der Formel EG + EFTA = EWR, schafft vom Nordkap bis Sizilien (ohne Mittel- und Osteuropa) einen Wirtschaftsraum mit ca. 375 Mio. Menschen und einer Wirtschaftskraft von rund 12.000 Mrd. DM, wenn er von allen Parlamenten bis 1993 ratifiziert wird. Er ist damit der stärkste Wirtschaftsraum in der Welt, stärker als die USA und stärker als der Wirtschaftsraum Ostasien. Der EWR-Vertrag kann aber nicht als Ersatz für den EWG-Vertrag gelten. Deshalb werden voraussichtlich viele EFTA-Mitglieder auch künftig noch die Vollmitgliedschaft in der EG anstreben, so etwa neben den bisherigen Anträgen Österreichs und Schwedens auch noch die Länder Norwegen, Finnland und die Schweiz.

Generell zeichnet sich im Hinblick auf die neue Architektur Europas ab, daß der Binnenmarkt und der Europäische Wirtschaftsraum nur Etappen zu einer erweiterten größeren EG sind. In diese Richtung denken auch bereits die an Deutschland angrenzenden mitteleuropäischen Länder Polen und Tschechische Republik, mit denen die EG 1992 bereits die sogenannten Europa-Abkommen abgeschlossen hat, um die Annäherung dieser Länder an Europa zu beschleunigen. Sie können wahrscheinlich nicht vor dem Jahre 2000 als EG-tauglich gelten, ebensowenig wie die Türkei, deren Beitrittsantrag schon seit 1987 in der EG vorliegt. Nach Abschluß der Verhandlungen über den EWR-Vertrag kann sich die EG nach

Abschluß des neuen EG-Vertrages vom 07.02.1992 in Maastricht voll auf die Schaffung des EG-Binnenmarktes, die Währungsunion und die Politische Union konzentrieren[3].

Genauso aktuell und in europäischem Zusammenhang müssen die Herausforderungen der Deutschen Einheit in Verknüpfung mit den Entwicklungen in Mittel- und Osteuropa gesehen werden. Die Herausbildung der Deutschen Einheit stellt für die europäische und für die deutsche Raumordnungspolitik eine neue Rahmenbedingung dar. Die aus dem sowjetischen System entlassenen neuen deutschen Bundesländer sind nicht nur infrastrukturell und wirtschaftlich ausgebeutet worden, sondern haben auch weitgehend ihre Absatzmärkte in Mittel- und Osteuropa verloren. Die Teilung Deutschlands hat mit all ihren sonstigen Folgen tiefe Spuren in unterschiedlichen Raum- und Siedlungsstrukturen hinterlassen, die es auch mit Hilfe der Raumordnung zu überwinden gilt. Räume mit unterschiedlichen Gesellschafts-, Wirtschafts- und Rechtssystemen sind zu einer räumlichen Einheit zusammenzufassen. Dabei sind auch noch Brücken zu Mittel- und Osteuropa zu schlagen. Dies stellt eine große Herausforderung für die Raumordnungspolitik in Deutschland dar. Der Bundesgesetzgeber hat mit dem novellierten ROG von 1989 und 1991 u. a. im Hinblick auf die Schaffung "gleichwertiger Lebensbedingungen" in den neuen Bundesländern einen eindeutigen Auftrag erteilt, bei dem es vorrangig[4] um

- Sicherung einer ausgeglichenen räumlichen Siedlungsstruktur (Ordnungsziel),
- die Entwicklung und/oder Umstrukturierung strukturschwacher Regionen (Entwicklungsziel) sowie
- um einen Ausgleich zwischen Räumen unterschiedlicher Entwicklungsintensität (Ausgleichsziel)

geht, wobei vor allem die Umweltziele und insbesondere das Gegenstromprinzip beachtet werden sollen. Unter Berücksichtigung europaweiter Rahmenbedingungen gilt es künftig, in allen deutschen Ländern Schwerpunkte zur Entwicklung und Prioritäten zu setzen[5]. Dafür wurde 1993 ein "Raumordnungspolitischer Orientierungsrahmen" für ganz Deutschland geschaffen[6]. Vor dem Hintergrund der deutschen Einheit und mit Blick auf die voranschreitende europäische Integration entwirft der Orientierungsrahmen Leitvorstellungen für eine ausgewogene dezentrale Raumentwicklung und zur Herstellung gleichwertiger Lebensverhältnisse in allen Teilen des Bundesgebietes.

Mit der angestrebten Politik für die neuen deutschen Bundesländer wird gleichzeitig auch der natürliche Zugang zu Mittel- und Osteuropa wiedereröffnet, wobei es die darauf ausgerichteten Entwicklungspotentiale in den neuen Ländern (Sprachkenntnisse, Handelsbeziehungen) wiederzuerwecken gilt. Das Bundesinteresse richtet sich dabei insbesondere auf den Ausbau der grenzüberschreitenden Zusammenarbeit mit Polen und mit der Tschechischen Republik[7].

Durch die deutsche Einheit, die Öffnung der Grenzen und die Demokratisierungsprozesse in Mittel- und Osteuropa sind Deutschland und auch Nordrhein-Westfalen in den Mittelpunkt Europas gerückt und zur Drehscheibe in der Mitte Europas geworden. Daraus ergeben sich auch neue Rahmenbedingungen für die Raumordnungs- und Landesentwicklungspolitik in Nordrhein-Westfalen.

2. Wichtige europäische Rahmenbedingungen im speziellen Bereich der Raumordnung

Ansätze für eine Europäische Raumordnungspolitik gibt es seit den 50er Jahren[8]. Hier haben vor allem der Europarat mit seiner Parlamentarischen Versammlung und die Europäische Raumordnungsministerkonferenz vorzügliche Arbeit geleistet. Hervorzuheben sind hier u. a.:

- die Rahmenkonvention zur Verbesserung der grenzüberschreitenden Zusammenarbeit der Gebietskörperschaften (1980),
- die Europäische Raumordnungscharta (1983) und
- das Europäische Raumordnungsschema (1991/92).

Seit den 80er Jahren hat sich auch das Europäische Parlament mit Vorschlägen zu einem "Europäischen Raumordnungsplan" und zur "Konzertierung der Raumordnung" befaßt. Die EG-Kommission hat inzwischen vier Berichte zur Sozioökonomischen Lage und Entwicklung der Regionen der Gemeinschaft herausgegeben und seit 1990 eine sogenannte "Europäische Konferenz der Minister für Raumordnung und Regionalpolitik" geschaffen. 1991 hat sie ein Strategiepapier "Europa 2000 - Perspektiven der künftigen Raumordnung der Gemeinschaft" herausgegeben, das künftig als Bezugsrahmen für die verschiedenen nationalen, vor dem Hintergrund der jeweiligen regionalen und nationalen Bedürfnisse entwickelten Politiken dienen soll[9].

In dem Dokument "Europa 2000" wird einleitend herausgestellt, daß es mit zunehmenden internationalen Verflechtungen der Wirtschaftstätigkeiten und der Liberalisierung der mittel- und osteuropäischen Planwirtschaften zu einer immer engeren wirtschaftlichen Integration in Europa kommen wird. Die EG-Kommission arbeitet zur Zeit an einem weitergehenden Strategiepapier "Europa 2000+". Sie hat dafür viele Studien anfertigen und neue Überlegungen für die Entwicklung Europas erarbeiten lassen. "Europa 2000+" soll bis zur Mitte des Jahres 1994 fertiggestellt sein.

Sowohl innerhalb als auch außerhalb des EWR nehmen die Handels-, Dienstleistungs-, Kapital- und Bevölkerungsströme über die herkömmlichen Staatsgrenzen hinaus erheblich zu und passen sich auch innerhalb der einzelnen Länder und Regionen den wachsenden internationalen Wirtschaftsbeziehungen an. Diese sich ständig beschleunigende Integration in Europa hat einen beträchtlichen Einfluß auf die Raum- und Flächennutzung in der Gemeinschaft und besonders auf Nordrhein-Westfalen. Zunehmende Ansprüche an die Raumnutzung ergeben sich vor allem aus den Zuwanderungen nach NRW, den wachsenden Anforderungen im Verkehrsbereich, durch die technologische Entwicklung, die Energieversorgung und die Abfallbeseitigung. Sie werden, wie auch die Bevölkerungswanderungen, weiteren Infrastrukturbedarf auf kommunaler und regionaler Ebene in Nordrhein-Westfalen bewirken. Dies gilt im besonderen Maße auch im Zusammenhang mit den Investitions- und Standortentscheidungen der Unternehmen.

Eine Europäische Raumordnungspolitik, auf die das Land Nordrhein-Westfalen künftig Einfluß nehmen kann, ist zwingend erforderlich. Bereits heute auf Gemeinschaftsebene beschlossene oder zu beschließende Politiken wirken sich in zunehmendem Maße auf die Raumordnung in den Mitgliedstaaten aus[10]. Die Konsequenzen dieser politischen Maßnahmen müssen von den Raumordnungsüberlegungen auf Bundes- und auf Länderebene in immer stärkerem Maße mitberücksichtigt werden. Deshalb bedarf es einer verstärkten Mitwirkung der Bundesländer in der europäischen Politik, einer verstärkten gegenseitigen Information und vor allem der Aufstellung gemeinsamer Raumordnungsgrundsätze in Europa. Mit dem Diskussionspapier "Raumordnungspolitiken im europäischen Kontext" hat die Bundesregierung 1993 hierzu bereits einen wichtigen Beitrag geleistet.

3. Aus EG-Fachpolitiken resultierende neue Rahmenbedingungen und Folgerungen für die Raumordnung

3.1 Zur Agrarpolitik

Der raumwirksame Einfluß der EG-Fachpolitiken auf die Politik in den Mitgliedsländern nimmt in ungeheurem Ausmaße zu. Deshalb ist es z. B. wichtig, daß die Mitgliedstaaten auf diese Herausforderungen in angemessener Weise reagieren oder besser noch, sie schon vorher in der gewünschten Weise zu beeinflussen versuchen.

Die gemeinsame Agrarpolitik der EG hat im Zusammenhang mit der Regionalpolitik zunehmend entscheidenden Einfluß auf die Beschaffenheit und die Gestaltung der ländlichen Räume. Die GATT-Verhandlungen und die EG-Agrarpreispolitik bestimmen mittel- und langfristig die Perspektiven der nordrhein-westfälischen Landwirtschaft[11].

In Nordrhein-Westfalen gibt es einen starken Rückgang bei den landwirtschaftlichen Betrieben. 1990 waren es noch 81.000 Betriebe, d. h. 20.000 (= 20 %) weniger als 1980. Bereits die Hälfte aller Betriebe wird im Nebenerwerb bewirtschaftet. Je nach Entwicklung der Rahmenbedingungen wird bis zum Jahre 2000 voraussichtlich weiter etwa ein Viertel aller landwirtschaftlichen Betriebe aufgeben. Diese Zahl kann sich bei weiterer Verschlechterung der Rahmenbedingungen sogar auf ein Drittel erhöhen. In Verbindung mit der Flächenstillegungspolitik des Bundes können sich daraus Gefahren ergeben, die dazu führen, daß:
- in Gebieten mit ungünstigen Ertragsvoraussetzungen die Landbewirtschaftung ganz eingestellt wird und Flächen brachfallen;
- in Regionen mit günstigen Standortbedingungen die Intensität der Landnutzung und die Konzentration der Viehhaltung weiter zunehmen werden.

Nordrhein-Westfalen fördert deshalb eine Reform der EG-Agrarpolitik. Aus der jüngst beschlossenen EG-Agrarpolitik, in deren Mittelpunkt eine Rücknahme der Preisstützung steht, ergibt sich bereits in den nächsten Jahren ein schwieriger und schmerzlicher Anpassungsprozeß für die landwirtschaftlichen Betriebe. Die Reform enthält darüber hinaus eine Reihe von flankierenden Maßnahmen (Extensivierung, umweltfreundliche Produktionsformen, Aufforstung, Vorruhestandsregelung etc.), die vom Land NRW deutlich unterstützt werden.

Dennoch werden in Nordrhein-Westfalen mittel- und langfristig Flächen im Bereich minderwertiger Böden brachfallen und zum Teil umgenutzt werden. Die Agrarpreisgestaltung wirkt sich mittel- und langfristig auf die Entwicklung und den Wandel in der Agrarstruktur aus. Die Wahrung der Freiräume und der Schutz der natürlichen Ressourcen im ländlichen Raum müssen deshalb einhergehen mit der Erhaltung und Förderung angemessener Lebensverhältnisse und der Erhaltung der Funktionsfähigkeit dieser Räume für die Bevölkerung, um einer Abwanderung vom Lande und einer Entleerung ländlicher Räume entgegenzuwirken. Am stärksten von einem Rückgang der landwirtschaftlichen Produktion werden voraussichtlich Gebiete mit einer Bodenklimazahl von weniger als 30 betroffen sein, also in Nordrhein-Westfalen insbesondere die Mittelgebirgslagen. Auf den guten Standorten werden sich leistungsfähige landwirtschaftliche Unternehmen entwickeln, wobei die Produktion dieser Betriebe jedoch mit einem extrem niedrigen Arbeitsbesatz (1,5 AK je 100 ha) verbunden ist.

Im Rahmen der künftigen Raumordnung sollten neben einer Darstellung des Bestandes der Flächennutzung in ländlichen Gebieten - wie bisher schon zum Teil geschehen - textliche und kartographische Ziele in den Entwicklungsplänen der Raumordnung (Landesentwicklungsplan und Gebietsentwicklungspläne) auf die künftige Entwicklung der Landwirtschaft hinweisen. In Zusammenarbeit mit der Agrarfachplanung gilt es frühzeitig, differenzierte Konzepte für eine sinnvolle Flächennutzung in den Regionen zu erarbeiten. Überlegungen zur Erneuerung, Anpassung und Erhaltung der raumordnerischen Struktur, die Ausbildung von Naturschutz oder für die Erholung wichtiger Erholungszonen unter Beachtung aller Umweltbelange gilt es dabei zu berücksichtigen. Erwartet werden kann, daß, durch die EG-Agrarpolitik beeinflußt, künftig ein großer Teil bisher landwirtschaftlich genutzter Flächen nicht mehr benötigt wird. Diese Entwicklung gilt es insbesondere in den "Entwicklungs- und Handlungskonzepten" der regionalisierten Strukturpolitik in Nordrhein-Westfalen zu berücksichtigen.

Die künftige Wirtschaftsentwicklung in ländlichen Räumen wird immer mehr von der Entwicklung außerlandwirtschaftlicher Sektoren abhängen, so zum Beispiel vom Fremdenverkehr, von der Forstwirtschaft, der Entwicklung von Industrie und Gewerbe. Es gilt deshalb, die Auswirkungen der EG-Agrarpolitik in den ländlichen Räumen und die Veränderungen der Agrarstruktur im Zusammenhang mit der wirtschaftlichen und sozialen Gesamtentwicklung in der Region zu sehen und in den Regionalen Entwicklungsprogrammen zu berücksichtigen[12]. Die agrarpolitischen Maßnahmen sind möglichst auf die Gebiete der Regionalen Entwicklungsprogramme zu beziehen und dabei die Wechselwirkungen zwischen den verschiedenen Wirtschaftsbereichen in die Entwicklungsplanungen einzubeziehen. Dies ist bisher leider nur in ersten Ansätzen geschehen.

3.2 Zur Siedlungsstruktur

Die verschiedenen EG-Politiken haben auch direkten und indirekten Einfluß auf die Entwicklung der Siedlungsstruktur und die Verstädterung. Die Gemeinschaft hat zwar keine Zuständigkeit für Stadtentwicklungspolitik, aber sie nutzt ihre Befugnisse in Umweltfragen und im Bereich der Regionalpolitik, um auf den Komplex der Stadterneuerung Einfluß zu nehmen. So hat die Gemeinschaft vor kurzer Zeit ein "Grünbuch über die städtische Umwelt" erarbeitet[13]. Sie leitet daraus bereits bestimmte Maßnahmen zur Städtebauförderung ab. Diese Entwicklung wird von den Nationalstaaten und Regionen Europas mit zunehmendem Mißtrauen beobachtet, da die Frage der Stadtentwicklung im Grunde die ureigenste Aufgabe der Städte und Gemeinden ist[14].

Nun kann man in diesem Zusammenhang nicht übersehen, daß eine noch stärkere Verdichtung und Konzentration in verschiedenen Teilen Europas, eine Zunahme der räumlichen Verflechtungen, wie zum Beispiel in der europäischen Entwicklungszone von London bis Mailand, nicht mehr erwünscht ist. Allgemein ist man sich in Europa darüber einig, daß es im Bereich der Siedlungsstruktur darum gehen muß[15]:

- die Leistungsfähigkeit wirtschaftlicher Kernbereiche aufrechtzuerhalten,
- die bestehenden Entwicklungspole vor allem durch Vernetzung und verstärkte Zusammenarbeit der Städte und Gemeinden in den Regionen zu stärken und
- in den peripheren Regionen neue Zentren zu schaffen.

Angestrebt wird ein Europa der Städte und Regionen mit einer dezentralisierten Raum- und Siedlungsstruktur. Wenn eine solche Strategie in konkrete Maßnahmen umgesetzt werden soll, müssen die verschiedenen Ebenen - Europäische Gemeinschaften, Staaten und Regionen - sich verstärkt miteinander abstimmen, um Entwicklungszentren von europaweiter Bedeutung gemeinsam zu fördern.

Insoweit ist in Nordrhein-Westfalen künftig daran zu denken, neben einer Sicherung und Entwicklung des zentralörtlichen Gefüges im Lande das Städtenetz weiter auszubauen, um die Synergieeffekte noch besser zu nutzen und eine Ausweisung von besonderen städtischen Zentren, Oberzentren oder sogenannten Europolen zu prüfen. Eine besondere Konzentration bestimmter städtischer Funktionen kann die Wettbewerbsfähigkeit dieser Zentren im europäischen Wettbewerb stärken, in etwa vergleichbar mit den Ausweisungen bestimmter städtischer Zonen oder sogenannten städtischen Knotenpunkten in der Vierten Raumordnungsnote der Niederlande[16]. Dabei geht es insbesondere darum, in[17]:

- Stadtregionen eventuellen Überlastungstendenzen entgegenzuwirken und Entwicklungsmöglichkeiten durch intensive Kooperation der Städte und Gemeinden auszubauen;
- gering verdichteten, agglomerationsfernen Räumen diese zu stabilisieren und Entwicklungspotentiale zu erschließen.

Ein gewichtiges Problem ist darüber hinaus die künftige Stabilisierung der Stadt Bonn im Zusammenhang mit dem Verlust der Hauptstadtfunktionen im nächsten Jahrzehnt. Besondere Bedeutung kommt bei diesen Umstrukturierungen in Nordrhein-Westfalen dem Ausbau der Verkehrsinfrastruktur zu.

3.3 Zur Verkehrspolitik

Ein weiteres wichtiges Beispiel für die Wirkungen europäischer Rahmenbedingungen auf die Bundesrepublik und auf Nordrhein-Westfalen ist die Verkehrspolitik. Die oben aufgezeigten neuen europäischen Rahmenbedingungen für die Raumordnungspolitik deuten tendenziell auf eine weitere Zunahme des Beförderungsbedarfs hin. Deutschland ist zum wichtigsten Transitland in Europa geworden.

In den meisten Prognosen für den zukünftigen Beförderungsbedarf konnten die neuen Ost-West-Entwicklungen noch nicht berücksichtigt werden. Gesamtübersichten über die Verkehrsentwicklung in der Bundesrepublik Deutschland zeigen z. B. für die Lastkraftfahrzeuge des Fernverkehrs von 1991 bis Januar 1992 einen Anstieg in der Beförderungsleistung von ca. 13 %, wovon etwa 70 % auf den Binnenverkehr und 30 % auf den grenzüberschreitenden Fernverkehr entfielen. Die Zunahme des grenzüberschreitenden Fernverkehrs deutscher Lastkraftwagen lag vom Januar 1991 bis Januar 1992 bei ca. 10 %. Beim grenzüberschreitenden Fernverkehr mit ausländischen Lastfahrzeugen betrug die Zunahme im selben Zeitraum sogar 19 %. Durch diese wachsenden Verkehrsströme kommen ungeheure Belastungen auf die Verkehrswege in Deutschland zu, wenn keine Veränderungen in der Marktordnung oder im Preisgefüge für Transportleistungen eintreten. Für den grenzüberschreitenden Ost-West- und Nord-Süd-Verkehr werden besonders große Zuwächse erwartet. Gemessen werden auf einigen Strecken große Zunahmen des Verkehrs, in Nordrhein-Westfalen insbesondere auf den West-Ost-Straßen. Für die Niederlande wird bis zum Jahre 2010 ein Wachstum des Pkw-Verkehrs von etwa 70 % vorausgesagt, bei etwa gleichbleibender Auslastung der Eisenbahn. Der Güterverkehr soll im Lande in etwa im gleichen Ausmaße zunehmen, im grenzüberschreitenden Verkehr um etwa 80 %.

Nach der Trendprognose des Bundesverkehrswegeplanes 1992 (BVWP '92) wird beim Güterverkehr mit einer Zunahme von 1988 bis zum Jahre 2010 von etwa 100 % beim Straßengüterverkehr, etwa 50 % bei der Eisenbahn und etwa 100 % bei der Binnenschiffahrt gerechnet. Die Verkehrsleistungszuwächse des Individualverkehrs sollen etwa + 30 % betragen. Nach einer Alternativ-Prognose, die von einer Verteuerung der Kosten für Pkw von etwa 100 % und für den Lkw um 50 % ausgeht, würde sich der Lkw-Verkehr im gleichen Prognosezeitraum bis zum Jahre 2010 um etwa + 32 %, der Individualverkehr um etwa + 18 % vergrößern. Der Bundesverkehrswegeplan geht für die Zukunft von diesem reduzierten Verkehrsprognoseszenario aus, was von der Raumordnung sehr begrüßt wird.

Der ständig wachsende Beförderungsbedarf stellt Europa vor Probleme mit elementarer räumlicher Tragweite. Nach Auffassung der EG-Kommission werden die Vorteile des Binnenmarktes erst dann voll zum Tragen kommen, wenn die erforderliche Infrastruktur vorhanden ist. Dies ist das Hauptziel der gemeinschaftlichen Verkehrspolitik, insbesondere auch im Zusammenhang mit den neuesten Vertragsabschlüssen über die Schaffung des Europäischen Wirtschaftsraumes. Die EG-Kommission nutzt in den letzten Jahren insbesondere den EFRE, um Verkehrsinfrastrukturmaßnahmen durchzuführen. So konnten zum Beispiel im Zeitraum 1989 bis 1993 fast 6 Mrd. ECU zur Verfügung gestellt werden. Die EG-Kommission drängt auf ein europaweites Vorgehen beim Infrastrukturausbau. Der Ausbau schneller Eisenbahn-, Straßen- und Flugverbindungen stellt eine merkliche Verbesserung dar und kann zur Verminderung der Disparitäten in der Gemeinschaft beitragen.

Es ist, wie der Beirat für Raumordnung hervorhebt, zu erwarten, daß die Niveaueffekte der Integration sowie die Liberalisierung des Gütertransportwesens im Verein mit den Tendenzen zur weiteren innereuropäischen Arbeitsteilung quantitative und qualitative Ansprüche an die Verkehrsinfrastruktur in der Bundesrepublik und in NRW stellen werden, die zu einer weiteren Steigerung der Umweltbelastungen und zu einem Druck der Wirtschaft auf den weiteren Infrastrukturausbau zu Lasten der Umwelt führen dürften.

Den hier drohenden Gefährdungen muß durch eine an gesamtwirtschaftlichen und ökologischen Erwägungen orientierte Verkehrspolitik, die eine Entlastung der Straße zugunsten der Schiene zum Ziel haben sollte, entgegengewirkt werden. Die Raumordnung erhofft sich von der politisch geforderten Wende, vom Straßenverkehr hin zum Schienen-, Binnenschiffahrts- und Öffentlichen Personennahverkehr eine Lösung vieler Verkehrsprobleme und eine zukunftsträchtige siedlungs- und umweltfreundliche Verkehrsplanung für die Zukunft. Der weitere Ausbau der Raum- und Siedlungsstruktur ist aber auch gleichzeitig zu einer Verkehrsentlastung zu nutzen. Raumordnung und Verkehrsplanung müssen den Ausbau der Verkehrsinfrastruktur und die Verkehrsentlastung zügig und differenziert steuern[18], um die zu erwartende Verkehrslawine bewältigen zu können.

Die Auswirkungen des wachsenden Beförderungsbedarfs, die EG-Politik und die Verkehrspolitik der Nachbarstaaten, insbesondere die der Niederlande, stellen Nordrhein-Westfalen vor völlig neue Aufgaben. Die Raumordnung des Landes NRW wird gemeinsam mit der Verkehrspolitik des Landes im Rahmen des Bundesverkehrswegeplanes prüfen müssen, ob und inwieweit aus diesen Rahmenbedingungen neue Schlußfolgerungen für die Landesraumordnungspolitik gezogen werden müssen. Dazu bedarf es einer neuen großräumigen, ökologisch orientierten Verkehrskonzeption für Nordrhein-Westfalen.

So wäre zum Beispiel zu überlegen, ob im neuen Landesentwicklungsplan im Rahmen des punkt-axialen Systems Haupttransportachsen für Straße und Schiene ausgewiesen und im Rahmen der Verkehrspolitik mit besonderen Leitsystemen und Vorrängen, z. B. für den Güterverkehr, ausgestaltet werden müßten. In diesem Zusammenhang ist auch zu prüfen, ob und inwieweit die Bundesbahn ihre Kapazitäten im Güter- und Personenverkehr überhaupt noch erhöhen kann, so zum Beispiel im kombinierten Ladeverkehr (KLV) oder im öffentlichen Personennahverkehr (ÖPNV). Unerläßlich erscheint eine noch stärkere Abstimmung mit den Zielen der Verkehrspolitik und der Raumordnungspolitik in bezug auf den Verkehr in den Niederlanden. Diese Abstimmung könnte z. B. auf der Grundlage der in Arbeit befindlichen "Grenzübergreifenden Raumordnungsleitbilder" erfolgen, die 1993/94 von den Niederlanden und Nordrhein-Westfalen gemeinsam erarbeitet werden.

Eine wesentliche Entlastung für den Durchgangsverkehr durch das Ruhrgebiet könnte voraussichtlich ein West-Ost-Verkehrskorridor nördlich des Ruhrgebietes leisten. Die von den Niederlanden und von Deutschland in die Diskussion gebrachten Überlegungen zu einem derartigen West-Ost-Verkehrskorridor müßten allerdings noch gründlich überprüft werden.

Neben dem Ausbau des letzten Teilstücks der Autobahn Osnabrück - Hannover bei Bielefeld gehört dazu auch eine gründliche Überprüfung der Eisenbahnverbindungen West-Ost und der Umlademöglichkeiten von der Straße auf die Schiene in dieser Relation. Im Entwurf des "Raumordnungspolitischen Orientierungsrahmens" für Deutschland ist der Ausbau der Ost-West-Verbindung Warschau - Berlin - Hannover - Osnabrück zwar vorgesehen, nicht aber der weitere Ausbau nach Westen. Diese Tatsache deutet darauf hin, daß die diesbezüglichen deutsch-niederländischen Abstimmungen der Raumordnung und der Fachplanungen im Hinblick auf den Ausbau eines neuen West-Ost-Verkehrskorridors noch nicht stattgefunden haben. Diese Abstimmung muß spätestens im Zusammenhang mit dem II. Strukturschema der BENELUX-Staaten erfolgen, das sich seit 1993 in Erarbeitung befindet.

Die künftige Verkehrspolitik des Landes NRW muß im Kontext zum EWR, zur Entwicklung im Rahmen der deutschen Einheit und zu den Entwicklungen in Mittel- und Osteuropa ausgebaut werden. Der Rat der EG hat 1990 ein "Leitschema für das Europäische Hochgeschwindigkeitsnetz" verabschiedet. Das Projekt der Landesregierung NRW "Schnellbahn Paris - Brüssel - Köln/Amsterdam" aus dem Jahre 1981 ist Bestandteil dieses Leitschemas. In einer "Vier Regionen Kooperation" der Vereinigung der Regionen Europas (VRE) treiben die Regionen Kent, Nord/Pas-de-Calais, Wallonien und NRW dieses Projekt zügig voran. Die Fertigstellung dieses Projektes wurde auf Ende der 90er Jahre terminiert, die Inbetriebnahme auf teilweise noch alten Strecken für die Jahre 1995/96 in Aussicht genommen. In diesem Zusammenhang ist auch der Ausbau der Verbindungen Köln - Hannover - Warschau und Köln - Dortmund - Kassel - Erfurt - Leipzig - Dresden - Prag zu sehen.

NRW benötigt eine zukunftsorientierte Verkehrskonzeption. Die Raumordnungs- und Stadtentwicklungspolitik sollten zusammen mit einer ökologisch orientierten Verkehrspolitik dazu beitragen, daß sich die künftige Siedlungsentwicklung stärker an der vorhandenen Infrastruktur orientiert und die vielfach vorhandenen Schienenverbindungen und Anlagen noch besser nutzt.

Nordrhein-Westfalen muß darauf drängen, daß im Bund und in der EG eine verkehrspolitische Strategie zur Sanierung der Umwelt eingeleitet wird. Dazu bedarf es einer konsequenten Anwendung des Verursacherprinzips (Internationalisierung der externen Kosten - Kostenwahrheit) sowie Gebote und Verbote zur Feinsteuerung dieser Politik in den Regionen, Agglomerationen und Städten.

3.4   Zur Regionalpolitik

Als letztes Beispiel für die Raumwirksamkeit europäischer Fachpolitiken soll die Europäische Regionalpolitik angeführt werden, die in viele andere Fachgebiete hineingreift, weil NRW in der Bundesrepublik noch über erhebliche Anteile an Fördergebieten, insbesondere an EG-Ziel-2-Gebieten (Ruhrgebiet), verfügt[19]. Die Regionalförderung der Gemeinschaft konzentriert sich notwendigerweise überwiegend auf die Regionen mit schwersten Strukturschwächen oder Umstrukturierungsproblemen in der Gemeinschaft und wird dies in der neuen EG-Regionalpolitik 1994 - 1999 in verstärktem Maße durchsetzen. In den Regionen der

Gemeinschaft sind häufig größere Infrastruktur- oder Wirtschaftsförderinvestitionen im Rahmen von besonderen Programmen vorgesehen. Wichtige Grundlage für derartige Programme sind künftig insbesondere die "Regionalen Entwicklungsprogramme", die in Nordrhein-Westfalen bereits im Rahmen der regionalisierten Strukturpolitik seit einigen Jahren entwickelt werden.

Diese Regionalen Entwicklungsprogramme bieten eine gute Möglichkeit für ein Zusammenwirken zwischen Regionalpolitik und Raumordnungspolitik. Es wäre im Lande Nordrhein-Westfalen deshalb wünschenswert, wenn die kommunalen Gebietskörperschaften bei der Aufstellung derartiger Regionalprogramme in Regionalkonferenzen künftig in stärkerem Maße Raumordnungsüberlegungen mit in ihre programmatischen Aussagen einbeziehen könnten[20]. Dies ist zum Beispiel bei dem jüngsten "Grenzüberschreitenden Regionalen Entwicklungsprogramm" für die Regio Rhein-Waal geschehen[21]. Grenzüberschreitende Entwicklungsskizzen, Strukturskizzen oder Leitbilder, gemeinsam von den Gemeinden in Zusammenarbeit mit den Raumplanungsbehörden aufgestellt, ermöglichen hier eine gewisse Raumordnungsorientierung der regionalpolitischen Fördermaßnahmen. Eine weitere Intensivierung wäre wünschenswert.

In diesem Zusammenhang kann und muß hervorgehoben werden, daß gerade in den letzten Jahren seit 1990 raumordnerische Vorgaben in den Grenzgebieten zu den Niederlanden insbesondere von seiten der Kommunen erwünscht werden. Derartige Aussagen können insbesondere gemacht werden für die Räume Aachen - Maastricht - Lüttich, für das Grenzgebiet der Regio Rhein-Waal und für das Grenzgebiet der EUREGIO in den Räumen der Städte Enschede, Hengeloh, Osnabrück und Münster.

In Anlehnung an die guten Erfahrungen mit den "Grenzüberschreitenden Entwicklungs- und Handlungskonzepten" an der deutsch-niederländischen Grenze hat das Land Nordrhein-Westfalen eine "Regionalisierte Strukturpolitik" entwickelt, die regionale Selbstverantwortung, die Bereitschaft zur Kooperation und zur Bündelung der regionalen Kräfte in den Mittelpunkt stellt. Regionale Entwicklungskonzepte stärken den Entwicklungsprozeß vor Ort. Sie sollen an die vorhandenen Potentiale und Einrichtungen der Region anknüpfen und sie optimal für den regionalen Entwicklungsprozeß nutzen[22]. Die regionalen Entwicklungskonzepte sollen vor allem:

- die spezifischen Stärken und Schwächen jeder Region im Lande erfassen;
- regional- und strukturpolitisch besonders bedeutsame Handlungsfelder und Entwicklungsschwerpunkte herausarbeiten und herausstellen;
- die unterschiedlichen strukturpolitischen Handlungsfelder noch enger zu einer integrierten regionalen Entwicklungspolitik unter Einbeziehung der Raumordnungspolitik vereinen;
- Strukturpolitik an sozial- und arbeitsmarktpolitischen Belangen und an den ökologischen Zielen im Interesse der Region orientieren;
- die regionale Zusammenarbeit und Kooperation zwischen den Städten und Gemeinden in der Region anregen und verstärken;
- die Grundlagen für strukturrelevante landespolitische Entscheidungen in den Regionen des Landes verbessern.

Die Entwicklungskonzepte werden eigenverantwortlich von Regionalkonferenzen in den Regionen erstellt. Für die Landesregierung haben die regionalen Entwicklungskonzepte einen wichtigen Beratungs- und Empfehlungscharakter und bieten eine ausgezeichnete Argumentationsgrundlage für die Beratungen im Rahmen der EG-Regionalpolitik. Im Rahmen einer Erfolgskontrolle sollte in den nächsten Jahren geprüft werden, wie die Maßnahmen der Regionalen Entwicklungskonzepte durchgeführt worden sind, welche Ziele erreicht und welche Ergebnisse erzielt werden konnten.

Die Bundesrepublik Deutschland und das Land Nordrhein-Westfalen müssen im Zusammenhang mit den künftig anlaufenden weiteren Maßnahmen für die nächste Periode der EG-Regionalpolitik von 1994 bis 1999 darauf achten, daß die Aktivitätsfelder der Regionalpolitik nicht zum Nachteil für die Bundesrepublik und für Nordrhein-Westfalen ausgestaltet werden, so z. B. in den Bereichen des Städtebaus und der Umweltpolitik. Selbst wenn in der Zukunft für die westlichen Bundesländer EG-Hilfen im Rahmen der Regionalpolitik weitgehend wegfallen, so muß dennoch für die deutsche Struktur- und Regionalpolitik für die Verbesserung der regionalen Wirtschaftsstruktur (z. B. Landwirtschaft, Kohle, Stahl) ein eigener Handlungsspielraum erhalten bleiben. Alle Fördermittel aus den Strukturfonds der Gemeinschaft, aus EG-Gemeinschaftsinitiativen und -programmen müssen künftig verstärkt im Rahmen der Partnerschaft und nach dem Subsidiaritätsprinzip mit dem Bund, den Ländern und den Regionen und hier wiederum mit der Regionalpolitik und Raumordnung abgestimmt und einvernehmlich eingesetzt werden.

In den Jahren 1991 und 1992 hat sich gezeigt, daß die Mitwirkung der Regionalplanung bei der Aufstellung der Regionalen Entwicklungskonzepte im Rahmen der Regionalkonferenzen relativ gute Wirkungen hatte, auch wenn sich dabei vielfältige Probleme ergeben haben[23].

4. Raumordnerische Schlußfolgerungen

Wie die Erläuterungen der neuen europäischen Rahmenbedingungen und die daraus folgenden Konsequenzen für die Entwicklungen in Nordrhein-Westfalen gezeigt haben, bedarf es erweiterter Kompetenzen für eine Europäische Raumordnungspolitik. Auf der Grundlage der erweiterten Gemeinschaftskompetenzen sollte vor allem - aufbauend auf regionalen und nationalen Raumordnungsleitbildern - ein gemeinschaftsweites Raumordnungskonzept als Rahmenkonzept entwickelt und europaweit eine verbesserte Abstimmung zwischen den zuständigen nationalen Behörden herbeigeführt werden. Bei einer Beschränkung auf den organisatorischen und inhaltlichen Rahmen, der von den zuständigen Stellen der Mitgliedstaaten auszufüllen wäre, gäbe es auch sicherlich keine Konflikte mit dem Subsidiaritätsprinzip und mit den Aufgaben nationaler und regionaler Raumordnungsbehörden. Die Gemeinschaft sollte nur insoweit tätig werden, als Maßnahmen auf regionaler und auf nationaler Ebene nicht mindestens ebenso wirksam sind. Nordrhein-Westfalen und Nordwesteuropa benötigen eine "Europäische Raumordnungspolitik" mit "Europäischen Leitbildern der Raumordnung" sowie mit "planerischen Grundwerten und Grundsätzen", entsprechend denen in unseren europäischen Nachbarländern und denen der "Europäischen Raumordnungscharta"[24].

Nordrhein-Westfalen wird sich auch weiterhin sehr intensiv um die Durchsetzung seiner Landesentwicklungsziele in Europa bemühen und seine Position im regionalen Wettbewerb in Europa herausarbeiten müssen. Nordrhein-Westfalen benötigt neue Ansätze für innovative Handlungskonzepte, aufbauend auf einer regionalisierten Strukturpolitik in Verbindung mit einer Raumplanung im Rahmen "Regionaler räumlicher Entwicklungskonzepte", die unter Beteiligung vieler Akteure zur verbesserten Konsensfindung in der Region erarbeitet werden. Dazu gehört auch die Herstellung einer "regionalen Öffentlichkeit" zur Findung einer "regionalen Identität", so zum Beispiel für die verschiedenen Regionen im Lande. Die Raumordnung in Nordrhein-Westfalen muß bürgernäher werden. Sie muß in den Regionen, in "menschlichen Lebensräumen" stattfinden[25]!

Nordrhein-Westfalen benötigt auch in Anlehnung an die BENELUX-Studien und an die Vierte Raumordnungsnote der Niederlande ein "Grenzübergreifendes Niederländisch-Nordrhein-Westfälisches Raumordnungsleitbild" als weitere Grundlage für ein "Raumordnerisches Leitbild für Nordwesteuropa"[26]. Nordwesteuropa bedarf künftig einer verstärkten, intensiven Koordination seiner Entwicklungsmaßnahmen und einer institutionalisierten Zusammenarbeit der Regierungen.

Während es zum Beispiel in Skandinavien, in den Pyrenäenregionen, in der ARGE ALP und nun auch im Donauraum eine sehr intensive, organisierte interregionale planerische und strategische Zusammenarbeit der Regierungen gibt, mangelt es bisher an einer derartigen Kooperation - unter Federführung der Raumordnung - in Nordwesteuropa, im dichtbesiedeltsten Teil Europas. Es wäre wünschenswert und nützlich, wenn die Bemühungen um eine umweltorientierte, konzertierte Raumordnungs- und Entwicklungspolitik in Nordwesteuropa und in Gesamteuropa - zum Nutzen des Landes Nordrhein-Westfalen - zu einem positiven Ergebnis kämen. Durch eine stärkere Beachtung europäischer Rahmenbedingungen, einer intensiven Politik zur Mitwirkung bei der Ausgestaltung dieser Rahmenbedingungen und einer verstärkten Koordination dieser Politik mit seinen nahen und ferneren Nachbarn könnte Nordrhein-Westfalen einen wesentlichen Beitrag zur Förderung der Raumentwicklung und Raumordnung im Lande selbst, in Nordwesteuropa und im gesamten Europa leisten.

Anmerkungen

[1] Landesregierung Nordrhein-Westfalen (Hrsg.): Landesentwicklungsbericht Nordrhein-Westfalen, Perspektiven und Initiativen am Beginn der 90er Jahre, Schriftenreihe des Ministerpräsidenten des Landes NRW, Heft 52, Düsseldorf 1992, S. 19-46.

[2] Beirat für Raumordnung: Stellungnahme "Raumstrukturelle Auswirkungen des europäischen Einigungsprozesses", 7. Februar 1990.

[3] Läufer, Th. (Bearb.): Europäische Gemeinschaft - Europäische Union, die Vertragstexte von Maastricht, Bonn 1992.

[4] Raumordnungsgesetz (ROG) in der Fassung der Bekanntmachung vom 25. Juli 1991 (BGBl. I S. 1726), abgedruckt in: Raumordnungsbericht 1991 des Bundesministers für Raumordnung, Bauwesen und Städtebau, Bonn-Bad Godesberg 1991, Anhang, S. 172-179.

[5] Heide, H.-J. v. d.; Kistenmacher, H.; Schramm, W.; Tönnies, G.: Konzeptionelle Überlegungen zur räumlichen Entwicklung in Deutschland, hrsg. von der Akademie für Raumforschung und Landesplanung, Hannover 1992.

6) Bundesministerium für Raumordnung, Bauwesen und Städtebau (Hrsg.): Raumordnungspolitischer Orientierungsrahmen, Bonn-Bad-Godesberg 1993.

7) Bundesministerium für Raumordnung, Bauwesen und Städtebau (Hrsg.): Raumordnungspolitischer Orientierungsrahmen, a.a.O., S. 19.

8) Malchus, V. Frhr. v.: Auf dem Wege zu einer "Europäischen Raumordnungspolitik", in: Ansätze zu einer europäischen Raumordnung, Forschungs- und Sitzungsberichte der Akademie für Raumforschung und Landesplanung (ARL), Bd. 150, Hannover 1985, S. 365 - 396; Mudrich, G.: Grenzüberschreitende Zusammenarbeit im Europarat, in: Grenzübergreifende Raumplanung, Erfahrungen und Perspektiven der Zusammenarbeit mit den Nachbarstaaten Deutschlands, Forschungs- und Sitzungsberichte der Akademie für Raumforschung und Landesplanung (ARL), Bd. 188, Hannover 1992, S. 9 - 30.

9) Kommission der Europäischen Gemeinschaften, Generaldirektion Regionalpolitik (Hrsg.): Europa 2000 - Perspektiven der künftigen Raumordnung der Gemeinschaft, Mitteilung der Kommission an den Rat und an das Europäische Parlament, Brüssel - Luxembourg 1991.

10) Akademie für Raumforschung und Landesplanung (Hrsg.): Ansätze zu einer europäischen Raumordnung, Forschungs- und Sitzungsberichte, Bd. 155, Hannover 1985, S. 87 - 294; Beirat für Raumordnung: Empfehlung des Beirates "Zu einem Europäischen Raumentwicklungskonzept" vom 11. November 1992; Entschließung der Ministerkonferenz für Raumordnung "Zur Entwicklung und Abstimmung der Raumordnungspolitiken der Mitgliedstaaten in der Europäischen Gemeinschaft" vom 14. Februar 1992.

11) Beirat für Raumordnung: Stellungnahme "Perspektiven für die Entwicklung ländlicher Räume" vom 7. Februar 1990; Landesregierung Nordrhein-Westfalen: Landesentwicklungsbericht Nordrhein-Westfalen, Perspektiven und Initiativen am Beginn der 90er Jahre, Schriftenreihe des Ministerpräsidenten des Landes NRW, Heft 52, Düsseldorf 1992, S. 83 - 85.

12) Landesregierung Nordrhein-Westfalen (Hrsg.): Landesentwicklungsbericht Nordrhein-Westfalen, Perspektiven und Initiativen am Beginn der 90er Jahre, a.a.O., S. 83 f. und S. 60; Ministerium für Wirtschaft, Mittelstand und Technologie des Landes Nordrhein-Westfalen (Hrsg.): Regionalisierung - Neue Wege in der Strukturpolitik Nordrhein-Westfalens, Düsseldorf, Dezember 1992; Malchus, V. Frhr. v.: Dezentralisierte Regionalpolitik in Nordrhein-Westfalen - eine Chance zur Stärkung der Gemeinden und Regionen im europäischen Wettbewerb, in: Regionale Politik und regionales Handeln, Beiträge zur Analyse und Ausgestaltung der regionalen Strukturpolitik in Nordrhein-Westfalen, ILS-Taschenbücher, Dortmund 1992, S. 104 - 120.

13) EG-Kommission (Hrsg.): "Grünbuch über die städtische Umwelt" der EG-Kommission (KOM (90) 218 endg.), Brüssel 1990.

14) Bundesministerium für Raumordnung, Bauwesen und Städtebau (Hrsg.): Stellungnahme der Bundesregierung zum "Grünbuch über die städtische Umwelt" der EG-Kommission, als Manuskript vervielfältigt, Bonn, den 19. Nov. 1990; Krautzberger, M.: Europäische Gemeinschaft und Städtebau, Die Öffentliche Verwaltung, August 1991, Heft 15, S. 617 - 622.

15) Bundesministerium für Raumordnung, Bauwesen und Städtebau (Hrsg.): Raumordnungspolitischer Orientierungsrahmen, a.a.O., S. 3 - 10; Akademie für Raumforschung und Landesplanung (Hrsg.): Großstadtregionen in Deutschland vor dem Hintergrund europäischer Entwicklungen, Hannover 1991.

16) Ministerium für Wohnungswesen, Raumordnung und Umwelt (Hrsg.): Auf dem Wege nach 2015, gekürzte Ausgabe der 4. Note über Raumordnung in den Niederlanden, Politikvorhaben, Den Haag 1988.

17) Bundesministerium für Raumordnung, Bauwesen und Städtebau (Hrsg.): Raumordnungspolitischer Orientierungsrahmen, a.a.O., S. 6 f.

18) Bundesministerium für Raumordnung, Bauwesen und Städtebau (Hrsg.): Raumordnungspolitischer Orientierungsrahmen, a.a.O., S. 15 f.

19) Landesregierung Nordrhein-Westfalen (Hrsg.): Landesentwicklungsbericht Nordrhein-Westfalen, Perspektiven und Initiativen am Beginn der 90er Jahre, a.a.O., S. 60 ff.

20) Konze, H.: Der ZIN-Moderator. Die Rolle des Regierungspräsidenten bei der Zukunftsinitiative für die Regionen Nordrhein-Westfalens (ZIN), in: Regionale Politik und regionales Handeln, Beiträge zur Analyse und Ausgestaltung der regionalen Strukturpolitik in Nordrhein-Westfalen, ILS-Taschenbücher, Dortmund 1992, S. 55 -62; vgl. den Beitrag von Heinz Konze in diesem Berichtsband; Malchus, V., Frhr. v.: Dezentralisierte Regionalpolitik in Nordrhein-Westfalen - eine Chance zur Stärkung der Gemeinden und Regionen im europäischen Wettbewerb, a.a.O., S. 104 ff.

21) Jansen, P. G.; Malchus, V. Frhr. v.; Meyer, R.: Grenzüberschreitendes Entwicklungs- und Handlungskonzept der Regio Rhein-Waal, ILS-Schriften Bd. 47, Dortmund 1989.

22) Konze, H.: Der ZIN-Moderator. Die Rolle des Regierungspräsidenten bei der Zukunftsinitiative für die Regionen Nordrhein-Westfalens (ZIN), a.a.O., S. 55 ff.

23) Vgl. den Beitrag von Heinz Konze in diesem Band.

24) Malchus, V. Frhr. v.: Rahmenbedingungen und Konsequenzen für die Landesentwicklungsplanung Nordrhein-Westfalen im neuen Europa, in: Perspektiven der Landesentwicklung Nordrhein-Westfalens im neuen Europa, Beiträge zum 5. Wissenschaftstag des ILS 1991, ILS-Taschenbücher, Dortmund 1991, S. 179 - 185.

25) Lowinski, H.: Weitere Bausteine zur Formulierung eines regionalisierten Konzeptes für funktionsräumliche Arbeitsteilung in Nordrhein-Westfalen, in: Funktionsräumliche Arbeitsteilung und Ausgeglichene Funktionsräume in Nordrhein-Westfalen, Forschungs- und Sitzungsberichte der Akademie für Raumforschung und Landesplanung, Bd. 163, Hannover 1985, S. 5 - 12; Malchus, V. Frhr. v.: Regionen in Nordrhein-Westfalen - Strukturelle Entwicklungen in den Oberbereichen des Landes und die Abgrenzung von Planungsregionen, in: Funktionsräumliche Arbeitsteilung und Ausgeglichene Funktionsräume in Nordrhein-Westfalen, a.a.O., S. 64 ff.

26) Malchus, V. Frhr. v.: Forschungen zur Regionalentwicklung in Nordwesteuropa, in: Perspektiven der Landesentwicklung Nordrhein-Westfalens im neuen Europa, a.a.O., S. 7 - 9; Malchus, V. Frhr. v.: Rahmenbedingungen und Konsequenzen für die Landesentwicklungsplanung Nordrhein-Westfalens im neuen Europa, a.a.O., S. 179 - 185.

KLAUS BORCHARD

Stadt und Verkehr
Auf der Suche nach neuen Lösungen

"Verkehr kennt keine Grenzen" ist zwar eine unbestrittene Feststellung, dennoch verkommt die automobile Gesellschaft zusehends zur "Staugesellschaft". Die Massenhaftigkeit der individuellen Fortbewegung hat längst zu drastischen Geschwindigkeitsbeschränkungen geführt, mancher Autobahnabschnitt präsentiert sich regelmäßig als kilometerlanger Parkplatz mit großzügigen Zu- und Abfahrten, und für zahlreiche Innenstädte gelten inzwischen befristete oder sogar dauernde Fahrverbote. Die Zeichen stehen weiter auf Wachstum: Statt gegenwärtig rd. 36 Mio. Pkw (davon rd. 5 Mio. in den neuen Bundesländern) sollen nach der Shell-Prognose bis zum Jahre 2010 die Straßen noch zusätzlich rd. 10 Mio. Pkw aufnehmen (selbst bei restriktivem Szenario noch rd. 5 Mio. mehr). Müßten alle Autos gleichzeitig abgestellt werden, so stünde im Jahre 2010 auf den Straßen alle 15 m ein Pkw! Zu den rd. 46 Mio. Pkw kommen bis 2010 noch ca. 12 Mio. Lkw, Busse und Motorräder hinzu. Entfallen heute in den alten Bundesländern bereits 600 Autos auf 1.000 Einwohner, so sollen es im Jahr 2010 noch 106 mehr werden, bei restriktiver Sicht noch mindestens 36 mehr. In den neuen Bundesländern wird die Zahl der Autos je 1.000 Einwohner von heute 385 auf rd. 660 (bzw. 570) zunehmen. Erheblich wachsen wird auch der Güterverkehr, insgesamt um 93 %, auf der Straße aber um 111 %. Unser Straßennetz wird also ein mehr als doppelt so großes Gütervolumen bewältigen müssen. Als Transitland wird Deutschland täglich von etwa 1 Million ausländischer Fahrzeuge durchquert (0,6 Mio. in Nord-Süd, 0,4 Mio. in Ost-West-Richtung). Mit dem europäischen Binnenmarkt und der Öffnung der Grenzen nach Osteuropa erwartet das Bundesverkehrsministerium allein in Ost-West-Richtung eine Verzwanzigfachung des Transitverkehrs bis zum Jahr 2010. Alle diese Erwartungen sind eine Herausforderung für die Verkehrspolitik, alles zu unternehmen, damit diese Prognosen nicht Realität werden.

Mit dem Anstieg des Verkehrsvolumens wachsen auch die sozialen Kosten immer schneller: Nach neuesten Schätzungen liegen die volkswirtschaftlichen Kosten des Personenverkehrs für den Pkw bei rund 7,50 DM/100 Personenkilometer (darin durch Unfälle 3,30 DM, Luftverschmutzung 3,60 DM, Lärm-, Boden- und Wasserbelastung 0,60 DM), für den Schienenverkehr bei 1,75 DM und für den Bus bei 1,51 DM. Für die Europäische Gemeinschaft sind die Kosten für Staus auf über 100 Mrd. DM jährlich oder 2 % der gesamten EG-Wertschöpfung geschätzt worden, für Unfälle kommen 2,5 % und für Umweltverschmutzungen 0,7 - 1,5 % hinzu. Die Staaten der Europäischen Gemeinschaft lassen sich ihre Mobilität also (ohne Straßenbau!) 5 bis 6 % ihrer gesamten Wertschöpfung oder 400 Mrd. DM jährlich kosten. Die externen Kosten des Autoverkehrs (d. h. die von der Gesellschaft zu tragenden Kosten für Luft- und Lärmbelastungen oder die nicht durch Versicherungsbeiträge abgedeckten Unfallkosten) werden allein für die alten Bundesländer auf 50 Mrd. DM pro Jahr geschätzt. Die Raumüberwindung wird heute zu Preisen vollzogen, die offensichtlich weit unterhalb der tatsächlichen Kosten liegen. Solange nicht die tatsächlichen Raumüberwindungskosten den

Verursachern (Verkehrsteilnehmern) angerechnet werden, dürften längere Wege und anhaltende Flächenzersiedlung, auch der Ersatz der Lagerhaltung durch mehr "Just-in-time-Verkehr" nicht verhindert werden können.

Der ungeheueren Verkehrsentwicklung stand in den letzten Jahren ein zurückhaltender Verkehrswegeausbau gegenüber: Seit 1960 ist zwar das westdeutsche Straßennetz mit einem Finanzaufwand von rd. 450 Mrd. DM um rd. ein Drittel vergrößert worden, doch hat sich die Motorisierung in diesem Zeitraum versechsfacht. Jeder Straßenkilometer wird heute von durchschnittlich 1,1 Personen befahren, im Jahre 2010 werden es 32 % mehr sein. Kann und soll dieser Zuwachs überhaupt noch durch den Neu- oder Ausbau von Straßen bewältigt werden? Zwar geht die Bundesverkehrswegeplanung weiterhin von hohen Zuwächsen im Straßenverkehr aus, doch hat die Bundesregierung bis zum Jahr 2005 gleichzeitig eine Reduzierung der CO_2-Emission um 25 % beschlossen. Schon dieser Widerspruch belegt, daß es bislang allenfalls eine Verkehrsinfrastrukturpolitik, aber noch keine in sich stimmige Verkehrs- und Umweltpolitik gibt. Noch gravierender zeigt sich dieser Mangel in den Kommunen (insbesondere innerhalb der großen Verdichtungsräume), in denen zwar die Verkehrsprobleme kumuliert sind, denen aber der Bund seine Hilfe (weniger in finanzieller als vielmehr in Hinsicht auf die verkehrspolitischen Rahmenbedingungen) weitgehend verweigert. Liegt also die Lösung im verstärkten Ausbau des öffentlichen Verkehrs, für den Experten eher eine Stagnation erwarten? Oder bedarf es nicht vielmehr eines neuen, gesamtheitlichen "Verkehrsmanagements", das siedlungsstrukturelle, verkehrslenkende und preispolitische Komponenten vereint?

Nach überwiegender Meinung der Bundesbürger ist der Straßenverkehr auch in den Kommunen das größte Problem: Über die Hälfte der Bevölkerung leidet unter einem Verkehrslärmpegel, der über den zulässigen und gesundheitlich noch erträglichen Grenzwerten liegt, unter Schadstoffimmissionen und den Auswirkungen des Verkehrs auf Stadtbild und Lebensqualität (Zerschneidungen urbaner Bereiche, Verdrängungen von Grünflächen, Flächenbeanspruchung). Gerade in den Städten sitzt deshalb der Unmut tief: Nach einer Umfrage eines Hamburger Meinungsforschungsinstituts war im Herbst 1991 die Hälfte der Befragten für flächendeckendes Tempo 30 in den Innenstädten, mehr als die Hälfte trat für eine totale Sperrung der Innenstädte und mehr als vier Fünftel für eine Verbannung von Lastwagen ein. Mehr als ein Drittel der Befragten erklärte sich auch bereit, für die Verwirklichung dieser Ziele auf die Straße zu gehen, fast ein Fünftel konnte sich darüber hinaus eine Mitwirkung an Straßenblockaden vorstellen. Würden dieselben Befragten wohl auch den totalen Ausstieg aus dem privaten Auto und ein Umsteigen auf öffentliche Verkehrsmittel akzeptieren?

Politiker und Experten sind auf der Suche nach neuen Lösungen: Sie werden heute weder allein bei einem weiteren Aus- und Neubau von Straßen noch bei einer verstärkten Förderung des Massenverkehrs gesehen als vielmehr bei einem ganzheitlichen, die unterschiedlichen Verkehrsträger "vernetzenden" Verkehrsmanagement. Es enthält als wesentliche strategische Komponenten:

- Verkehrsverringerung und Verkehrsvermeidung,
- Beeinflussung der Verkehrsmittelwahl,
- Verkehrslenkung und Verkehrsraumbewirtschaftung.

1. Verkehrsverringerung und Verkehrsvermeidung

Verkehrsvermindernde Siedlungs- und Wirtschaftsstrukturen enthalten ein Reduzierungspotential, das von den Instrumentarien der Beeinflussung der Verkehrsmittelwahl, der Verkehrslenkung und Verkehrsraumbewirtschaftung nicht erreicht werden kann. Beispiele von kompakten Siedlungsstrukturen (insbesondere von dichtbebauten, dicht genutzten und damit auch "autosparsamen" citynahen Wohn- und Mischgebieten) belegen, daß die Autonutzung hier bis zu einem Drittel unter derjenigen im Stadtumland liegt. So erreichte die tägliche motorisierte Verkehrsleistung (für 1.000 Aktivitäten in km) in Gemeinden im zersiedelten Umland der Ballungsräume mit 5.000 Einwohnern 20.500 km, mit 20.000 Einwohnern 14.500 km und mit 45.000 Einwohnern 13.300 km. In den 5 Ballungszentren Hamburg, Hannover, Frankfurt a. M., Stuttgart und München wurden 13.500 km erreicht[1]. Sowohl hinsichtlich der Benutzerhäufigkeit als auch hinsichtlich der Fahrleistungen kann festgestellt werden, daß in den dichten Altbaugebieten Autos nur halb so viel genutzt werden wie etwa in den Stadtrandsiedlungen. Die Chancen der "Stadt der kurzen Wege", in der Wohnungen, Arbeitsstätten und zentrale Einrichtungen in verträglicher Verdichtung überwiegend innerhalb der Erreichbarkeitsschwellen von Fußgängern und Radfahrern liegen, bedürfen offenbar einer neuen Interpretation (in Frankfurt können beispielsweise fast 150.000 Bewohner zu Fuß die Innenstadt erreichen).

Gerade die Beschäftigung mit den Anforderungen des Verkehrs hat seit dem frühen 20. Jahrhundert zu einer Vielzahl von Modellvorstellungen für die Siedlungsstruktur geführt, von denen sich vor allem punkt-axiale sowie Bandstadt-Konzepte eine besondere Anziehungskraft haben bewahren können. "Diese beruht einerseits auf der Möglichkeit, den Siedlungsraum fast beliebig auszudehnen, ohne den gleichen Problemen ausgesetzt zu sein wie bei einer ringförmigen Erweiterung der Stadt. Dem entspricht die Tatsache, daß die technische Infrastruktur in ihren wesentlichen Elementen bandförmig ist und deshalb durch eine bandförmige Siedlungsstruktur optimal ausgenutzt zu werden verspricht. Hinzu kommt weiterhin der einfach scheinende Bezug von Wohnstätte zur Arbeitsstätte einerseits, zum Freiraum andererseits"[2].

Vor allem die Beziehung von Wohnstätten und Arbeitsstätten ist es, die heute bei der Suche nach verkehrsvermindernden Siedlungsstrukturen im Vordergrund steht. An die Stelle der früheren unmittelbaren räumlichen Verknüpfung von Wohn- und Arbeitsstätten ist mit fortschreitender Arbeitsteiligkeit der Wirtschaft inzwischen jene beliebige und ungeordnete Verteilung getreten, die erheblich zur Erhöhung des Verkehrsaufwands beigetragen hat. Die Verbreitung von Produktionsweisen ohne Lagerhaltung ("just-in-time"-Anlieferung), aber auch die zunehmenden Flächenansprüche (z.B. bei Produktion auf nur einer Ebene) sowie geänderte Ansprüche der Menschen an die Siedlungsstruktur haben, unterstützt noch durch die vielfältigen Möglichkeiten zu immer schnellerer und billigerer Raumüberwindung, die Tendenz zu mehr Verkehr weiter gefördert. Als prinzipiell unterschiedliche Konzeptionen für die Zuordnung von Wohn- und Arbeitsstätten gelten einerseits die weitgehende räumliche Konzentration aller Arbeitsstätten, andererseits die direkte räumliche Verknüpfung der Wohnungen der Beschäftigten mit deren Arbeitsplätzen, wie dies beispielsweise das Bandstadtmodell vorsieht. Im ersteren Fall sind leistungsfähige Individual- und Massenverkehrsbeziehungen eine unabdingbare Voraussetzung, im zweiten Fall geht es zwar vordergründig um geringe Fußgängerdistanzen (von maximal 1,2 km), doch letztlich ebenso um gute Verbindungen über das bandförmige Verkehrssystem: Denn so überzeugend die räumliche Nähe der Wohnung zur Arbeitsstätte auch auf den ersten Blick erscheinen mag, so unrealistisch wäre doch die Erwartung, daß bei jedem Arbeitsplatzwechsel auch ein Wechsel der Wohnung (einschließlich des sozialen Umfelds) erfolgen würde. Freizügigkeit und Mobilität bei der Wahl des Arbeitsplatzes wie des Wohnstandorts sind Kennzeichen einer hocharbeitsteiligen Wirtschaft. Insofern wird auf eine relativ gleichmäßige Verteilung von Arbeitsstätten über das gesamte Stadtgefüge in Zukunft nicht verzichtet werden können. Sie dient zugleich einer besseren Auslastung des Verkehrssystems und damit auch einer Abmilderung der morgendlichen und abendlichen Spitzenbelastungen jeweils in einer Richtung[3].

Auch bei der Zuordnung von Wohnstätten zu zentralen Einrichtungen stehen Gesichtspunkte der Erreichbarkeit, aber auch der für eine optimale wirtschaftliche Auslastung erforderlichen Mantelbevölkerung im Vordergrund stadtplanerischen Interesses. Geht man von Fußgängererreichbarkeitsschwellen von etwa 1 km und Tragfähigkeitsschwellen von mind. 40.000 Einwohnern aus, ergeben sich im Nettowohnbauland Dichten von etwa 300 Einwohnern/ha. Diesen Verdichtungsgrad hätten auch die "Siedlungsschwerpunkte" erreicht, die 1972 der nordrhein-westfälische Landesentwicklungsplan I/II entlang den Hauptlinien des ÖPNV vorsah. Tatsächlich aber liegen die Nettowohndichten selbst in den citynahen Wohngebieten heute kaum über 150 Einw./ha, und in den bevorzugten Stadtrandgebieten erreichen sie oft nur 30 bis 35 Einw./ha. Jede Verdichtung, auch wenn sie zur Reduzierung des Verkehrsaufwands zweifellos geboten ist, bedeutet also ein massives Gegensteuern gegen die heutigen Wohnwünsche und Wohnstandortpräferenzen.

Im Gegensatz zum konzentrischen Strukturkonzept bietet das Bandstadtmodell zwar keinen herausgehobenen Standort für zentrale Einrichtungen an, weist dafür aber den wesentlichen Vorteil direkter und schneller Erreichbarkeit aus den längs zum Band angeordneten Wohngebieten auf. Die monozentrische Siedlungsstruktur andererseits hat den Nachteil, daß mit zunehmender Stadtgröße die Probleme der Zentrumsüberlastung immer schneller wachsen: Ab etwa 30.000 Einwohnern sind Zentren für den größeren Teil ihrer Besucher bereits nicht mehr zu Fuß erreichbar, und ab etwa 500.000 Einwohnern kann für die überlasteten (und immer schlechter erreichbaren) Zentren Abhilfe wohl nur noch in einer Dezentralisierung (d.h. in der Auslagerung von Nutzungen hoher Zentralität) liegen. Spricht die erste Feststellung also für eine deutlichere hierarchische Differenzierung der zentralen Funktionen (z.B. in Nachbarschaftszentren, Stadtteilzentren, Hauptzentren des Verdichtungsraums), so spricht die zweite Feststellung für die Schaffung zusätzlicher Zentrums-Standorte (als sogenannte "funktionsdifferenzierte Ableger" des Hauptzentrums)[4]. In beiden Fällen aber bedürfen die Zentren einer guten Verkehrsbedienung, vor allem im öffentlichen Nahverkehr. Gerade die dezentralen Nachbarschafts- und Stadtteilzentren entlasten durch ihre Nahorientierung wirkungsvoll das Hauptzentrum von Verkehr.

Den größten Anteil am Anstieg der individuellen Mobilität hat indessen nicht der Berufs-, Ausbildungs- und Geschäftsverkehr, sondern vielmehr der Freizeit- und Urlaubsverkehr, für den in hohem Maße der Pkw bevorzugt wird. Die Beziehungen zwischen

Wohnstätten und Erholungs- und Freiflächen, die Erreichbarkeit der Grünflächen in zumutbarer Entfernung von den Wohnungen aus, sind daher gleichfalls Gegenstand stadtplanerischer Modellvorstellungen. Während die konzentrische Stadt in ihrer Größe und Ausdehnungsmöglichkeit begrenzt werden muß, damit einerseits die Wege von den Wohngebieten zur freien Landschaft nicht zu weit werden, andererseits aber auch die sie umgebenden Grünflächen gesichert werden können (was z.B. in den englischen New Towns mit den "green belts" erreicht wurde), bietet das Bandstadtmodell wiederum - unabhängig von der Stadtgröße - direkte und schnelle Zugangsmöglichkeiten zur freien Landschaft (auch in Fußgänger- und Radfahrererreichbarkeit) an. Gleiches gilt auch für die Kombination von Bandstadtstrukturen zu Stern- und Kamm-Modellen, weil hier in relativ geringer Entfernung vom Hauptzentrum bereits große, zusammenhängende Frei- und Erholungsflächen gesichert werden könnten.

Faßt man den gegenwärtigen Stand der Fachdiskussion über die Siedlungsstruktur unserer Verdichtungsräume unter Gesichtspunkten der Verkehrsvermeidung und -verringerung systematisierend zusammen, so lassen sich wenigstens vier Hauptforderungen stellen:

1. Das Leitbild der dezentralen Konzentration und des funktionalen Leistungsaustausches (wie es auch der "Raumordnungspolitische Orientierungsrahmen" erneut bestätigt[5]) führt zu der Forderung, die Verdichtungsräume mit weiteren Zentren auszustatten, die einander funktional (sowohl hinsichtlich ihrer Aufgaben als auch hinsichtlich ihrer Einzugsbereiche) ergänzen. Damit wiederholt sich die polyzentrische Siedlungsstruktur der gesamten Bundesrepublik auch in ihren einzelnen Verdichtungsräumen. Es besteht die Hoffnung, daß die Nahorientierung auf mehrere, einander funktional ergänzende Zentren zu einer Entlastung der bisherigen Haupt-Zentren und zur Reduzierung des Verkehrsaufwands führt.

2. Das System der einander funktional ergänzenden Zentren setzt eine Verbindung durch ein leistungsfähiges schienen- oder zumindest liniengebundenes öffentliches Nahverkehrssystem voraus. Es bedarf - bei aller Beachtung von Umweltqualitäten - auch der Ergänzung durch ein leistungsfähiges Individualverkehrsnetz, das gemeinsam mit dem ÖPNV-System die Wohn- und Arbeitsstätten untereinander und mit den differenzierten Zentren verbindet. Dafür kommt z.B. ein bandförmig "gerichtetes Rastersystem" (mit funktionsdifferenzierten Straßen) in Betracht.

3. Das öffentliche Personennahverkehrssystem muß zum Rückgrat der gesamten Siedlungsstruktur werden. Die Flächen für Wohn- und Arbeitsstätten werden in überwiegend bandartiger Form diesen Nahverkehrslinien zugeordnet. Dabei geht es auch darum, Spitzenbelastungen der Nahverkehrslinien in jeweils nur einer Hauptrichtung zu vermeiden.

4. Zwischen den längs der Nahverkehrslinien angeordneten Wohn- und Arbeitsstätten sind in leichter (d.h. möglichst in Fußgänger- und Radfahr-) Erreichbarkeit zusammenhängende Erholungs- und Freiflächen zu sichern.

In der Vergangenheit haben sich verkehrsvermindernde Siedlungsstrukturen offenbar kaum durchsetzen können, wie die fortschreitende Zersiedlung (mit ihren weiterhin wachsenden Aufwendungen für die Distanzüberwindung) belegt. Auch zeigt die Erfahrung, daß die Einsicht in die (auch aus ökologischen Gründen) unabdingbare räumliche Konzentration von Wohn- und Arbeitsstätten sowie von zentralen Einrichtungen entlang der Hauptlinien des öffentlichen Personennahverkehrs kaum von den kleinen Kommunen innerhalb der Verdichtungsräume, oft nicht einmal von den Großstädten erwartet werden kann. Hier ist die Landes- und Regionalplanung gefordert, viel präziser als bisher im voraus festzulegen, wo sich die Siedlungsentwicklung konzentrieren soll. Dazu muß sie freilich auch mit geeigneten Durchsetzungsinstrumenten gegenüber den Kommunen ausgestattet werden.

Besondere Anstrengungen sind zur Verkehrsverringerung im Güterverkehr nötig. Der Anteil des Lkw-Verkehrs liegt in den städtischen Hauptverkehrsstraßen bei ca. 10-15 %, die von ihm ausgehenden Lärmbelästigungen (75-90 %) und Abgasbelästigungen (50 %) liegen jedoch weit darüber. Gleichwohl ist er als Wirtschaftsverkehr ein unverzichtbarer städtischer Leistungsträger. In der kommunalen und regionalen Verkehrsplanung wird der Lkw-Verkehr bisher eher unzureichend in Rechnung gestellt: Wo gibt es schon spezielle Lkw-Routen, wo Routen für umweltfreundliche und stadtverträgliche "City-Laster", die nur zu bestimmten Zeiten und nur mit begrenzten Größen und Transportgewichten bestimmte Zonen in den Innenstädten anfahren dürfen? Unverzichtbarer Bestandteil jedes städtischen Gesamtverkehrsplans muß zukünftig ein "Güterverkehrsplan" sein, der Aussagen über ein stadt- und umweltverträgliches Lkw-Straßennetz, die Einbindung der Gewerbe- und Industriegebiete in Schienenverkehrs- und Schiffsverkehrskonzepte und die Standorte von Verteilzentren für den Güterfern- und -nahverkehr machen sollte. Die Städte müssen in Abstimmung mit der Regional- und Landesplanung auch mehr Einfluß auf die Lage und Ausstattung der Güterverteilzentren in der Region nehmen, anstatt die Standortentscheidung nur den Verkehrsträgern zu überlassen.

Gerade die Güterverteilzentren beherrschen als Knotenpunkte des "kombinierten Verkehrs" (Schiene, Straße, aber auch Wasser und Luft) - zu Recht - die verkehrspolitische und raumplanerische Diskussion, auch wenn bisher nur das Güterverkehrszentrum in Bremen realisiert worden ist, das für derzeit 20 weitere geplante Projekte als Vorbild dient. Im Güterverteilzentrum (GVZ) Niedervieland bei Bremen sind z.Z. auf einer Fläche von 150 ha über 30 Transportunternehmen mit insgesamt 1.800 Mitarbeitern angesiedelt. Täglich wird das GVZ von etwa 1.400 Lkw angefahren oder verlassen. Eine Erweiterung um 50 ha ist vorgesehen. Das seit 1985 in Betrieb befindliche und bisher einzige funktionierende GVZ in Deutschland ist (bei einem Investitionsvolumen von 50 Mio. DM) je zur Hälfte aus privaten und öffentlichen Mitteln finanziert worden. Neben seiner Aufgabe als regionaler Schnittstelle unterschiedlicher Verkehrsträger dient das GVZ u.a. auch der Nutzung von Synergieeffekten, die sich bei der Kooperation der ansässigen Betriebe ergeben (z.B. gemeinsamer Betrieb von Lagerhallen, gemeinsamer Einkauf von Treibstoffen, effiziente Nutzung logistischer Dienstleistungen, optimale Auslastung der Fahrzeuge durch eine "Transportbörse").

In dieser Hinsicht hat ein GVZ zwar eine gewisse Ähnlichkeit mit Technologie- und Industrieparks, doch unterscheidet es sich von diesen vor allem durch seine Standortanforderungen und seine verkehrs- und strukturpolitischen Wirkungen: Zu ersteren zählen die Nähe zu Absatzmärkten (wegen der regionalen Distributionswirkungen kommen bevorzugt

Standorte in Verdichtungsräumen in Betracht) sowie die Anbindung an hochwertige Verkehrssysteme: über die Schiene (im "kombinierten Ladungsverkehr" [KLV] mit "Nachtsprung"-Direktverbindungen oder "DB-Bahntrans"-Kleingutverkehr), über die Straße (bei Zugangszeiten zur Autobahn von max. 15 Min. bzw. 5-10 km Entfernung) und über die Binnenschiffahrt (mit Binnenhäfen, in denen ein Container- und "Roll-on-/Roll-off" (Ro-Ro)-Umschlag gewährleistet ist)

Was die regionalen Verkehrswirkungen eines GVZ betrifft, so werden (insbesondere in Stadtnähe) zwar Entflechtungen des städtischen Güterverkehrs und mit steigender Bündelung der Direktverbindungen auch gewisse Verkehrsverringerungen erwartet, die andererseits aber durch zunehmende Transportstrecken (bei Einzugsbereichen des GVZ bis über 100 km) und durch vom GVZ erst ausgelöste Mehrbelastungen der Nah- und Regionalverkehrslinien schnell kompensiert werden können. In jedem Fall ist aber in unmittelbarer Umgebung des GVZ mit wachsenden Umweltbelastungen (Abgase, Lärm) zu rechnen.

Hinsichtlich der Flächenansprüche ist festzuhalten, daß - abhängig von der Menge des Güterumschlags, von der Betriebsstruktur sowie von Lage-, Verkehrs- und Verwaltungsaufgaben - ein Mindestareal von 50 bis 100 ha (ggf. mit entsprechenden Erweiterungsflächen) vorzusehen ist. Gelegentlich wird gegen den hohen Flächenbedarf die Konzentration mehrerer Transportbetriebe an nur einem Standort und damit die Freimachung (und sogar Einsparung) von Flächen in der städtischen Verdichtung ins Feld geführt. Tatsächlich dürften solche Ersparnisse sehr schnell durch den Anstieg von Logistikdienstleistungen (die früher in die Produktionsstätten integriert waren) zunichte gemacht werden.[6]

Inzwischen sind etwa 20 weitere Güterverteilzentren in Deutschland in Planung, darunter beispielhaft das GVZ-Ostbayern der Stadt Regensburg (bei Auslagerung des KLV-Terminals aus der Innenstadt) und die Erweiterung des Kölner KLV-Terminals Eifeltor zu einem "flächensparenden GVZ" unter Beteiligung der DB und der Spediteure. Als frühes Beispiel eines GVZ gilt auch der Duisburger Hafen, dem mit dem allgemeinen Struktur- und Funktionswandel auch andere Fluß-/Binnenhäfen folgen dürften. Sie verfügen in der Regel über hervorragend erschlossene Flächen und gute Anbindungen an Schienenverkehrssysteme und Autobahnen. GVZ gibt es auch in privater Trägerschaft (z.B. Karstadt in Unna) oder in Trägerschaft der Bundespost (z.B. in Hagen). Die nordrhein-westfälische Landesregierung favorisiert derzeit ein zentral gelegenes GVZ (in Bönen), dessen Beitrag zur Verkehrsverringerung aber eher skeptisch einzuschätzen ist. In den neuen Ländern sind auf Initiative des Bundesverkehrsministeriums für 6 GVZ Standortanalysen durchgeführt und Planungen begonnen worden. Auch die Konzepte der EG für ein "Europäisches Kombiniertes Verkehrsnetz"[7] (das zu einer Entlastung der Autobahnen durch parallele Schienenverbindungen und zur Verbesserung der Erreichbarkeit der peripheren europäischen Regionen beitragen soll) sehen im Ausbau und in der Modernisierung von GVZ und Terminals mit innovativer Umschlagtechnik einen Beitrag zur Verhinderung des "Verkehrsinfarkts". In Italien sind bisher fünf "Interporti" (mit jeweils ca. 200 ha) in Betrieb genommen worden, weitere vier sind geplant. Mit der Direktverbindung über den "Eurotunnel" plant auch "British Rail" die Anlage von neuen KLF-Terminals. In Frankreich sind bisher nur kleinere Centres Logistiques de Fret - zudem ohne direkte Anbindung an das Kombinierte Verkehrsnetz - eingerichtet worden.

Auch wenn an der Dringlichkeit eines bundes- (und sogar EG-) weiten Konzepts von dezentralen Güterverteilzentren angesichts der dramatischen Wachstumsprognosen für den Straßengüterverkehr kein Zweifel mehr bestehen kann, mehren sich doch die Bedenken, ob Güterverkehrszentren angesichts der heutigen Qualität der Stadt-Umland-Beziehungen überhaupt noch durchgesetzt werden können. Zur Zeit scheint ihnen dasselbe Schicksal wie früher den Mülldeponien und Verbrennungsanlagen beschieden zu sein, wie es z.B. das ruhmlose Ende des auf dem ehemaligen Raunheimer Raffineriegelände vorgesehenen Rhein-Main-Güterverkehrszentrums mit seinen hervorragenden Anbindungen an Autobahnen, DB, Main-Schiffahrt und Flughafen zeigt. An neuen interkommunalen Problemlösungsverfahren besteht jedenfalls ein unübersehbarer Bedarf.

Gewisse Anlässe zur Verkehrsvermeidung werden schließlich auch durch den weiteren Ausbau telekommunikativer Netze (BTX, Telefax) gesehen, auch wenn hier vor zu viel Euphorie gewarnt werden muß. Immerhin hat der Bundesforschungsminister kürzlich der IBM einen "Innovationspreis" dafür verliehen, daß sie einer wachsenden Anzahl von Beschäftigten ermöglicht, einen erheblichen Teil ihrer Arbeitszeit am häuslichen Computer zu verbringen.

2. Beeinflussung der Verkehrsmittelwahl

Die Beeinflussung der Verkehrsmittelwahl zielt - ohne die Mobilität zu reduzieren - gleichfalls auf eine Verringerung des Individualverkehrs zugunsten stadtverträglicherer Verkehrsmittel ab. Neben dem Ausbau eines sicheren und bequemen Fuß- und Radwegenetzes geht es hier vor allem um die Verbesserung der Konkurrenz- und Leistungsfähigkeit des öffentlichen Personennahverkehrs. Seine wesentlichen Defizite sind bekannt: geringe Angebotsqualität, unzureichende Bedienungshäufigkeit und langes Warten an den Haltestellen, Zeitaufwand für Zu- und Abgänge, geringe Geschwindigkeit, Überfüllung in Spitzenzeiten, unzureichende Koordination mit anderen Verkehrsträgern, Angst vor Rowdys... Fazit: "Lieber im komfortablen eigenen Auto im Stau stehen, als auf den unbequemen Bus zu warten oder in der überfüllten Bahn zu stehen!"

Es wird oft übersehen, daß der öffentliche Verkehr keineswegs ein so preiswertes Verkehrsmittel ist, wie er üblicherweise im Vergleich zum Pkw erscheint. Vielmehr wird er heute zu 40 bis 60 % subventioniert, und würden alle Kosten an die Verbraucher weitergegeben, wäre der Personenkilometer wohl ebenso teuer wie der des privaten Autos. Bei den derzeitigen kommunalen und staatlichen Finanzierungsengpässen sind also die Aussichten auf einen weiteren Ausbau und Betrieb eines flächendeckenden öffentlichen Verkehrsnetzes wenig realistisch, es sei denn, es käme zur Belastung des Individual- (und Güter-)Verkehrs mit seinen tatsächlichen Kosten. Gerade das aber würde nicht nur wichtige Spielräume zur Reduzierung des betriebswirtschaftlichen Defizits des ÖPNV, sondern auch neue verkehrslenkende Wirkungen eröffnen. Willeke hat am Beispiel der Kölner Verkehrsbetriebe das betriebswirtschaftliche Defizit mit 159 Mio. DM, den volkswirtschaftlichen Nutzen dagegen mit 1,5 Mrd. DM (also zehnmal so hoch) errechnet[8]. Topp hat in diesem Zusammenhang darauf hingewiesen: "Bei Verkehrsverlagerungen vom ÖPNV zum Auto, die unter Status-quo-Bedingungen außerhalb der Kernbereiche der Großstädte zu erwarten sind, steigen die Gesamtkosten des Verkehrs, da den Mehrkosten des Autoverkehrs keine Minderkosten im ÖPNV - trotz sinkender Fahrgastzahlen - gegenüberstehen. "Weniger Autoverkehr, mehr ÖPNV" dagegen bedeutet geringere Gesamtkosten und gleichzeitig leichtere Verkehrsabwicklung für alle Verkehrsarten, insbesondere auch für den "notwendigen" Autoverkehr einer Stadt, den Wirtschaftsverkehr als Liefer-, Versorgungs- und Serviceverkehr.

Bisher gibt es im Rahmen des Gemeindeverkehrsfinanzierungsgesetzes Transferzahlungen aus der Mineralölsteuer des Kraftfahrzeugverkehrs in Projektinvestitionen des öffentlichen Personennahverkehrs. Eine kostenmäßige Gleichbehandlung beider Verkehrssysteme unter Einbeziehung der recht unterschiedlichen externen Kosten würde wesentlich höhere Transferzahlungen - auch zur Finanzierung der ÖPNV-Betriebskosten - rechtfertigen"[9]. Es geht also um Alternativen, genauer um eine Bevorzugung von "Fahrgemeinschaften" in jeder Form und um eine Diskreditierung von Individualfahrern, und es geht um mehr Flexibilität und Attraktivität des öffentlichen Verkehrs. Aus der Fülle innovativer Ansätze seien nur genannt:

- Anruf-Sammeltaxis, die zu etwa 30 % der üblichen Taxipreise zu besonderen Zeiten und Anlässen (z.B. Theaterbesuch) den individuellen Mobilitätswünschen weitgehend gerecht werden;

- City-Busse, die mit nur 15 bis 30 Plätzen (gegenüber 100 Plätzen im Standardbus) "kostenneutral", aber um 30 bis 40 % häufiger und direkter Ziele in der City anfahren können. In Aachen können (bei den samstäglichen Sperrungen der Innenstadt) bis zu 5 Personen mit einem 2-DM-Fahrschein von den außerhalb gelegenen Parkplätzen mit einem Bus in die City und zurück fahren. In Dortmund ist der Fahrpreis im "City-Express" an verkaufsoffenen Samstagen und langen Donnerstagen mit den Parkplatzgebühren abgegolten.

- Park-and-Ride, Kiss-and-Ride oder Bike-and-Ride weisen auf Kombinationsformen des Individualverkehrs mit dem öffentlichen Verkehr hin, die um so wirkungsvoller sind, je attraktiver einerseits der öffentliche Verkehr ist (z. B. Beschleunigung durch Sonderspuren und Beeinflussung von Signalanlagen) und je restriktiver andererseits mit öffentlichem und firmeneigenem privatem Parkraum in den Innenstädten verfahren wird.

- Straßen- und Stadtbahnen erleben heute vielerorts eine Renaissance, weil sie - sofern auf eigenem Gleiskörper - bei vergleichbarer Beförderungskapazität und Reisegeschwindigkeit um bis zu 80 bis 90 % niedrigere Streckenkosten haben als U-Bahnen.

- Die Tarifgestaltung ist vor allem für den Berufsverkehr ein entscheidendes Kriterium für das Umsteigen auf Bus und Bahn. Nach Einführung des "Umwelttickets" des Verkehrsverbunds Rhein-Ruhr stieg 1991 z. B. die Zahl der Fahrgäste der Dortmunder Stadtwerke um 20 %. Unter diesen waren 23.000 Fahrgäste (40 %) Abonnenten des "Tickets 2000". Viele Firmen erwerben pauschal für ihre gesamte Belegschaft "Firmen-Tickets" oder finanzieren diese zu einem erheblichen Anteil mit. Der Frankfurter Magistrat hat z. B. allen Bediensteten 1991 ein "Job-Ticket" ausgeteilt. Der Anteil der Benutzer des öffentlichen

Verkehrs bei den Beschäftigten des Düsseldorfer Flughafens ist nach Einführung des "Job-Tickets" von 16,7 auf 61,2 % angestiegen.

- Fußgänger- und Radverkehr können und müssen viel attraktiver und vor allem auch sicherer gemacht werden. Der größte Teil der täglichen Ortsveränderungen ist auf den Nahbereich der Wohnung beschränkt. Erfahrungsgemäß bleibt ein Viertel aller Wege mit 1 km noch in der Fußgängerentfernung, die Hälfte bleibt mit unter 3 km noch im Fahrradradius und nur ein Fünftel überschreitet die 10-km-Grenze.

3. Verkehrslenkung und Verkehrsraumbewirtschaftung

Die Maßnahmen der Verkehrslenkung haben einen besseren und unter marktwirtschaftlichen Gesichtspunkten vernünftigeren Umgang mit der knappen und deshalb teueren Ressource "Verkehrsraum" zum Ziel. Sie umfassen:

- Zufahrtsbeschränkungen oder Fahrverbote in den Innenstädten,
- Verkehrsberuhigungen und Geschwindigkeitsbeschränkungen,
- den Einsatz von Verkehrsleit- und -informationssystemen und
- eine über den Preis gesteuerte Inanspruchnahme des knappen Verkehrsraums.

3.1 In einem Volk von Autofahrern sind ohne grundlegenden gesellschaftlichen Bewußtseinswandel Zufahrtsbeschränkungen für Innenstädte oder sogar Totalsperrungen immer nur gegen heftige Widerstände durchzusetzen (allenfalls werden Fahrverbote noch bei Smogalarm hingenommen). Voraussetzungen für Zufahrtsbeschränkungen sind neben einer konsequenten Parkraumbewirtschaftung ausreichende Auffangparkplätze am Rand des gesperrten Gebiets sowie entsprechende Übergangsverkehrsmittel. In Aachen beklagen trotz des deutlich größeren Besucherandrangs nach der Totalsperrung der Innenstadt an Samstagen (und an Staatsfeiertagen in Belgien und Holland) 78 % der City-Einzelhändler Umsatzeinbußen, jeder zweite befürchtet Personalabbau, 10 % erwägen an Samstagen eine Geschäftsschließung und 12 % sogar eine Betriebsverlagerung. In München, wo bereits heute der öffentliche Verkehr 80 % des Einkaufsverkehrs bewältigt, wird dagegen über eine Ausdehnung der autoverkehrsfreien Zone ("blaue Zone") nachgedacht. In Münster oder Erlangen hätte der City-Einzelhandel ohne den Fahrradverkehr gewiß erhebliche Umsatzeinbußen zu melden. Radikale Innenstadtsperrungen ohne gleichzeitige Verbesserung des öffentlichen Verkehrs oder der Erreichbarkeit im nichtmotorisierten Verkehr scheiden also aus.

3.2 Verkehrsberuhigung und Geschwindigkeitsbeschränkungen zielen in erster Linie auf Wohnumfeldberuhigung und mehr Verkehrssicherheit ab, sind aber kein Beitrag zu wirkungsvoller Verkehrsverringerung. In einigen Städten werden sie bereits flächenhaft angestrebt. Der Frankfurter Magistrat hat beispielsweise die Entscheidung über die Einrichtung von insgesamt 90 Tempo-30-Zonen und deren Planung in die Verantwortung der Ortsbeiräte gelegt und sich selbst nur das nichtquartiersbezogene Netz der Hauptverkehrsstraßen (Tempo 50) und einige Innenstadtquartiere vorbehalten. Die bisherigen Erfahrungen sind durchaus positiv.

3.3 Wachsende Erwartungen richten sich auf neue Verkehrsinformations- und Leitsysteme, wie sie als Parkleitsysteme bereits bekannt sind, die frühzeitig auf überfüllte City-Parkhäuser hinweisen und die Anfahrt des nächstgelegenen P+R-Platzes mit Umsteigemöglichkeit auf den öffentlichen Verkehr empfehlen. Sie gehen von dem Prinzip der Arbeitsteilung der Verkehrssysteme und der gemeinsamen Nutzung ihrer jeweiligen Vorzüge und Stärken aus. Naheliegenderweise sind die großen Automobilfirmen an diesem "kooperativen Verkehrsmanagement" besonders interessiert. VW fördert z. B. die "Autofreie Stadt - Parken mit System" (mit großdimensionierten P+R-Stationen bis zu 5.000 Stellpl.) bei Reduzierung des Autoverkehrs auf die unbedingt nötigen Lade- und Lieferfunktionen. Im Ballungsraum München sollen (als Projekt "Kooperatives Verkehrsmanagement" von BMW initiiert und vom ADAC und sieben weiteren Partnern umgesetzt) den Verkehrsteilnehmern von einem zentralen Verkehrsleitrechner nicht nur aktuelle Informationen über Verkehrszustände und Empfehlungen für die verkehrsgünstigste Route gegeben werden, sondern auch die Belastung des Straßennetzes selbst optimiert werden (unter Verwendung der Technikansätze von PROMETHEUS und DRIVE). In ähnlicher Weise ist für den Großraum Stuttgart das neue Informationssystem STORM (Stuttgart Transport Organisation by Regional Management) in Vorbereitung, das zur Zeit von den städtischen Verkehrsbetrieben und dem Baden-Württembergischen Verkehrsminister gemeinsam mit der DB und den Firmen Daimler-Benz, Siemens, Bosch, Hewlett-Packard, SEL und dem Süddeutschen Rundfunk aufgebaut wird. Eine Leitzentrale wird den gesamten auf Stuttgart zuströmenden und den in der Stadt herrschenden Verkehr optimieren und mit den Fahrplänen von Bussen, Bahnen und Flugzeugen (und ihren Verspätungen) "vernetzen". Wer sein Auto am P+R-Platz abstellt und eine Fahrkarte für den öffentlichen Verkehr erwirbt, erhält zugleich einen Computerausdruck für seinen persönlichen Fahrplan. Fünfzehn "Bildschirm-Infotheken" werden an allen wichtigen Einfahrtsstraßen aufgestellt und sollen die Autofahrer über die aktuelle Verkehrslage, freie Parkplätze und die nächsten Bahnanschlüsse informieren. Später sollen diese Informationen direkt vom Computerterminal im Armaturenbrett des Autos kommen. Besitzer eines PC können bereits zu Hause oder im Büro Fahrtziel und gewünschte Abfahrtszeit eingeben und sich so blitzschnell den besten Weg oder das bequemste Verkehrsmittel ausdrucken lassen. Man hofft, auf diese Weise 40.000 Pkw-Fahrten pro Werktag in Stuttgart überflüssig zu machen (täglich fahren heute ca. 410.000 Autos in die Stadt hinein). Ähnliche Leitsysteme werden in Berlin sowie von der EG (PROMETHEUS, EURO-SCOUT) vorbereitet. Freilich darf nicht übersehen werden, daß die Zentralisierung großer P+R-Stationen an den Stadträndern eine deutlich bessere ÖPNV-Erschließung des Umlands erforderlich macht. In Frankfurt werden derzeit (kostenlose) P+R-Stellplätze im Umland sowie zwei P+R-Auffangringe am Stadtrand geplant, die bei kurzen Autodistanzen und langen ÖPNV-Distanzen den Individualverkehr verringern sollen.

3.4 Eine Verkehrspolitik, die den Weg aus dem drohenden Verkehrsinfarkt weisen soll, wird schließlich nicht um eine intelligentere Nutzung des durch die fortschreitende Motorisierung immer knapper gewordenen Verkehrsraums auch durch marktwirtschaftlich gebildete Preise (Road Pricing) herumkommen. Gegenüber pauschalen (Vignetten-)Systemen liegt der Vorteil dieser marktwirtschaftlichen Nutzungsentgelte in ihrer Abhängigkeit von tatsächlichen Fahrleistungen und in der Chance einer zeitlichen und räumlichen Differenzierung (die Benutzung der Straßen im ländlichen Raum, der nicht über ÖPNV-Angebote verfügt, kann ebenso gebührenfrei bleiben wie die Straßenbenutzung in den Verdichtungsräumen bei Nacht oder an Feiertagen). Vielfahrer werden also stärker belastet, Wenigfahrer entlastet, Gar-nicht-Fahrer könnten sogar (wie in der Schweiz als "Ökobonus" diskutiert) belohnt werden. Für einkommensschwache Bevölkerungsteile kann die Mobilität durch ein "Verkehrsgeld" (ähnlich dem "Wohngeld") oder durch steuerliche Vergünstigungen gewährleistet werden. In Schweden werden übrigens Fahrten zwischen Wohnung und Arbeitsstätte erst dann steuerlich berücksichtigt, wenn nachgewiesen werden kann, daß eine ÖPNV-Verbindung nicht besteht oder unzumutbar ist.

In Singapur werden Autobesitzer mit jährlich 2.100 DM Straßensteuer und bei weniger als vier Insassen für jede Fahrt in die Innenstadt mit weiteren 5,- DM belastet. Oslo hat 1990 von einer eigens dafür gegründeten Gesellschaft (im Besitz von Stadt und Provinz) einen lückenlosen Ring von Mautstellen um den Stadtkern einrichten lassen. An Werktagen fahren 250.000 Fahrzeuge durch diese Mautstellen und bezahlen zwischen 2,50 DM/Pkw und 5,- DM/Lkw. An einer Mautstelle sind es täglich 40.000 Autos. Daß es hier nicht zu den anfangs befürchteten chaotischen Rückstaus gekommen ist, liegt an besonderen Schnellspuren für die Inhaber von "Dauerkarten" (Monatskarte Pkw 55,- DM, Lkw 110,- DM, Jahreskarte Pkw 550,- DM, Lkw 1.100,- DM). Als elektronische Markierung in der Windschutzscheibe angebracht, werden diese "Dauerkarten" beim Passieren der Mautstellen elektronisch abgetastet. Ist die Markierung ungültig, wird während der Durchfahrt ein Foto geschossen und ein Ordnungswidrigkeits-Verfahren eingeleitet. Der Bau dieser Mautanlagen hat 250 Mio. NOK gekostet, die laufenden Kosten liegen bei jährlich 60 Mio. NOK, die jährlichen Einnahmen dagegen bei 600 Mio. NOK. 20 % dieser Einnahmen fließen in den Ausbau des öffentlichen Verkehrs, 80 % werden für den Bau von rd. 20 km neuen Straßen (die zu 70 % im Tunnel liegen) verwendet. Sowohl die Verwendung der Mittel für den Straßenbau als auch die vorgesehene Abschaffung des Mautsystems im Jahr 2005 erscheinen deutschen Verfechtern einer dauernden marktwirtschaftlich gesteuerten Verkehrsraumbewirtschaftung unnötig. Sie argumentieren dagegen, daß sich der gewünschte Übergang vom Auto auf den ÖPNV einerseits erst bei hohen Preisen einstellt, andererseits aber auch eine deutliche quantitative wie qualitative Verbesserung des ÖPNV voraussetzt, die nur durch langfristige Transferzahlungen erreicht werden kann, nicht aber durch Verwendung der Verkehrsabgaben für den Straßenbau.

Das Ziel aller strategischen Ansätze liegt in erster Linie bei Verkehrsvermeidung, dann aber auch bei Verkehrsverringerung und erst am Ende auch bei Verkehrsverlagerung. Dabei erfahren alte siedlungsstrukturelle Leitbilder der "Stadt der kurzen Wege" oder der punkt-axialen-Konzentration angesichts der vor uns stehenden erheblichen Umstrukturierungen und Neubaumaßnahmen eine neue Aktualität. Freilich wird es in einer Industrienation wie Deutschland nie einen "Ausstieg aus der mobilen Gesellschaft" geben können. Wohl aber bedarf die "Auto-Mobile" Gesellschaft einer neuen Interpretation. Die Mobilität ist ein wesentlicher Bestandteil unserer Lebensqualität. Sie durch eine neue Verkehrs- und Siedlungsstrukturpolitik stadt-, umwelt- und sozialverträglich zu sichern, ist eine der größten Herausforderungen der Gegenwart.

Anmerkungen

[1] Nach Auswertungen der KONTIV für Ballungsräume in den alten Bundesländern sowie der Haushaltsbefragung der BVG, Berlin 1986; hier aus: Kutter, Eckhard: Verkehrsinfarkt von Lebensräumen und Umwelt bei heutiger Verkehrspolitik unvermeidbar. Zur Verantwortung des Bundes für die lokalen Verkehrsprobleme. In: Verkehr und Technik 44 (1991) Nr. 12.

[2] Albers, Gerd: Modellvorstellungen zur Siedlungsstruktur in ihrer geschichtlichen Entwicklung. In: Zur Ordnung der Siedlungsstruktur. Hrsg.: ARL FuS Bd. 85, Hannover 1974, S. 12. Die systematische Ordnung der Modellvorstellungen führt Albers auf Punkt, Band und Fläche (d.h. konzentrische Stadt, Bandstadt und flächenhafte Besiedlung) zurück. Vgl. auch Albers, G. u. M. Guther: Grundsätze und Modellvorstellungen für die strukturelle Ordnung des Verdichtungsraums. Im gleichen Band, S. 69-90.

[3] Dieses Ziel hatte - wie viele andere stern-, kamm- oder bandförmige Strukturmodelle - zum Beispiel schon 1962 das "Regionalstadt-Konzept" von Hillebrecht verfolgt. Vgl. Hillebrecht, R.: Städtebau und Stadtentwicklung. In: Archiv für Kommunalwissenschaften, H. 1/1962, S. 41 f.

[4] So z.B. Albers, G.: Grundsätze und Modellvorstellungen..., a.a.O., S. 79 f.

[5] BMBau (Hrsg.): Raumordnungspolitischer Orientierungsrahmen. Leitbilder für die räumliche Entwicklung der Bundesrepublik Deutschland. Bonn 1993.

[6] Höltgen, Daniel: Güterverkehrszentren. In: Geographische Rundschau, Heft 12/92, S. 708-715.

[7] EG, Kommission der Europäischen Gemeinschaft (Hrsg.): Mitteilungen der Kommission über die Einrichtung eines Europäischen Kombinierten Verkehrsnetzes und dessen Betriebsbedingungen. Brüssel 1992 (Com. 92/230).

[8] Willeke, Rainer: Leistungen und Kosten der Kölner Verkehrsbetriebe. Eine volkswirtschaftliche Studie. Köln 1989.

[9] Topp, Hartmut: Verkehrskonzepte für Stadt und Umland. In: Raumforschung und Raumordnung. Heft 1-2/1992, S. 21.

ALBERT SCHMIDT

Überlegungen zur Umsetzung von "Natur 2000 in Nordrhein-Westfalen" in einem Landschaftsprogramm und in Landschaftsrahmenplänen

A   Einführung

Das Grundgesetz hat für den Bereich "Naturschutz und Landschaftspflege" dem Bund in dem 1976 in Kraft getretenen Bundesnaturschutzgesetz (BNatSchG) nur die Kompetenz für Rahmenvorschriften zugestanden. Davon ausgenommen ist der Artenschutz, der bundeseinheitlich im Bundesnaturschutzgesetz in der Fassung der Bekanntmachung vom 12. März 1987 geregelt worden ist. Für die Landschaftsplanung enthalten die §§ 5 und 6 des Bundesnaturschutzgesetzes nur rahmenrechtliche Vorschriften. Im § 5 (Landschaftsprogramme und Landschaftsrahmenpläne) ist lediglich vorgesehen, daß die überörtlichen Erfordernisse und Maßnahmen zur Verwirklichung der Ziele des Naturschutzes und der Landschaftspflege unter Beachtung der Grundsätze und Ziele der Raumordnung und Landesplanung für den Bereich eines Landes in einem Landschaftsprogramm (möglichst ergänzt durch ein Artenschutzprogramm) oder für Teile des Landes in Landschaftsrahmenplänen darzustellen sind. Die raumbedeutsamen Erfordernisse und Maßnahmen der Landschaftsprogramme und Landschaftsrahmenpläne sollen unter Abwägung mit den anderen raumbedeutsamen Planungen und Maßnahmen nach Maßgabe der landesplanungsrechtlichen Vorschriften der Länder in die Programme und Pläne von Landes- und Regionalplanung aufgenommen werden. Bezüglich der Landschaftspläne bestimmen die Länder gem. § 6 die für die Aufstellung der Landschaftspläne zuständigen Behörden und öffentlichen Stellen und regeln das Verfahren und die Verbindlichkeit. Die den Ländern vom Bundesgesetzgeber eingeräumten Möglichkeiten führten dazu, daß sowohl Inhalt und Methodik als auch das Verhältnis der Landschaftsplanung zur Landes- und Regionalplanung sowie zur Bauleitplanung in teilweise länderspezifischen Modellen unterschiedlich geregelt worden sind.

B   Zum Grundverständnis der Landschaftsplanung auf überörtlicher Ebene

1.   Umsetzung der landschaftsplanerischen Ziele über den Weg der Primär- und Sekundärintegration

Für die Umsetzung der überörtlichen Landschaftsplanung in die Gesamtpläne von Landes- und Regionalplanung werden in den alten Bundesländern zwei unterschiedliche Wege der Integration angewendet. Zu unterscheiden sind Primär- und Sekundärintegration. Die Primärintegration ist dadurch gekennzeichnet, daß kein eigenständiges Landschaftsprogramm bzw. eigenständiger Landschaftsrahmenplan erstellt wird, sondern sich die Naturschutzverwaltung auf die Erstellung von Fachbeiträgen beschränkt, die direkt der Erarbeitung der übergeordneten Gesamtpläne zugrunde gelegt werden. Ein auf diesem Weg zustande gekommener Regionalplan erfüllt z. B. in Nordrhein-Westfalen und in Rheinland-Pfalz gleichzeitig die Funktion eines Landschaftsrahmenplanes. Bei der Sekundärintegration wird dagegen ein eigenständiges, vorerst unabgestimmtes, in sich geschlossenes und umfassend angelegtes Fachkonzept erarbeitet, das einerseits als Landschaftsprogramm bzw. Landschaftsrahmenplan der übergeordneten Gesamtplanung zur Verfügung gestellt wird, andererseits die fachliche Grundlage für das Wirken der Naturschutzverwaltung auf Landes- und Regionalebene bildet.

Von den 8 alten Flächenstaaten haben Nordrhein-Westfalen, Bayern, Hessen und seit einiger Zeit auch Rheinland-Pfalz bei der Regionalplanung den Weg der Primärintegration gewählt. Die andere Hälfte der Flächenstaaten schaltet der Regionalplanung eigenständige Landschaftsrahmenpläne vor, die über den Weg der Sekundärintegration zum Teil in den Regionalplan einfließen.

Für den Bereich der Landesplanung bedienen sich meines Wissens bis auf das Saarland, dessen Naturschutzgesetz im § 8 ein eigenständiges Landschaftsprogramm vorsieht, und Niedersachsen alle Länder der direkten Integration der Belange von Naturschutz und Landschaftspflege in die Landesentwicklungsprogramme und Landesentwicklungspläne. Im Gegensatz zum Saarland hat Niedersachsen die Umsetzung von Landschaftsprogramm und Landschaftsrahmenplänen mit Hilfe des Instruments von Landes- und Regionalplanung noch nicht einmal vorgeschrieben. Das niedersächsische Naturschutzgesetz sieht nur vor, daß Landschaftsprogramm und Landschaftsrahmenplan als gutachtliche Fachkonzepte für das Wirken der Naturschutzbehörden zu erarbeiten sind.

Es ist umstritten, ob beide Integrationswege rechtlich zulässig sind. Vor allem Mitarbeiter des Zentralinstituts für Raumplanung an der Universität Münster halten die Primärintegration als eine Integrationsform, die die Existenz von selbständigen Plänen der überörtlichen Landschaftsplanung ausschließt und die eine volle Integration landespflegerischer Inhalte in die Raumordnungspläne zur Folge hat, mit dem Bundesnaturschutzgesetz und dem Raumordnungsgesetz für unvereinbar[1]. Nach ihrer Auffassung verlangt der Wortlaut von § 5 BNatSchG mittelbar eine selbständige überörtliche Landschaftsplanung, die allein auch schon deswegen erforderlich wird, damit sie der in § 6 Abs. 1 BNatSchG vorgesehenen Steuerungsfunktion für nachgeordnete Landschaftspläne gerecht werden kann. Nach Hahn (1990) ist die Darstellung von nicht raumbedeutsamen und teilweise detailgenauen Inhalten der Landschaftsplanung in den Raumordnungsplänen auch unvereinbar mit den Vorschriften des Raumordnungsgesetzes[2]. Die Diskussion um die Frage der Vereinbarkeit der Primärintegration mit § 5 BNatSchG belastet zahlreiche Fachgespräche. Wünschenswert wäre es, wenn im Rahmen der anstehenden Änderung des Bundesnaturschutzgesetzes vom Bundesgesetzgeber eine Klarstellung erfolgen oder aber diese Frage gerichtlich geklärt werden würde.

2. Ausgestaltung der Landschaftsplanung als sektorale Fachplanung oder querschnittsorientierte Planung

Neben dem Verhältnis der Landschaftsplanung zur überörtlichen Gesamtplanung und der Effizienz der Integrationswege bestehen auch über den fachplanerischen Charakter der Landschaftsplanung insbesondere auf der Ebene der Regionalplanung Meinungsunterschiede. Seit Inkrafttreten des Bundesnaturschutzgesetzes wird zum Teil kontrovers diskutiert, ob die Landschaftsplanung eine sektorale, auf den Natur- und Artenschutz sowie auf die landschaftsbezogene Erholung beschränkte Fachplanung oder eine fachübergreifende, querschnittsorientierte Planung ist. Meines Erachtens kann es sich bei der Landschaftsplanung nur um eine querschnittsorientierte, raumbezogene Fachplanung handeln, denn eine sektorale Fachplanung ist immer nur einem bestimmten fachlichen Ziel verpflichtet (z. B. der Anlage einer Straße) und braucht dazu nicht flächendeckend und medienübergreifend tätig zu werden. Diese Auffassung wird nicht nur von Landschaftsplanern unterstützt. Auch Fatheuer (1978) und Erbguth (1982, 1983) bestätigen zumindest der überörtlichen Landschaftsplanung, daß es sich hierbei um "einen besonderen Typus der Gesamtplanung" handelt, weil diese medienübergreifend angelegt ist, allerdings ohne den Planungsvorrang der Landes- und Regionalplanung als umfassende Planungen zu erreichen[3].

Der querschnittsorientierte Charakter der Landschaftsplanung als eine ökosystem-orientierte, fachübergreifende Planung wird auch durch die §§ 1 und 2 des BNatSchG gestützt. Nach § 1 BNatSchG haben Naturschutz und Landschaftspflege mit Hilfe der Landschaftsplanung Querschnittsaufgaben wahrzunehmen. Danach hat die Landschaftsplanung für die Erhaltung, Pflege und Entwicklung der Leistungsfähigkeit des Naturhaushaltes, der Nutzungsfähigkeit der Naturgüter, der Pflanzen- und Tierwelt sowie der Vielfalt, Eigenart und Schönheit von Natur und Landschaft zu sorgen. Damit zählen nicht nur die Tier- und Pflanzenwelt, sondern auch Boden, Wasser, Luft und Klima, soweit sie Träger von Funktionen des Naturhaushaltes sind, zum Gegenstand der Landschaftsplanung. Diese Rechtsauffassung wird auch dadurch gestützt, daß die Ziele und Grundsätze des Naturschutzes und der Landschaftspflege gem. §§ 1 und 2 BNatSchG, die unmittelbar für die Landesgesetzgebung gelten, sich nicht nur auf die speziellen Anspruchsflächen des Naturschutzes beziehen, sie müssen vielmehr darüber hinaus als "Sekundär- und Tertiärfunktionen" auch durch andere Raumnutzungen auf deren Anspruchsflächen mitgetragen werden[4]. Sie sind allerdings untereinander und mit den sonstigen Anforderungen der Allgemeinheit an Natur und Landschaft abzuwägen.

Neben diesen rechtlichen Aspekten wird der medienübergreifende Inhalt bzw. der querschnittsorientierte Charakter auch durch weitergehende fachliche Anforderungen gerechtfertigt. Immer häufiger wird in den letzten Jahren die Notwendigkeit diskutiert, die Landschaftsplanung so weiterzuentwickeln, daß sie als eine besonders wichtige Grundlage bei Eingriffen in Natur und Landschaft, bei der Durchführung raumordnerischer Verfahren und von Umweltverträglichkeitsprüfungen 1. und 2. Stufe herangezogen werden kann. Auch der Bundesumweltminister bestätigte bisher diese erweiterte Aufgabenstellung. Bei der anstehenden Änderung des Bundesnaturschutzgesetzes soll in einem neuen § 4a festgelegt werden, daß "die Landschaftsplanung insbesondere Maßstäbe für die Beurteilung der Umweltverträglichkeit der zur Entscheidung gestellten Maßnahmen darstellt"[5]. Noch weiter geht der Vorschlag einer Gruppe von Wissenschaftlern, die 1990 im Auftrag des Bundesumweltministers den Entwurf eines Umweltgesetzbuches erarbeitet haben. Nach diesem Vorschlag soll die Landschaftsplanung auf allen 3 Ebenen zu einer Umweltleitplanung weiterentwickelt werden. Dazu sollen auf der Grundlage einer Bewertung der Umweltsituation in beschreibender und zeichnerischer Form diejenigen Entwicklungsziele ausgewiesen werden, die zum Schutz und zur Verbesserung der Umwelt, zur Beseitigung von Umweltschäden, zur Wiederherstellung der Funktions- und Leistungsfähigkeit des Naturhaushaltes sowie zur Umweltvorsorge erforderlich sind[6]. Diesen Anspruch kann allerdings die Landschaftsplanung vor allem aufgrund der Defizite im personellen Bereich, mangels effizienter Informationssysteme und praktikabler Bewertungsverfahren in absehbarer Zeit nicht voll erfüllen.

Die Bestätigung des fachübergreifenden Charakters der überörtlichen Landschaftsplanung wäre ein weiteres Argument, das für das Modell der Sekundärintegration spricht. Landes- und Regionalplanung bekämen mit einem umfassend und nicht nur als Fachbeitrag angelegten Landschaftsplan, der in einem selbständigen Erarbeitungsverfahren zustande gekommen ist, eine umfassende Grundlage zur Erfüllung ihres Planungs- und Abwägungs- sowie Koordinierungsauftrages.

C Bisherige Regelung der überörtlichen Landschaftsplanung in Nordrhein-Westfalen

1. Landschaftsprogramm

Im Rahmen der Diskussion über eine Novelle des BNatSchG ist auch die Ergänzung des Landschaftsprogramms gem. § 5 durch ein Artenschutzprogramm angekündigt worden. In Nordrhein-Westfalen existiert seit 1982 ein von der Landesanstalt für Ökologie, Landschaftsentwicklung und Forstplanung NRW (LÖLF) erarbeitetes Artenschutzprogramm als Grundlage für den Biotop- und Artenschutz. Schwerpunkte des mehrbändigen Artenschutzprogramms sind Hilfsprogramme für gefährdete Arten, Anleitungen für die Durchführung von Biotopgestaltungsmaßnahmen sowie zur Kartierung von bestimmten Faunen- und Florengruppen. Das Artenschutzprogramm ist so angelegt, daß es regelmäßig fortgeschrieben wird und ggf. an die sich ändernden Zielkonzeptionen des Naturschutzes angepaßt werden kann.

Ein eigenständiges Landschaftsprogramm gibt es in Nordrhein-Westfalen bisher nicht. Vielmehr sind die allgemeinen Ziele der Raumordnung und Landesplanung für den Sachbereich "Naturschutz und Landschaftspflege" im § 32 des Landesentwicklungsprogramms (LEPro) in der Fassung vom 05.10.1989 dargestellt worden. § 32 des LEPro enthält eine Reihe von Grundsätzen, die bei der räumlichen Entwicklung des Landes zu berücksichtigen sind. Zu den Grundsätzen gehören z. B. die Festlegung von Bereichen mit naturschutzwürdigen Flächen und schutzwürdigen Biotopen, die Erhaltung bedeutsamer Landschaftsteile und Landschaftselemente oder die Festlegung von Entwicklungszielen für die Landschaft. Weiterhin werden im LEPro die Wiederherstellung der landschaftlichen Ausstattung zur Verbesserung der Umweltbedingungen im Hinblick auf Naturhaushalt, Geländeklima,

Immissionsschutz, Bodenschutz, Landschaftsbild und Erholungseignung oder die Untersagung vermeidbarer Beeinträchtigungen von Natur und Landschaft als zu berücksichtigende Ziele genannt.

Im Landesentwicklungsplan III - Umweltschutz durch Sicherung von natürlichen Lebensgrundlagen (Freiraum, Natur und Landschaft, Wald, Wasser, Erholung) - sind diese Grundsätze bisher nur zu einem Teil "entfaltet" worden. Der LEP III grenzt den Freiraum ab und stellt die Gebiete für den Schutz der Natur, die größer als 75 ha sind, Feuchtgebiete von internationaler Bedeutung, Waldgebiete, Uferzonen und Talauen, Grundwasservorkommen, Grundwassergefährdungsgebiete, Einzugsgebiete von Talsperren sowie Erholungsgebiete dar. Die Grundsätze wie z. B. "Anreicherung von struktur- und artenarmen Agrarbereichen mit naturnahen Flächen und mit gliedernden Elementen mit dem Ziel der Biotopvernetzung" oder "Wiederherstellung der landschaftlichen Ausstattung zur Verbesserung der Umweltbedingungen" des LEPro sind bisher nicht umgesetzt worden. Die Umsetzung der Grundsätze in räumliche Darstellungen ist jedoch Voraussetzung, damit sie zu wirksamen Zielen der Raumordnung und Landesplanung für die Gesamtentwicklung des Landes werden können.

2. Landschaftsrahmenplan

Auch der Landschaftsrahmenplan ist bisher nicht zu einem in sich geschlossenen, umfassenden Fachkonzept ausgestaltet worden. Vielmehr werden gem. § 15 Landschaftsgesetz (LG) die regionalen Erfordernisse und Maßnahmen zur Verwirklichung des Naturschutzes und der Landschaftspflege im Gebietsentwicklungsplan (GEP) dargestellt, dieser erfüllt die Funktion eines Landschaftsrahmenplanes nach § 5 BNatSchG. Gemäß § 14 LG hat die LÖLF auf Anforderung für die Landes- und Gebietsentwicklungspläne Fachbeiträge zu erarbeiten. Der ökologische Fachbeitrag für den GEP befaßt sich in Text, Tabellen, graphischen Darstellungen und Karten mit:

- der Struktur der Landschaft,
- dem Leistungsvermögen und den Empfindlichkeiten des Naturhaushaltes,
- Empfehlungen zur regionalplanerischen Sicherung und Entwicklung der natürlichen Lebensgrundlagen durch Vorschläge für die Abgrenzung von Bereichen für den Schutz der Natur, für den Schutz der Landschaft, für eine besondere Pflege und Entwicklung der Landschaft sowie von Erholungsbereichen und Freizeit- und Erholungsschwerpunkten. Grundlage dafür ist das Planzeichenverzeichnis zu § 2 Abs. 3 der Dritten Durchführungsverordnung zum Landesplanungsgesetz vom 05.02.1980.

Der ökologische Fachbeitrag ist damit mehr ein wissenschaftliches Gutachten als ein planerisches Fachkonzept für den Schutz und die Entwicklung von Natur und Landschaft eines Regierungsbezirks, wie es mit dem eigenständigen Landschaftsrahmenplan angestrebt wird. Bisher sollte er auf Anforderung der Regierungspräsidenten in erster Linie die landschaftsökologischen Grundlagen und Naturschutzdaten aufbereiten, um die Bezirksplanungsbehörde in den Stand zu versetzen, einen GEP zu erarbeiten, der die Funktion eines Landschaftsrahmenplanes erfüllen kann. Deswegen werden in dem ökologischen Fachbeitrag nicht die regionalen Erfordernisse von Naturschutz und Landschaftspflege in ihren räumlichen Auswirkungen dargestellt. Er hat vielmehr die Aufgabe, aufbauend auf den erfaßten landschaftlichen und ökologischen Strukturen das Leistungsvermögen und die Empfindlichkeiten des Naturhaushaltes zu beschreiben und der Bezirksplanungsbehörde für die ihr obliegende Umsetzung des ökologischen Fachbeitrages im GEP-Verfahren Empfehlungen und Hinweise zur regionalplanerischen Sicherung und Entwicklung der natürlichen Lebensgrundlagen zu geben. Da die LÖLF auch im Erarbeitungsverfahren zu beteiligen ist, hat sie darüber hinaus die Möglichkeit, an der sachgerechten Umsetzung ihres ökologischen Fachbeitrages im GEP-Verfahren mitzuwirken.

Daß hier und da Kritik an der Funktion des Landschaftsrahmenplanes eines GEP geübt worden ist, liegt vor allem daran, daß für die Umsetzung des ökologischen Fachbeitrages zur Erfüllung dieses Auftrages die vorgegebenen Darstellungsmöglichkeiten im GEP nicht ausreichen. So sind z. B. im GEP für den Regierungsbezirk Düsseldorf keine Planzeichen für die Darstellung von Bereichen für eine besondere Pflege und Entwicklung der Landschaft verwendet worden. Darüber hinaus mußten die textlichen Ziele für Naturschutz und Landschaftspflege wegen der Größe des Plangebietes, das den gesamten Regierungsbezirk Düsseldorf umfaßte, sehr allgemein gehalten werden. Weiterhin ist zu bedauern, daß bei der derzeitigen Praxis der Bezirksplanungsrat ohne Kenntnis der Inhalte eines ökologischen Fachbeitrages über die Aufstellung eines GEP entscheidet und damit nicht in der Lage ist, die im GEP-Verfahren erfolgte Abwägung der Belange von Naturschutz und Landschaftspflege konkret nachzuvollziehen.

Der Wunsch nach einem eigenständigen Landschaftsrahmenplan resultiert deswegen auch aus den bisher zu geringen Darstellungsmöglichkeiten der Belange von Naturschutz und Landschaftspflege in einem GEP und den fehlenden Informationen des Bezirksplanungsrates über den Inhalt eines ökologischen Fachbeitrages. Einzuräumen ist allerdings, daß auch beim ökologischen Fachbeitrag eine Überarbeitung seines Inhalts mit dem Ziel der Entfrachtung von nicht unbedingt notwendigen Grundlagen denkbar ist.

Eingeräumt werden muß allerdings, daß sich die Ergebnisse von Landschaftsanalysen und -bewertungen nicht immer so planungsrelevant, komprimiert und überzeugend darstellen lassen, daß daraus immer und überall von der Regionalplanung nachvollziehbare planerische Konsequenzen gezogen werden können[7]. Trotz dieser Einschränkung gewann in der LÖLF zunehmend die Erkenntnis an Bedeutung, daß mit einem eigenständigen, gutachterlichen Landschaftsrahmenplan als ein in sich geschlossenes Fachkonzept der Regionalplanung eine besser umsetzbare und eher nachvollziehbare Grundlage zur Verfügung gestellt werden kann als mit der Aufbereitung von ökologischen Daten in einem Fachbeitrag. Notwendig sind dazu eine straffe und präzise Darstellung der Schwerpunkte von Naturschutz und Landschaftspflege im Landschaftsrahmenplan, die für die Gesamtentwicklung des Regierungsbezirks von besonderer Relevanz sind, ein zeitlicher Vorlauf zur Überarbeitung eines GEP und ein Planungsraum, der den Teilabschnitten des GEP entspricht.

D Konzept "Natur 2000 in NRW" - Leitlinien und Leitbilder für Natur und Landschaft im Jahr 2000

Nicht nur die etwa 10jährigen Erfahrungen mit der Umsetzung ökologischer Fachbeiträge in Gebietsentwicklungsplänen veranlassen das Ministerium für Umwelt, Raumordnung und Landwirtschaft (MURL), die bisherige Planungsstruktur von Naturschutz und Landschaftspflege weiter zu entwickeln. Ein weiterer entscheidender Anlaß sind neue Planinhalte. Das MURL hat 1990 in dem Konzept "Natur 2000 in NRW - Leitlinien und Leitbilder für Natur und Landschaft im Jahr 2000" mit Zielaussagen und konkreten Vorstellungen angekündigt, seine Naturschutzpolitik auf eine neue Grundlage zu stellen, die von einer ganzheitlichen Betrachtung von Natur und Landschaft mit umfassenden Schutz- und Entwicklungskonzepten ausgeht. Für die künftige Planungsstruktur von Naturschutz und Landschaftspflege sind insbesondere 4 Schwerpunkte des Konzepts von besonderer Bedeutung:

a) Im Mittelpunkt von "Natur 2000 in NRW" stehen Leitbilder für die 7 Großlandschaften und den Ballungsraum an Rhein und Ruhr mit differenzierten Handlungsvorgaben zum Schutz und zur Entwicklung der natürlichen Lebensgrundlagen unter Einbeziehung kulturhistorischer Traditionen. Mit Hilfe dieser Leitbilder und den daraus resultierenden Maßnahmen sollen die fachpolitischen Erfordernisse von Naturschutz, Landwirtschaft, Forstwirtschaft, Gewässerschutz und Stadtökologie in einem ganzheitlichen Ansatz zusammengeführt und überprüft werden (s. Abb. 1).

b) Knapper Freiraum zwingt zu Kompensationslösungen. Mit einem landesweit aus Naturreservaten, Schutzgebieten, Schutzkorridoren und Landschaftsstrukturen aufzubauenden Biotopverbundsystem, das regional zu verdichten ist, sollen verlorengegangene Lebensraumbeziehungen für die Tier- und Pflanzenwelt wieder hergestellt und Barrieren überwunden werden. Die vor allem in Gebieten mit landwirtschaftlicher Intensivnutzung und hoher Siedlungsdichte vorhandenen Belastungen des Naturhaushaltes sollen durch ökologische Maßnahmen abgebaut werden.

c) Die Naturschutzpolitik soll durch eine Umweltpolitik, die den Leitgedanken der biologischen Funktionsfähigkeit des Naturhaushaltes mitträgt, ergänzt werden. Neben einer umweltverträglichen, natur- und ressourcenschonenden Landbewirtschaftung mit Abbau des Eintrages von chemischen Stoffen sollen die Erhaltung und Entwicklung naturnaher Waldflächen angestrebt werden. Als vordringliche Ziele werden weiterhin die Wiederherstellung eines möglichst naturnahen Zustandes aller denaturierten Wasserläufe hinsichtlich Gewässerbett, Ufer, Aue, Wassergüte und Wassermenge, eine Reduzierung des Freiflächenverbrauchs, eine konsequentere Durchgrünung in den Siedlungsbereichen sowie die Zurücknahme aus umweltpolitischen Gründen als überholt anzusehende Verkehrsentwicklungen dargestellt.

d) Neben den inhaltlichen Schwerpunkten befaßt sich "Natur 2000 in NRW" auch mit der Umsetzung. Diese soll mit Hilfe eines landesweiten Landschaftsprogramms, gesondert zu erarbeitenden regionalen Landschaftsrahmenplänen und den vorhandenen verbindlichen Landschaftsplänen auf der Ebene der Kreise und kreisfreien Städte erfolgen. Der für den

Abb. 1: Leitbilder für die Großlandschaften und Naturreservate in Nordrhein-Westfalen

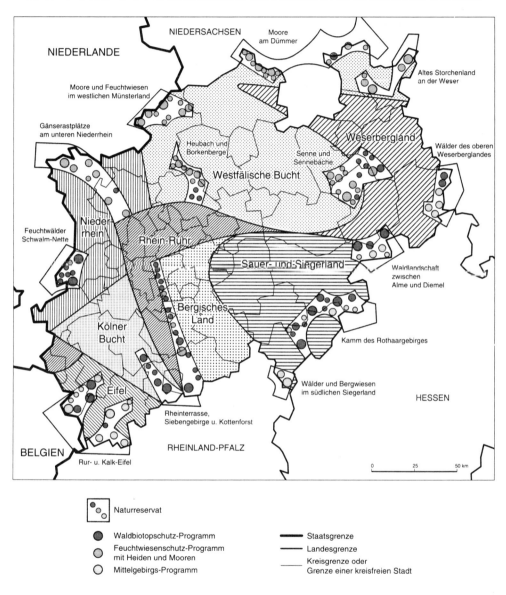

Aus: AFZ 4/1992

Landschaftsplan erarbeitete ökologische Fachbeitrag soll um einen stadt-ökologischen Fachbeitrag ergänzt werden. Dieser Fachbeitrag mit Gutachten-Charakter soll für die Aufstellung oder Änderung von Bebauungsplänen die Ziele und Grundsätze des Naturschutzes und der Landschaftspflege aufbereiten, ökologische Vorgaben für die Stadtentwicklung enthalten und gleichzeitig eine Grundlage für den Umfang von Ausgleich und Ersatz bei Eingriffen im baulichen Innenbereich abgeben[8].

In "Natur 2000 in NRW" wird eine ganzheitliche Naturschutzpolitik mit neuen Konzepten zu einem Zeitpunkt angekündigt, zu dem umfangreiche neue Ansprüche von Wohnungsbau, Industrie- und Gewerbeansiedlung sowie von allen Verkehrsarten an den Freiraum gestellt werden. Auf den ersten Blick scheinen sich diese beiden Ansprüche auszuschließen, denn flächenbeanspruchende Entwicklungen im Freiraum gehen immer zu Lasten von Naturschutz und Landschaftspflege. Andererseits ist es bei zunehmender Inanspruchnahme bisher unbebauter Flächen besonders wichtig, daß Naturschutz und Landschaftspflege sowohl die aus ökologischer Sicht unverzichtbaren Anspruchsflächen raumbezogen darstellen als auch mögliche Nutzungsalternativen bei Raumkonkurrenzen aufzeigen. Deswegen geht es bei dem neuen Ansatz, der sich aus "Natur 2000 in NRW" ableiten läßt, nicht nur um die langfristige und umfassende Erhaltung, Wiederherstellung und Neugestaltung von Natur und Landschaft auf der gesamten Landesfläche, sondern auch um die Minimierung von Konflikten durch die Wahrnehmung von Mittler- und Ausgleichsfunktionen mit Hilfe eines weiterzuentwickelnden Planungsinstrumentariums.

E Einführung eines landesweiten Landschaftsprogramms und gesondert zu erarbeitender regionaler Landschaftsrahmenpläne[9]

"Natur 2000 in NRW" sieht für die Landschaftsplanung auf überörtlicher und örtlicher Ebene folgende Aufgaben vor:

- Darstellung und Festsetzung von Leitbildern, Erfordernissen und Maßnahmen des Biotop- und Artenschutzes,
- Vorsorge für die landschaftsbezogene Erholung und das Natur- bzw. Landschaftserleben,
- Sicherung und Entwicklung bzw. Regeneration der Böden und ihrer natürlichen Funktionen, des Wasserhaushalts und der lufthygienischen und lokal-klimatischen Ausgleichswirkungen als Träger wichtiger Funktionen von Natur und Landschaft.

Damit wird der querschnittsorientierte Charakter der Landschaftsplanung, die künftig dem dreistufigen Aufbau der Gesamtplanung angepaßt werden soll, bekräftigt.

Für die Einführung eines Landschaftsprogramms und von Landschaftsrahmenplänen ist eine Änderung des Landschaftsgesetzes notwendig. Beide Planarten sollen gutachterlichen Charakter haben und als geschlossene Fachkonzepte erarbeitet werden. In der Abb. 2 sind die angestrebte Planungshierarchie und das Zusammenwirken von Landschaftsplanung und Gesamtplanung auf überörtlicher und örtlicher Ebene dargestellt worden. Da bereits flächendeckend Landesentwicklungspläne und Gebietsentwicklungspläne vorliegen, die bei der

Erarbeitung des Landschaftsprogramms und der Landschaftsrahmenpläne zu berücksichtigen sind, beeinflussen sich beide Planarten gegenseitig und untereinander.

Planungstechnisch und -methodisch müssen Landschaftsprogramm, Landschaftsrahmenplan und Landschaftsplan aufeinander abgestimmt sein. Hinsichtlich von Aufwand und Inhalt bestehen jedoch deutliche Unterschiede. Vor allem für die Planungsstufen auf der Ebene von Landes- und Regionalplanung kommt es darauf an, den Inhalt und die Konzeption von Landschaftsprogramm und Landschaftsrahmenplan auf einen vertretbaren Aufwand abzustellen. Keinesfalls dürfen diese beiden neuen Planungsinstrumente zu Verzögerungen und Hemmnissen in den Verfahren zur Aufstellung bzw. Überarbeitung von Landesentwicklungs- und Gebietsentwicklungsplänen führen. So kann z. B. im Landschaftsprogramm auf einen ausführlichen Grundlagen- und Bewertungsteil zugunsten einer Erläuterung der den Zielen von Naturschutz und Landschaftspflege zugrundeliegenden ökologischen Grundlagen verzichtet werden. Der Landschaftsrahmenplan sollte weitestgehend auf den vorhandenen Grundlagen aufbauen und seine Schwerpunkte in der Darstellung regionaler Funktionsbeziehungen und von Biotopverbundsystemen haben. Im Mittelpunkt des Landschaftsplanes dagegen, der in diesem Beitrag nicht näher behandelt wird, steht die parzellenscharfe Planung von Schutzgebieten und Maßnahmen. Der Aufwand für diese Planungsstufe ist auch deswegen erheblich höher als bei den vorgenannten beiden Planungsstufen, weil genaue Orts- und Eigentumskenntnisse erforderlich sind.

Abb. 2: Übersicht über das Zusammenwirken von Landschaftsplanung und Gesamtplanung auf überörtlicher und örtlicher Ebene

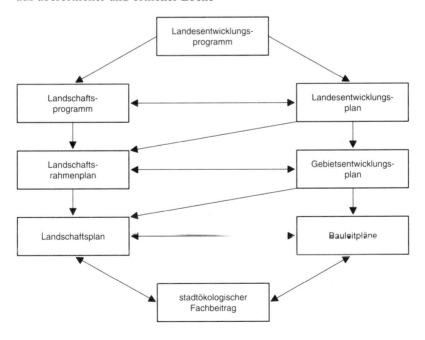

Aus: "Natur 2000 in NRW"

In den folgenden Kapiteln werden für das Landschaftsprogramm und den Landschaftsrahmenplan, ausgehend von einem 3gliedrigen Planungskonzept, die Inhalte beschrieben. Im Interesse einer beschleunigten und möglichst einfachen Erarbeitung dieser neuen planerischen Instrumente sollte überall dort abstrahiert und im Text auf vorhandene Unterlagen Bezug genommen werden, wo eine eigenständige kartographische Darstellung zum Verständnis der planerischen Absichten nicht unbedingt notwendig ist. Insoweit ist bei den in den folgenden Kapiteln beschriebenen Inhalten von Fall zu Fall zu entscheiden, ob die Darstellungen textlich oder kartographisch erfolgen sollen.

1. Landschaftsprogramm

Im Gegensatz zur bisherigen unmittelbaren Integration der Belange von Naturschutz und Landschaftspflege in das Landesentwicklungsprogramm und in die Landesentwicklungspläne sollte auf der Ebene des Landes ein eigenständiges Landschaftsprogramm eingeführt werden. Unter Berücksichtigung der Ziele und Grundsätze der §§ 1 und 2 des Landschaftsgesetzes sollen im Landschaftsprogramm sowohl die im § 32 des Landesentwicklungsprogramms enthaltenen Grundsätze als auch die aus dem Konzept "Natur 2000 in NRW" abzuleitenden neuen naturschutzpolitischen Ziele für das gesamte Land umgesetzt werden. Konkret bedeutet dies, daß im naturraumbezogenen Landschaftsprogramm in Karte und Text die Erfordernisse für den Arten- und Biotopschutz, für die landschaftsbezogene Erholung und das Naturerlebnis sowie die ökologischen Funktionen für die Sicherung und Regeneration von Boden, Wasser, Luft und Klima als Funktionen des Naturhaushaltes, soweit diese für die verschiedenen Raumnutzungen (z. B. Landwirtschaft) von Bedeutung sind, großräumig dargestellt werden.

Das Landschaftsprogramm ist eine wichtige Grundlage für die Fortschreibung der Landesentwicklungspläne bzw. für deren Zusammenführung zu einem Gesamt-Landesentwicklungsplan und Vorgabe für die noch zu erarbeitenden eigenständigen Landschaftsrahmenpläne. Die Konzeption für ein Landschaftsprogramm geht davon aus, daß aus den biotischen und abiotischen Grundlagen und den Erfordernissen für Naturschutz und Landschaftspflege für die einzelnen Großlandschaften landschaftliche Leitbilder abgeleitet werden. Sie sind Prüfungsunterlage für die im Plangebiet vorgesehenen Entwicklungen.

1.1 Planungsgrundlage und Planungsmethodik

Planerische Grundlage des Landschaftsprogramms sind die 7 Großlandschaften Nordrhein-Westfalens, deren Abgrenzung im wesentlichen der 3. Ordnung der naturräumlichen Einheiten der Bundesrepublik Deutschland entspricht. Neben der gegenüber der Naturraumgliederung zusätzlichen Ausgrenzung des Bergischen Landes gehören dazu die Großlandschaften Westfälische Bucht und Westfälisches Tiefland, Weserbergland, Sauer- und Siegerland, Kölner Bucht, Eifel und Niederrhein (s. Abb. 1). Darüber hinaus wurde als gesonderter Planungsraum das Ballungsgebiet "Rhein-Ruhr" ausgewiesen[10].

Alle Planarten bestehen im Prinzip aus dem Grundlagen-, Bewertungs- und Planungsteil mit textlichen und kartographischen Aussagen, die zusammen das planerische Gesamtkonzept ergeben. Die komprimierte, übersichtliche und nachvollziehbare Darstellung sollte neben einem vertretbaren Planungsaufwand oberstes Gebot sein. Im Grundlagen- und Bewertungsteil geht es im wesentlichen um eine Zusammenstellung vorhandener Daten; beim Landschaftsprogramm können diese beiden Planteile im Erläuterungsbericht - wie erwähnt - behandelt werden.

1.2 Inhalt der einzelnen Planelemente

Im Mittelpunkt des Grundlagen- und Bewertungsteils für das landesweite Landschaftsprogramm stehen die ggf. in einer Arbeitskarte abzugrenzenden landschaftlichen Leitbilder. Diese sind hinsichtlich ihrer geographischen, biologischen und kulturhistorischen Merkmale sowie der charakteristischen landschaftlichen Eigenarten und Schutzwürdigkeiten von Flora und Fauna zu beschreiben. Darüber hinaus sind die wichtigsten Belastungen von Boden, Gewässer und Klima sowie die großräumigen Landschaftsschäden darzustellen. Im Rahmen der Bewertung sind die zu sichernden Vorrangflächen für den Biotop- und Artenschutz und die zur Reduzierung von Naturbelastungen zu entwickelnden und zu rekonstruierenden bzw. zu renaturierenden Gebiete herauszuarbeiten.

Wichtige Bezugsgrößen für den Grundlagen- und Bewertungsteil sind neben den geologischen, topographischen, hydrogeologischen, Vegetations-, Klima-, Luftbildkarten und Nutzungskartierungen die vorliegenden ökologischen Fachbeiträge zu den Gebietsentwicklungsplänen, soweit die Aussagen von landesweiter Relevanz sind. Dazu gehören weiterhin die Bodenkarten des Geologischen Landesamtes, die Gewässergütekarten des Landesamtes für Wasser und Abfall sowie das bei der LÖLF geführte Landschaftsinformationssystem, dessen Bausteine "Biotopkataster" und "NSG-Archiv" eine besondere Bedeutung für das Landschaftsprogramm haben.

Der planerische Teil des Landschaftsprogramms sollte möglichst i.M. 1 : 200.000 erarbeitet werden. Zu übernehmen sind die aktualisierten Darstellungen des LEP III. Darüber hinaus sollten im Landschaftsprogramm räumlich abgegrenzt werden:

- die in den Großlandschaften gem. "Natur 2000 in NRW" vorgesehenen 12 Natur- und 2 Freiraumreservate als Kerne eines landesweiten Biotopverbundsystems,
- die Schutzprogramme für die bäuerliche Kulturlandschaft, für naturnahe Laubwälder, für Gewässerauen sowie die Ökologieprogramme für die Ballungsräume,
- die Strukturen eines landesweiten Biotopverbundsystems,
- die großräumigen Naturerlebnisgebiete.

Die zeichnerischen Abgrenzungen sind durch textliche Darstellungen, die den Inhalt der Zielbestimmungen festlegen, zu ergänzen. Zeichnerische und textliche Darstellungen sollten eine Einheit bilden. Die zeichnerischen Darstellungen sind entsprechend der sachlichen Notwendigkeit räumlich unterschiedlich konkret auszugestalten.

1.3 Zuständigkeiten und Abstimmungsverfahren

Zuständig für die Erarbeitung des Landschaftsprogramms ist die oberste Landschaftsbehörde beim MURL, die sich zu diesem Zweck von der LÖLF die Grundlagen erarbeiten läßt. Zu beteiligen sind der Beirat bei der obersten Landschaftsbehörde und die nach § 29 BNatSchG anerkannten Naturschutzverbände. Auf ein interministerielles Abstimmungsverfahren analog von § 13 Landesplanungsgesetz, wie es in einer Arbeitsgruppe von MURL- und LÖLF-Vertretern andiskutiert worden ist[11], sollte hinsichtlich des gutachterlichen Charakters verzichtet werden. Sinnvoll wäre es, das Landschaftsprogramm nach Durchführung des Erarbeitungsverfahrens dem Landtag zwecks Unterrichtung der für die Landesplanung sowie für Naturschutz und Landschaftspflege zuständigen Ausschüsse des Landtags zuzuleiten. Da das Landschaftsprogramm keine rechtlichen Wirkungen entfaltet, bedarf es keines förmlichen Aufstellungsverfahrens mit einer abschließenden Entscheidung der Landesregierung.

2. Landschaftsrahmenpläne

Für die regionale Ebene der Landschaftsplanung beabsichtigt NRW, die Primärintegration aufzugeben und statt dessen künftig die überörtlichen Erfordernisse und die regionalen Leitbilder von Naturschutz und Landschaftspflege in eigenständigen Landschaftsrahmenplänen für die Regierungsbezirke darzustellen. Auch der Landschaftsrahmenplan wird als ein gutachterliches, regionales Fachkonzept erarbeitet. Erst in einem zweiten Verfahrensschritt entscheidet die Bezirksplanungsbehörde über die in den GEP zu übernehmenden Inhalte. Seine erste wichtige Funktion ist deswegen die eines fachlichen Rahmenplanes für Naturschutz und Landschaftspflege mit über den Regelungsbereich des GEP hinausgehenden Möglichkeiten. So wird es z. B. künftig eine wichtige Aufgabe des Landschaftsrahmenplanes sein, für die Vereinheitlichung und Qualitätsverbesserung der Landschaftsplanung auf der Ebene der Kreise und kreisfreien Städte zu sorgen. Darüber hinaus stellt der medienübergreifend und querschnittsorientiert ausgestaltete Landschaftsrahmenplan für die Landschaftsbehörden aller Ebenen eine wichtige Grundlage für die Mitwirkung bei anderen Fachplanungen, insbesondere bei Entscheidungen über Eingriffe in Natur und Landschaft, bei raumordnerischen Verfahren und Umweltverträglichkeitsprüfungen dar. In einer Zeit mit zunehmendem Druck auf den Freiraum ist es besonders wichtig, daß der Landschaftsrahmenplan auch die Auswirkungen von Raumnutzungskonflikten darstellt und Alternativen bzw. Kompensationsmöglichkeiten aufzeigt. Schließlich ist der Landschaftsrahmenplan das geeignete Instrument, um eine umfassende ökologische Orientierung der Gesamtentwicklung eines Regierungsbezirks zu erreichen, indem seine räumlichen Ziele und Empfehlungen möglichst weitgehend in den GEP übernommen werden. Allerdings dürfen auch die nicht in den GEP übernommenen Darstellungen, die den Landschafts- und Forstbehörden als Entscheidungshilfen für deren Aufgaben in Plan- und Beteiligungsverfahren und bei der örtlichen Landschaftsplanung zur Verfügung stehen, nicht den regionalplanerischen Zielen des GEP widersprechen.

2.1 Einordnung des Landschaftsrahmenplanes in die Regionalplanung

Der Landschaftsrahmenplan ist vor der Fortschreibung bzw. Neuaufstellung des GEP zu erarbeiten. Wie bereits erwähnt, entscheidet die Bezirksplanungsbehörde unter Abwägung mit anderen raumbedeutsamen Planungen nach Maßgabe des Landesplanungsgesetzes, welche der im Landschaftsrahmenplan dargestellten raumbedeutsamen landschaftsplanerischen Erfordernisse und Maßnahmen aufgenommen werden. Er ist eine Entscheidungshilfe, jedoch keine Abwägungsvorgabe für die Regionalplanung. Zur Stärkung der regionalen fachlichen Ziele eines Landschaftsrahmenplanes hat Rheinland-Pfalz für die Fachplanung eine Begründungspflicht bei Abweichungen von den in den Regionalplan übernommenen Zielvorstellungen eines Landschaftsrahmenplanes eingeführt. Nach § 16 Abs. 4 des Landespflegegesetzes von Rheinland-Pfalz in der Fassung vom 01.05.1987 ist "in den regionalen Raumordnungsplänen zur Umweltverträglichkeit darzulegen:

1. aus welchen Gründen von den Zielvorstellungen nach Abs. 2 Satz 2 Nr. 2 (landespflegerische Zielvorstellungen von überörtlicher Bedeutung über den anzustrebenden Zustand von Natur und Landschaft sowie über Verhütung und Beseitigung von Landschaftsschäden) abgewichen wird,

2. wie Beeinträchtigungen von Natur und Landschaft vermieden und unvermeidbare Beeinträchtigungen ausgeglichen werden sollen".

Auch in Nordrhein-Westfalen ist eine Begründungspflicht im Erarbeitungsverfahren eines GEP faktisch vorhanden. Soweit die Planungs-Beteiligten im Erarbeitungsverfahren ihre Bedenken aufrechterhalten, werden diese mit einer Stellungnahme der Bezirksplanungsbehörde dem Bezirksplanungsrat in öffentlicher Sitzung vorgelegt und sind mit dem vom Bezirksplanungsrat getroffenen Beschluß an die oberste Landesplanungsbehörde, die den GEP zu genehmigen hat, weiterzuleiten. Es stellt sich deswegen die Frage, ob die vielfach gelobte, mit dem novellierten Landespflegegesetz in Rheinland-Pfalz eingeführte Begründungspflicht im Rahmen der anstehenden Novellierung des Landschaftsgesetzes überhaupt noch diskutiert werden sollte, weil sich Bezirksplanungsrat und Genehmigungsbehörde bereits mit nicht ausgeräumten Bedenken bei abweichenden landespflegerischen Zielvorstellungen befassen müssen.

2.2 Einbeziehung forstlicher Ziele in den Landschaftsrahmenplan

Bei der Entwicklung einer Konzeption für einen fachübergreifenden Landschaftsrahmenplan sollte auch eine Einbeziehung der den Wald betreffenden Ziele, Erfordernisse und Maßnahmen geprüft werden. Bisher erarbeitet die höhere Forstbehörde einen forstlichen Fachbeitrag zum GEP, der gleichzeitig auch die Funktion eines forstlichen Rahmenplanes nach § 7 Bundeswaldgesetz erfüllt. Der fachübergreifende Charakter des Landschaftsrahmenplanes läßt es sinnvoll erscheinen, auch den forstlichen Rahmenplan aus der Primärintegration herauszulösen und die Belange des Waldes auf regionaler Ebene gleichfalls im Landschaftsrahmenplan darzustellen.

2.3 Planungsgrundlage und Planungsmethodik

Der Landschaftsrahmenplan hat sich in seinem Maßstab mit 1 : 50.000 und der räumlichen Abgrenzung dem fortzuschreibenden GEP anzupassen und sollte rechtzeitig vor der Fortschreibung bzw. Neuaufstellung des GEP vorliegen. In Anpassung an das Plangebiet des GEP-Teilabschnitts sollten die naturräumlichen Einheiten der 4. Ordnung (Haupteinheiten) die planerische Grundlage des Landschaftsrahmenplanes abgeben. Für die Großlandschaft "Westfälische Bucht und Westfälisches Tiefland" würde das z. B. die weitere Untergliederung in 8 Naturraumeinheiten bedeuten[12].

Noch mehr als für das Landschaftsprogramm ist bei den Planelementen des Landschaftsrahmenplanes auf Straffung, Übersichtlichkeit, Umsetzungsmöglichkeiten und Nachvollziehbarkeit zu achten. Das gilt auch für den Grundlagen- und Bewertungsteil mit Bestandsaufnahmen, einer Erfassung der Auswirkungen vorhandener und geplanter Nutzungen, einer Bewertung von Natur und Landschaft und dem Aufzeigen der daraus aus fachlicher Sicht zu entwickelnden räumlichen Ziele und abzuleitenden fachlichen Folgerungen[13]. Notwendig ist ein in sich schlüssiges planerisches Fachkonzept und kein wissenschaftliches Gutachten.

2.4 Inhalt der einzelnen Planelemente

Bei der Erarbeitung des Grundlagen- und Bewertungsteils sind die entsprechenden Unterlagen des Landschaftsprogramms (s. dazu E, Ziff. 1.) einschl. der textlichen Erläuterungen zu den landschaftlichen Leitbildern heranzuziehen. Von Bedeutung sind auch die ökologischen und forstlichen Fachbeiträge zu den Landschaftsplänen, eine maßstabsbezogene Biotoptypenkartierung, die vorhandenen Boden-, Gewässer- und Klimakarten, die Zielbestockungskarten für den Wald sowie die Ergebnisse der Waldfunktionskartierung und Standortskartierung.

Ein umsetzungsorientiert angelegter Grundlagen- und Bewertungsteil sollte die Ergebnisse der Karten und Kartierungen über die Landschaftsfaktoren hinsichtlich des Boden-, Grundwasser- und Klimaschutzes sowie des Biotopschutzes (Vegetationskarten) synergistisch in ökologischen Raumeinheiten zusammenführen. Hierdurch können die funktionalen Zusammenhänge zwischen den Naturräumen und die Eignung der Naturraumpotentiale für Raumnutzungen als Grundlage für die Abgrenzung der Funktionsbereiche im Regionalplan mit entsprechender Planungsrelevanz aufgezeigt werden. Dabei sollte generell berücksichtigt werden, daß Planungsaufwand und Bedeutung des Planinhaltes in einem angemessenen Verhältnis zum angestrebten Ziel stehen sollten. Im Interesse einer zügigen Erarbeitung der Landschaftsrahmenpläne kann deswegen für die im Grundlagen- und Bewertungsteil getroffenen Aussagen nicht die letzte wissenschaftliche Absicherung verlangt werden[14].

Das planerische Konzept eines Landschaftsrahmenplanes besteht wie beim Landschaftsprogramm aus textlichen und zeichnerischen Darstellungen. Für die möglichst konkrete und nachvollziehbare Darstellung eines regionalen Fachkonzeptes und für die Lösung von Konflikten bzw. das Aufzeigen von Konfliktlösungen ist die "Verräumlichung" der landschaftsplanerischen Ziele unverzichtbar. Der Inhalt eines Landschaftsrahmenplans sollte auf die Darstellungsmöglichkeiten eines Landschaftsplans ausgerichtet sein. Das gilt vor allem für die Entwicklungsziele, Schutzausweisungen, forstlichen Festsetzungen sowie Pflege- und Entwicklungsmaßnahmen.

Für die möglichst in den fortzuschreibenden GEP zu übernehmenden kartographischen Darstellungen eines Landschaftsrahmenplanes sind die in der Abb. 3 enthaltenen Planzeichen, deren Ergänzung wünschenswert wäre, zu verwenden. Zumindest muß eine zweifelsfreie Übertragbarkeit der Aussagen eines Landschaftsrahmenplanes als Bereiche im GEP gewährleistet sein. Im Interesse einer umsetzungsorientierten Konzeption sollte der Landschaftsrahmenplan einen vergleichbaren Empfehlungsteil für den GEP beinhalten, wie ihn der derzeitige ökologische Fachbeitrag (s. C, Ziff. 2) hat.

Aus den Vorgaben des Landschaftsprogramms, den weiterhin bestandskräftigen räumlichen Zielen des GEP, aus den regionalplanerisch relevanten Festsetzungen eines genehmigten oder eines sich im Offenlegungsverfahren befindenden Landschaftsplanes sowie aus den aus dem Grundlagen- und Bewertungsteil abzuleitenden planerischen Folgerungen ist das regionale Fachkonzept für Naturschutz und Landschaftspflege zu entwickeln. Im Mittelpunkt des Gesamtprogramms für einen Regierungsbezirk sollten dabei stehen:

- ein räumliches Zielkonzept für Naturschutz und Landschaftspflege einschließlich der landschaftsbezogenen Erholung und des Naturerlebnisses auf der Grundlage landschaftlicher Leitbilder,

- räumliche Entwicklungskonzepte für regionale Biotopverbundsysteme, extensive Landnutzungsformen, Schutzprogramme, Renaturierungs- und Ökologieprogramme unter Einbeziehung der Natur- und Freiraumreservate,

- räumliche Abgrenzung von Umweltqualitätszielen als einzuhaltende Normen für Boden, Grundwasser, Klima als Ergebnisse einer Eignungsbewertung der Naturraumpotentiale. Insbesondere sind solche Bereiche darzustellen, die aufgrund ihrer vorhandenen Belastungen, ihrer natürlichen Voraussetzungen etwa hinsichtlich besonderer Empfindlichkeiten oder der Gefährdung spezielle Anforderungen an die Sanierung oder den Schutz des Bodens (z. B. Erosionsgefährdung), des Grundwassers (z. B. geringes Puffervermögen gegen Schadstoffe) oder des Klimas (z. B. Offenhalten von Frischluftschneisen) stellen.

Die Zielvorstellungen und Erfordernisse von Naturschutz und Landschaftspflege sind durch textliche Darstellungen zu konkretisieren. Die naturräumlichen Voraussetzungen und die aufgrund der ökologischen Verhältnisse zu berücksichtigenden Gesichtspunkte sind näher zu erläutern.

Der Landschaftsrahmenplan sollte überarbeitet bzw. fortgeschrieben werden, sobald die Neuaufstellung des GEP ansteht.

Abb. 3: Planzeichenverzeichnis Nordrhein-Westfalen

Anlage 1
(zu § 2 Abs. 2 der Dritten Durchführungsverordnung zum Landesplanungsgesetz)

PLANZEICHENVERZEICHNIS

1. WOHNSIEDLUNGSBEREICHE

a) Bereiche mit hoher Siedlungsdichte (mindestens 90 Einwohner pro Hektar)

b) Bereiche mit mittlerer Siedlungsdichte (zwischen 40 und 110 Einwohnern pro Hektar)

c) Bereiche mit niedriger Siedlungsdichte (höchstens 50 Einwohner pro Hektar)

2. GEWERBE- UND INDUSTRIEANSIEDLUNGSBEREICHE unter besonderer Darstellung folgender Bereiche und Gebiete

a) Bereiche für nicht oder nicht erheblich belästigende Betriebe

b) Bereiche für standortgebundene Anlagen

c) Gebiete für flächenintensive Großvorhaben gemäß Landesentwicklungsplan VI

3. AGRARBEREICHE

4. WALDBEREICHE unter besonderer Darstellung der

a) Bereiche, in denen der Waldanteil zu vermehren bzw. die Waldstruktur vorrangig zu verbessern ist

b) Bereiche mit besonderer forstwissenschaftlicher Bedeutung

5. BEREICHE FÜR DIE WASSERWIRTSCHAFT

a) Wasserflächen

b) Bereiche zum Schutz der Gewässer

c) Überschwemmungsbereiche

f) Umspannwerk

g) Wasserwerk

h) Kläranlage

i) Abfallbehandlungs- oder Abfallbeseitigungsanlage

j) sonstige Versorgungsanlagen

16. VERKEHRSNETZ

a) Straßen unter Angabe der Anschlußstellen

aa) Straßen für den großräumigen Verkehr

bb) Straßen für den überregionalen Verkehr

cc) Straßen für den regionalen Verkehr

b) Schienenwege

aa) Eisenbahnstrecken vorwiegend für den großräumigen Schnellverkehr und den überregionalen Verkehr unter Angabe der Haltepunkte des Personenverkehrs

bb) Eisenbahnstrecken vorwiegend für den regionalen Verkehr unter Angabe der Haltepunkte des Personenverkehrs

cc) S-Bahnstrecken unter Angabe der Haltepunkte

dd) Stadtbahnstrecken unter Angabe der Haltepunkte

c) Wasserstraßen unter Angabe der Häfen

17. STANDORTE FÜR FLUGPLÄTZE unter Angabe des Flugplatzgeländes und der Bereiche mit Planungsbeschränkungen

a) Verkehrsflughäfen

b) Regionalflughäfen

c) Militärflughäfen

d) Landeplätze

e) Segelfluggelände

f) Hubschrauberlandeplätze

g) Flugplatzgelände mit Start- und Landebahn bei zivilen Flugplätzen

6. **FESTGESETZTE KURGEBIETE**

7. **ERHOLUNGSBEREICHE**

8. **FREIZEIT- UND ERHOLUNGSSCHWERPUNKTE**

9. **BEREICHE FÜR DEN SCHUTZ DER NATUR**

10. **BEREICHE FÜR DEN SCHUTZ DER LANDSCHAFT**

11. **BEREICHE FÜR EINE BESONDERE PFLEGE UND ENTWICKLUNG DER LANDSCHAFT**

12. **BEREICHE FÜR DIE OBERIRDISCHE GEWINNUNG VON BODENSCHÄTZEN**

13. **BEREICHE FÜR AUFSCHÜTTUNGEN**

14. **BEREICHE UND STANDORTE FÜR BESONDERE ÖFFENTLICHE EINRICHTUNGEN**

    a) Bereiche für Einrichtungen des Hochschulwesens
    b) zentrale Schulstandorte von regionaler Bedeutung
    c) Standorte für Einrichtungen des Krankenhauswesens von regionaler Bedeutung

15. **STANDORTE FÜR VERSORGUNGSANLAGEN EINSCHLIESSLICH KRAFTWERKSTANDORTE GEMÄSS LANDESENTWICKLUNGSPLAN VI UND FÜR ANLAGEN DER BEHANDLUNG ODER BESEITIGUNG VON ABWASSER SOWIE FÜR ABFALLBEHANDLUNGS- UND ABFALLBESEITIGUNGSANLAGEN**

    a) Kernkraftwerk
    b) konventionelles Kraftwerk
    c) Kern- oder konventionelles Kraftwerk
    d) konventionelles Kraftwerk gemäß Landesentwicklungsplan VI
    e) Kern- oder konventionelles Kraftwerk gemäß Landesentwicklungsplan VI

    h) Lärmschutzgebiete gemäß Landesentwicklungsplan IV unter Angabe der Lärmschutzzonen

18. **LEITUNGSBÄNDER UND RICHTFUNKSTRECKEN**

    a) Leitungsbänder

    E   Elektrizitätsfernleitung ab 110 kV
    O   Mineralölleitung
    P   Produktenfernleitung
    G   Gasfernleitung
    W   Wasserfernleitung
    R   b) Richtfunkstrecken mit Funkübertragungsstellen

19. **BEREICHE FÜR BESONDERE ÖFFENTLICHE ZWECKE**

20. **GRENZEN**

    Regierungsbezirksgrenze
    Kreisgrenze
    Gemeindegrenze

Anlage 2
(zu § 3 Abs. 1 der Dritten Durchführungsverordnung zum Landesplanungsgesetz)

PLANZEICHENVERZEICHNIS

1. **ABBAU**
   a) Sicherheitslinie
   b) Abbaugrenze

2. **HALDEN**
   a) Sicherheitslinie
   b) Haldenflächen

3. **UMSIEDLUNGSFLÄCHEN**

2.5 Umsetzung des Landschaftsrahmenplanes in den GEP

Der Landschaftsrahmenplan wird um so mehr in den GEP integriert werden können, als es gelingt, seine Zielvorstellungen in die raumstrukturellen Vorgaben eines GEP umzusetzen. Maßgebend dafür ist das Planzeichenverzeichnis gem. Anl. 1 zu § 2 Abs. 2 der Dritten Durchführungsverordnung zum Landesplanungsgesetz vom 05.02.1980, auf das bereits unter 2.4 hingewiesen wurde. Weitere Planzeichen für ökologische Inhalte wären wünschenswert. Zur Zeit erscheint es jedoch kaum durchsetzbar, dieses Planzeichenverzeichnis um weitere Darstellungsmöglichkeiten zu ergänzen. Deswegen sollte bei der Umsetzung des Landschaftsrahmenplanes zuerst geprüft werden, für welche Zielaussagen eine textliche Darstellung im GEP ausreicht und welche räumlichen Ziele unbedingt als Bereiche im GEP erscheinen müssen. Im Interesse einer zielorientierten Umsetzung sollte deswegen der Grundsatz gelten, wo immer es vertretbar ist, auf allgemeine Planungsziele, die textlich beschreibbar sind, zugunsten besonders wichtiger, räumlich präzise darzustellender Planungsziele zu verzichten. Die Einhaltung dieses Grundsatzes macht es notwendig, für die Umsetzung in zeichnerische oder textliche Darstellungen eines GEP Prioritäten zu setzen. Alle hinreichend genau, sachlich und räumlich bestimmbaren Ziele und Grundsätze, die als Anspruchsflächen von Naturschutz und Landschaftspflege und für die raumordnerische Prüfung von raumwirksamen Planungen eine besondere Bedeutung haben, sollten zeichnerisch dargestellt werden. Darüber hinaus lassen sich aus einem Landschaftsrahmenplan regionalplanerische Hinweise und Verfahrensvorschläge ableiten, die mehr den Charakter von Empfehlungen haben und textlich dargestellt werden können. Daneben gibt es Erläuterungen und Begründungen, insbesondere zu den Ergebnissen von Bestandsaufnahmen, Raumanalysen und Bewertungen, die in erster Linie der Verständlichmachung der Planungskonzeption und der einzelnen Planelemente dienen. Nach Schmitz (1988) erleichtert eine Differenzierung der materiellen landschaftsplanerischen Aussagen ihre Integration in den GEP erheblich[15].

2.6 Zuständigkeit und Abstimmungsverfahren

Die federführende Zuständigkeit für die Erarbeitung des Landschaftsrahmenplanes könnte sowohl den Regierungspräsidenten (Dezernate 51 und 64) - falls diese in der Lage sind, trotz ihrer Bündelungsfunktionen ein vorerst unabgestimmtes Fachkonzept zu erarbeiten - als auch der LÖLF übertragen werden. In beiden Verwaltungen müßten jedoch die dafür notwendigen personellen Voraussetzungen noch geschaffen werden. Die Zuständigkeit für die Erarbeitung des forstlichen Teils eines Landschaftsrahmenplanes müßte weiterhin den höheren Forstbehörden obliegen.

Unabhängig von der Entscheidung über die federführende Zuständigkeit sollten zur Erarbeitung des Entwurfs Arbeitsgruppen gebildet werden. Diesen Arbeitsgruppen, deren Aufgabe es ist, interdisziplinären Sachverstand in die Erarbeitung des Entwurfs des Landschaftsrahmenplanes einzubringen, sollten alle vom Landschaftsrahmenplan besonders betroffenen Fachverwaltungen (z. B. untere Landschaftsbehörden, untere Forstbehörden, Landwirtschaftskammern, Ämter für Agrarordnung, staatl. Ämter für Wasser- und Abfallwirtschaft usw.) angehören. Ebenfalls ist eine Mitwirkung der nach § 29 BNatSchG anerkannten Naturschutzverbände vorzusehen. Die Bedeutung des Landschaftsrahmenplanes erfordert es, ihm eine möglichst große Akzeptanz zu verschaffen. Deswegen sollte die für die Erarbeitung des Landschaftsrahmenplanes federführende Verwaltung mit den vom Landschaftsrahmenplan betroffenen Trägern öffentlicher Belange, soweit sie nicht in Arbeitsgruppen mitgewirkt haben, ein informelles "Anhörungsverfahren" durchführen. Die vorgebrachten Anregungen und Bedenken sollten erörtert und protokolliert, es sollte jedoch über die dem Fachkonzept widersprechenden Stellungnahmen keine formelle Entscheidung getroffen werden. Nach Abschluß des zügig abzuwickelnden "Anhörungsverfahrens" sollte der Landschaftsrahmenplan einschl. der nicht ausgeräumten Gegenvorstellungen dem Bezirksplanungsrat des Regierungspräsidenten zur Kenntnis gegeben werden. Ebenso wie beim Landschaftsprogramm bedarf es auch beim Landschaftsrahmenplan weder eines förmlichen Aufstellungsbeschlusses noch einer Genehmigung. Vielmehr sollte, sobald das Landschaftsgesetz entsprechend geändert worden ist, die Bezirksplanungsbehörde der Regierungspräsidenten verpflichtet werden, der künftigen Fortschreibung des GEP einen eigenständigen Landschaftsrahmenplan zugrunde zu legen.

2.7 Schlußbemerkung

Die vorhandenen Unterlagen und Grundlagen, die inzwischen gewonnenen Erfahrungen sowie die vorgeschlagene Straffung der Inhalte von Landschaftsprogramm und Landschaftsrahmenplan halten den notwendigen zeitlichen und arbeitsmäßigen Aufwand für die Erarbeitung des Landschaftsprogramms und eigenständiger Landschaftsrahmenpläne als planerische Fachkonzepte für Naturschutz und Landschaftspflege in vertretbaren Grenzen. Es wird sich im wesentlichen um eine umsetzungsorientierte Straffung und planerisch-inhaltliche Anreicherung des bisherigen ökologischen Fachbeitrages zum GEP und um eine räumliche Konkretisierung der Ziele und Grundsätze des Landesentwicklungsprogrammes handeln. Das neue landschaftsplanerische Instrumentarium wird deswegen keine Planungshemmnisse auslösen, sondern es häufig sogar ermöglichen, Entscheidungen auf der Ebene von Landes- und Regionalplanung schneller als bisher zu treffen. Der nordrhein-westfälische Gesetzgeber muß allerdings mit der Änderung des Landschaftsgesetzes noch die Voraussetzungen schaffen, damit auch in diesem Land die dreistufige Landschaftsplanung, die sich in anderen Bundesländern bewährt hat, eingeführt werden kann16.

F Stellungnahmen zum vorstehenden Beitrag

In der LAG NRW war verabredet worden, daß Frau Berve und die Herren Finke und Konze in eigenen Beiträgen zu den "Überlegungen zur Umsetzung von "Natur 2000 in NRW" in einem Landschaftsprogramm und in Landschaftsrahmenplänen" Stellung nehmen. Zu den im Oktober 1992 in einer LAG-Sitzung vorgelegten und erläuterten Beiträgen, die ebenfalls in diesem Veröffentlichungsband abgedruckt sind, möchte ich folgende Anmerkungen machen:

1. Stellungnahme zu Finke

Mit Finke besteht zum Grundverständnis der Landschaftsplanung, zur Notwendigkeit der Dreistufigkeit und deren rechtzeitigem Vorlauf Übereinstimmung. Ihm ist auch beizupflichten, daß das Modell der "Sekundärintegration" hohe Anforderungen an die Qualität des Inhalts und dessen Umsetzbarkeit stellt. Schließlich hat Finke recht, wenn er darauf hinweist, daß sich Landschaftsprogramm und Landschaftsrahmenplan nicht mit Nutzungen, sondern mit ökologischen Funktionen befassen sollten. Die Anmerkung von Finke zu der mit der Novelle des rheinland-pfälzischen Landespflegegesetzes 1987 eingeführten Begründungspflicht bei Abweichungen von landespflegerischen regionalen Zielvorgaben macht deutlich, daß sich durch diese oft gelobte Vorschrift in der Sache nichts gegenüber dem früheren Zustand geändert hat, so daß der damit verbundene hohe Verwaltungsaufwand nicht zu rechtfertigen ist.

2. Stellungnahme zu Konze

Im Gegensatz zu Finke macht die Stellungnahme des Regionalplaners Konze ein völlig anderes Grundverständnis von der Landschaftsplanung deutlich. Darüber hinaus enthält seine Stellungnahme Fehleinschätzungen von der Rolle der Landschaftsplanung im Planungssystem und Fehlinterpretationen meines Beitrages, die der Richtigstellung bedürfen.

Konze verkennt, daß die Landschaftsplanung über die §§ 5 und 6 des Bundesnaturschutzgesetzes einen eigenständigen Planungsauftrag auf allen 3 Planungsebenen zur Verwirklichung der Ziele und Grundsätze gem. §§ 1 und 2 des Bundesnaturschutzgesetzes erhalten hat. Die Inhalte der Landschaftsplanung bedürfen mit Ausnahme des Landschaftsplanes auf örtlicher Ebene, der in NRW in einem eigenen Planwerk verbindlich wird, immer der Umsetzung durch die Landesplanung und Regionalplanung mit Hilfe von deren Instrumentarium. Darüber hinaus können jedoch landschaftsplanerische Inhalte auch in Programmen (Naturschutzfachprogramme) und Verordnungen (Schutzausweisungen) umgesetzt werden.

Eingangs begrüßt Konze, daß mit "Natur 2000" endlich ein landesweites Naturschutzkonzept vorgelegt worden ist, das für die verschiedenen Planungsebenen und unterschiedlichen Planungsarten inhaltlich noch ausgestaltet werden muß. Er akzeptiert jedoch in seiner Stellungnahme nicht die zur Umsetzung vom Verfasser vorgeschlagene dreistufige Landschaftsplanung. Konze erkennt nicht, daß im Vordergrund der dreistufigen Landschaftsplanung die Erarbeitung eines Fachkonzeptes für Naturschutz und Landschaftspflege auf allen 3 Planungsebenen steht und nicht die Umsetzung in andere Planbereiche. Deswegen können im Gegensatz zu seiner Auffassung mit einem Landschaftsrahmenplan die Abwägungsentscheidungen des politisch legitimierten Bezirksplanungsrates durch eine Art Gegenplanung nicht in Frage gestellt werden. Ebenso wie im ökologischen Fachbeitrag sind auch im Landschaftsrahmenplan die notwendigen landschaftsökologischen Grundlagen für die Umsetzung im GEP aufzubereiten und der Bezirksplanungsbehörde zur Verfügung zu stellen. Für die Zukunft ist jedoch wichtig, daß in Abänderung der derzeitigen Praxis die Bezirksplanungsbehörde dem Bezirksplanungsrat auch den Landschaftsrahmenplan für die von ihm zu treffenden Abwägungsentscheidungen zur Verfügung stellt.

Zum anderen geht es auch nicht darum, daß eine Fachplanung auf Kosten anderer Fachplanungen einseitig ihre spezifischen Zielsetzungen verwirklichen will. Der vorgeschlagene Landschaftsrahmenplan auf ökologischer Grundlage will vielmehr durch eine inhaltliche Konkretisierung und Anreicherung die Grundlage für eine sachliche Abwägung der Belange von Naturschutz und Landschaftspflege durch den Bezirksplanungsrat verbessern. Nach Auffassung des Verfassers kann ein GEP nur dann ein optimales Entwicklungskonzept sein (und nicht nur eine politische Willenserklärung), wenn der Bezirksplanungsrat tatsächlich auch für die Belange von Naturschutz und Landschaftspflege eine nachvollziehbare Fachgrundlage erhält. Konze schätzt den von mir erläuterten Landschaftsrahmenplan völlig falsch ein, wenn er zum Schluß des Kapitels A andeutet, daß mit meinen Überlegungen die Rolle des GEP in Frage gestellt bzw. geschwächt werden soll. Das Gegenteil ist der Fall!

Wesentliche Teile der Stellungnahme von Konze durchzieht als Mißverständnis die Befürchtung, ein Landschaftsprogramm oder ein Landschaftsrahmenplan könnte aus sich heraus verbindlich werden. Dies ist absolut falsch. An mehreren Stellen wurde darauf hingewiesen, daß Landschaftsprogramm und Landschaftsrahmenplan nur insoweit verbindlich werden können, als die Landes- und Regionalplanung die für sie wichtigen Teile übernehmen.

Daß zwischen Konze und dem Verfasser erhebliche Unterschiede im Grundverständnis zur Landschaftsplanung bestehen, wird auch dadurch deutlich, daß er zu Beginn des Kapitels B die in der Literatur vielfältig nachzulesenden Definitionen von "Primärintegration" und "Sekundärintegration", wie sie meinem Beitrag zugrunde gelegt worden sind, nicht einzuordnen versteht. Konze kann auch nicht nachvollziehen, daß der bisherige ökologische Fachbeitrag der LÖLF zum GEP in dessen Funktion als Landschaftsrahmenplan von seinem bisherigen Selbstverständnis her kein Fachkonzept ist. Seine Ausführungen im Kapitel B unter 1. gehen leider wieder von der falschen Voraussetzung aus, daß der Landschaftsrahmenplan verbindlich ist. Die kritischen Anmerkungen zum "Wirken der Naturschutzverwaltung auf Landes- und Regionalebene" werden nur dann verständlich, wenn die Bezirksplanungsbehörde bestrebt sein sollte, fachliche Konflikte nicht selbst zu lösen, sondern sie ungelöst auf die Ebene der Bauleitplanung oder in Planfeststellungsverfahren zu verlagern und damit das Regionalplanverfahren zu einem "Verwaltungsverfahren" zu machen.

Die bereits im 1. Abschnitt von Kapitel B sichtbar gewordenen Widersprüche erklären sich, wenn man den 2. Abschnitt dieses Kapitels näher betrachtet. Konze versteht querschnittsorientiert nicht medienbezogen, wie es die Landschaftsplanung tut, sondern im Sinne der Fach- und Gesamtplanung nutzungsbezogen, woraus sich auch in den folgenden Kapiteln seiner Stellungnahme immer wieder Widersprüche ableiten.

Die Ausführungen von Konze zum Schluß des 1. Abschnitts zu Kapitel B lassen den Schluß zu, daß er die Primärintegration deswegen reklamiert, weil sie es einer ganzheitlich angelegten Regionalplanung am leichtesten macht, den Abwägungs- und Entscheidungsprozeß mangels konkreter fachlicher Grundlagen weitgehend allein zu bestimmen.

Konze ist zuzustimmen, wenn er in Abrede stellt, daß die Landschaftsplanung nicht für sich allein in Anspruch nehmen kann, ökosystemorientiert zu sein. Ob jemals die Landschaftsplanung zu einer Umweltleitplanung weiterentwickelt werden wird, ist z. Zt. unwahrscheinlicher denn je. Im Gegensatz zu Konze vertrete ich jedoch die Auffassung, daß eine dreistufige Landschaftsplanung keinesfalls grundsätzlich die Konsensfindung für die "den Entwicklungsprozeß bestimmende Planung des Landes, des Bezirks oder der kommunalen Gebietskörperschaft" gefährdet, sie stärkt vielmehr die Position der Planung schlechthin, weil die Planungsträger auf der Grundlage umfassender Aussagen abwägen und entscheiden müssen - allerdings ohne daß der Abwägungsspielraum wegen der Unverbindlichkeit landschaftsplanerischer Vorgaben eingeengt werden darf. Vielleicht scheut sich Konze auch davor, daß ein inhaltlich angereicherter Landschaftsrahmenplan den Abwägungs- und Koordinierungsaufwand für die Regionalplanung vergrößert.

Die vom Verfasser angedeuteten Defizite im personellen Bereich und bei effizienten Informationssystemen können kostenneutral behoben werden, wenn die Landschaftsplanung auf den 3 Planungsebenen so organisiert werden würde, daß z. B. Grundlagen und Daten nur einmal erarbeitet und die vorhandenen Informationssysteme und Datenbanken schnellstens kompatibel gemacht werden.

Im Kapitel C bringt Konze zum Ausdruck, daß er gegen ein planerisches Fachkonzept in der Weiterentwicklung des bisherigen ökologischen Fachbeitrages keine Einwände hat. Seine letzten Ausführungen zum Kapitel E machen deutlich, daß Ansätze für eine Konsensfindung vorhanden sind und ein Teil der Mißverständnisse daraus resultiert, daß Begriffe wie "Ökologischer Fachbeitrag" und "eigenständiger Landschaftsplan" unterschiedlich interpretiert werden.

Konze ist zuzustimmen, daß die Umsetzung von "Natur 2000 in NRW" nur gelingen wird, wenn sich Personal-, Kosten- und Zeitaufwand in einem vertretbaren Rahmen bewegen. Alle planerischen Instrumente, die zu neuen personellen und finanziellen Anforderungen führen und Planungshemmnisse darstellen, sind nicht zeitgemäß. Dieses habe ich versucht, in meinem Beitrag zu verdeutlichen. Konze interpretiert deswegen die Darstellungen des Verfassers falsch, wenn er im Kapitel D erneut die Verbindlichkeit von Landschaftsprogramm und Landschaftsrahmenplan und die daraus resultierende "Verkomplizierung" anspricht. Selbstverständlich sind bei der Erarbeitung eines Landschaftsplanes die erarbeiteten fachlichen Grundlagen und Zielprojektionen eines Landschaftsrahmenplanes zu berücksichtigen, sie haben aber keinesfalls den Stellenwert von Vorgaben der Landesplanung und Regionalplanung. Konze führt deswegen zum Schluß seines Kapitels D eine Scheindiskussion, deren Zielrichtung nicht erkennbar ist.

Im Kapitel E setzt sich Konze mit den Inhalten von Landschaftsprogramm und Landschaftsrahmenplan auseinander. In einer ergänzenden Klarstellung meines Beitrages - ausgelöst durch die Mißverständnisse in der Stellungnahme von Konze - habe ich deutlich gemacht, daß zwar die Landschaftsplanung auf den verschiedenen Planungsebenen methodisch abgestimmt sein muß, konzeptionell und inhaltlich zwischen Landschaftsprogramm, Landschaftsrahmenplan und vor allem dem Landschaftsplan jedoch erhebliche Unterschiede bestehen.

Daß die gegen ein Landschaftsprogramm (Konze unterstellt auch hier wieder die angestrebte Verbindlichkeit) erhobenen Bedenken unbegründet sind, zeigt die Praxis in anderen Bundesländern, wie z. B. in Niedersachsen, in denen sich Landschaftsprogramme bewährt haben.

Die unter 2. zu Kapitel E gemachten Äußerungen unterstreichen erneut das bereits mehrfach angedeutete unterschiedliche Grundverständnis von der Landschaftsplanung. Die Qualität eines Regionalplanes kann durch landschaftsplanerische Grundlagen so verbessert werden, daß die fachliche Auseinandersetzung über die Belange von Naturschutz und Landschaftspflege im GEP-Verfahren geführt werden kann und nicht - weil Bezirksplanungsbehörde und Bezirksplanungsrat davor zurückscheuen - auf die kommunale Ebene verlagert wird. Dem Regionalplaner Konze dürfte auch klar sein (s. Ziff. 2.1), daß der GEP aufgrund seiner "groben Struktur" zahlreiche Möglichkeiten für die Ausgestaltung auf örtlicher Ebene beinhaltet. Nur dies war mit dem Hinweis gemeint, daß die nicht in den GEP aufgenommenen Teile eines Landschaftsrahmenplanes als regionales Fachkonzept für das Wirken und Mitwirken der Landschaftsbehörden bei allen Fachplanungen von großer Bedeutung sind.

Die Aussagen von Konze in den Unterabschnitten 2.2 bis 2.6 machen erheblichen Klärungsbedarf zwischen Regionalplanung und Landschaftsplanung deutlich. Es bietet sich an, an einem konkreten Planungsfall die von Konze aufgeworfenen Fragen zum Inhalt der einzelnen Planelemente abzuklären. Konze übersieht, daß es nicht Gegenstand meines Beitrages gewesen ist, die Inhalte von Landschaftsprogramm und Landschaftsrahmenplan konkret zu beschreiben, sondern daß es mir vielmehr darum ging, für die notwendige Umsetzung der sich aus "Natur 2000 in NRW" ergebenden neuen Inhalte ein neues planerisches Instrumentarium zur Diskussion zu stellen. Die konkrete Beschreibung der Inhalte von Landschaftsprogramm und Landschaftsrahmenplan müßte einem weiteren Beitrag vorbehalten bleiben.

Konzes Stellungnahme zu den im Beitrag diskutierten Zuständigkeiten für die federführende Erarbeitung des Landschaftsrahmenplanes macht deutlich, daß dafür nur eine unabhängige Institution, wie etwa die LÖLF, nicht jedoch der Regierungspräsident als Bündelungsbehörde in Frage käme. Dies muß Konze als Angehöriger einer Bündelungsbehörde am besten wissen.

Der Vorschlag zur Erarbeitung des Landschaftsrahmenplan-Entwurfes in Arbeitsgruppen beruht auf guten Erfahrungen, die damit in anderen Bundesländern, z. B. in Hessen, gemacht worden sind. Das von Konze kritisierte Anhörungsverfahren ist als eine informelle Beteiligung von solchen Institutionen gedacht, die von den Aussagen eines Landschaftsrahmenplanes maßgeblich betroffen sind.

Zum Schlußappell von Konze möchte ich anmerken, daß es der Landschaftsplanung vorrangig nicht um eine Diskussion von "Primärintegration" und "Sekundärintegration" geht. Vielmehr ist für den Landschaftsrahmenplan oder einen "neuen ökologischen Fachbeitrag zum GEP" von Bedeutung, daß er

- zunächst als ein unabgestimmtes, flächendeckendes Fachkonzept erstellt wird;
- veröffentlicht und damit dem Bezirksplanungsrat und anderen am GEP-Verfahren beteiligten Behörden zugänglich gemacht wird; und
- soweit er den Zielaussagen eines GEP nicht widerspricht, eine verbindliche Vorgabe für die Landschaftspläne auf örtlicher Ebene darstellt.

Die zahlreichen kritischen Anmerkungen von Konze zu meinem Beitrag wären eher zu akzeptieren, wenn er konkrete Vorschläge zumindest dazu machen würde,

- welche Inhalte eines Landschaftsrahmenplanes bzw. ökologischen Fachbeitrages zum GEP von der Bezirksplanungsbehörde erwartet werden;
- welche Vorgaben diese benötigt und was sie zu tun gedenkt, um die Abwägung nachvollziehbarer zu gestalten.

3. Stellungnahme zu Berve

In der Oktober-Sitzung der LAG hat Frau Berve weitgehend die Position von Konze bekräftigt. Auch sie begrüßt "Natur 2000 in NRW", hält jedoch die zur Umsetzung diskutierte Einführung eines Landschaftsprogramms und von Landschaftsrahmenplänen für zu kompliziert und zeitaufwendig. Die bereits heute stark befrachtete Planungslandschaft würde dadurch immer unübersichtlicher. Sie plädierte für mehr Planungsklarheit und für einfachere Planungsverfahren. Die Exekutive wäre nicht mehr in der Lage, zunehmend erschwerte Planverfahren in den politisch gewollten kürzeren Zeiträumen zu realisieren. Im Ergebnis sprach sich Frau Berve für die Beibehaltung der bisherigen Handhabung der Landschaftsplanung auf der Ebene von Landesplanung und Regionalplanung aus. Ich bedaure es, daß die Regionalplanung unter dem Eindruck der z. Zt. geführten politischen Diskussion über den Abbau von Planungshemmnissen zur Erleichterung von Investitionsentscheidungen und zur Beschleunigung des Wohnungsbaues nicht bereit ist, über ein neues Planungsinstrumentarium nachzudenken.

Anmerkungen

[1] Hahn, K.-G., 1990: Das Landschaftsplanungsrecht und seine Weiterentwicklung, Arbeitspapier 4/90 des Zentralinstituts für Raumplanung an der Universität Münster

[2] Hahn, K.-G., 1990, a.a.O.

[3] Fatheuer, 1978: Grundlagen und Rechtsproblem der Landschaftsplanung, Landkreistag 1978, S. 386; Erbguth, W., 1982: Landschaftsrahmenplanung im Zusammenhang mit Regional- und Landesplanung, Arbeitspapier 3/82 des Zentralinstituts für Raumplanung an der Universität Münster, Dezember 1982

[4] Heidtmann, H., Schulzke, H., 1989: Planungsstruktur des Naturschutzes und der Landschaftspflege, Diskussionspapier für den Arbeitskreis Naturschutzprogramm 2000 des MURL

[5] Diskussionsentwurf von Dezember 1991

[6] Kloepfer, M., Rehbinder, E., Schmidt-Assmann, E. Kunig, P., 1990: Entwurf eines allgemeinen Teils eines Umweltgesetzbuches, 3. Kapitel "Planung" im Auftrag des Bundesumweltministers

[7] Schmidt, A., 1988: Integration der Landschaftsplanung in die Raumplanung - Fallbeispiel Nordrhein-Westfalen, Forschungs- und Sitzungsberichte 180 der ARL

[8] Ministerium für Umwelt, Raumordnung und Landwirtschaft des Landes NRW, 1991: Natur 2000 in Nordrhein-Westfalen - Leitlinien und Leitbilder für Natur und Landschaft im Jahr 2000, Entwurf von Dezember 1991

[9] Die im Kapitel E dargestellten Inhalte, Verfahren, Beteiligungen usw. bei der Erarbeitung von Landschaftsprogramm und Landschaftsrahmenplänen stellen Überlegungen des Verfassers sowie der für die Landschaftsplanung zuständigen Mitarbeiter der LÖLF dar, die noch der Diskussion und Umsetzung bedürfen.

[10] Schulte, G., 1992: Natur 2000 in Nordrhein-Westfalen - Leitlinien und Leitbilder für Natur und Landschaft, Allgemeine Forstzeitschrift Nr. 4 v. 17.02.1992

[11] Heidtmann, H., Schulzke, H., a.a.O.

[12] Die Großlandschaft "Westfälische Bucht und Westfälisches Tiefland" enthält folgende 8 Einheiten 4. Ordnung: Westliches Sandmünsterland, Östliches Sandmünsterland, Kernmünsterland, Hellwegbörden, Rheiner Land, Diepholzer Moorniederung, Rhader Geest, Mittelweser.

[13] Kiemstedt, H., 1988: Forderungen an die Regionalplanung aus der Sicht der Landschaftsrahmenplanung, Forschungs- und Sitzungsberichte 180 der ARL

[14] Schmitz, G., 1988: Anforderungen an die Landschaftsrahmenplanung aus der Sicht der Regionalplanung, Forschungs- und Sitzungsberichte 180 der ARL

[15] Schmitz, G., 1988, a.a.O.

[16] Der Gesetzentwurf zur Änderung des Landschaftsgesetzes vom 26.10.1993 (Landtagsdrucksache 11/6196 v. 3.11.1993) enthält leider nicht die erwartete Einführung eigenständiger Landschaftsrahmenpläne und eines Landschaftsprogramms.

Raghilt Berve

Diskussionsbeitrag

Herr Schmidt spricht sich in Anlehnung an einen Vorschlag in "Natur 2000 in NRW" für ein neben der Landes- bzw. Regionalplanung stehendes Planwerk aus, das zwar Verknüpfungspunkte vorsieht, aber ansonsten ein vollständiges Eigenleben auf 4 verschiedenen Planungsstufen führt. Gegen diesen Denkansatz sprechen einige gewichtige Gründe:

1. Die Schaffung neuer Planverfahren und Verwaltungsstränge verstößt gegen die Notwendigkeit, Verwaltung zu vereinfachen, transparenter und effektiver zu gestalten.

2. Für die komplizierten Planverfahren in Raumordnung und Fachplanung fehlt bereits seit langem die politische Infrastruktur. Das heißt, politische Verantwortlichkeiten sind für Bürger kaum noch erkennbar. Politiker vermögen die hochspezialisierten Vorgänge nicht mehr sprachlich zu vermitteln.

Damit geht in der Gesellschaft zunehmend die Übereinstimmung über die Wertung von Problemen und die Wege zu ihrer Lösung verloren.

3. Es fehlt die überzeugende Begründung, daß die angestrebten Inhalte nicht in die vorhandene Planungssystematik integriert werden können - zumal die beiden Planarten abstrakt dasselbe bezwecken:

- verbindliche Festlegung von Entwicklungszielen,

- verbindliche Festlegung von Raumnutzungen. Und für den Strang "Landes- und Regionalplanung" ist eine überschaubare politische Kontrolle (Landtag, Bezirksplanungsrat) seit langem gegeben. Inhalte dieser Planart lassen sich jederzeit fortentwickeln - auch und insbesondere im Hinblick auf das begrüßenswerte Konzept "Natur 2000 in NRW".

Zusammenfassung

Wenn nicht die Tendenzen gestoppt werden, nach denen unter dem Vorwand der fachlichen Notwendigkeiten immer neue Planungsinstrumente und -apparate mit allen sachlichen und personellen Konsequenzen geschaffen werden, dann wird uns die Kraft fehlen, die wirklichen Probleme zu lösen; auch, weil nur noch eine Handvoll Menschen die Vorgänge im einzelnen versteht. Statt dessen sollte es auch zum Schutz und Erhalt von Natur heißen: einfacher, transparenter, effektiver.

LOTHAR FINKE

Natur- und Landschaftsschutz in Nordrhein-Westfalen

1. Einleitung

Die folgenden Ausführungen verstehen sich als Stellungnahme zu dem Beitrag von Albert Schmidt (Stand Oktober 1992, s. Einführung), der sich intensiv mit Fragen der Umsetzung des Konzeptes "Natur 2000 in Nordrhein-Westfalen" auseinandersetzt. Die Ausführungen basieren ganz wesentlich auf einem kürzlich abgeschlossenen Forschungsauftrag der Akademie für Raumforschung und Landesplanung zum Thema "Berücksichtigung ökologischer Belange in der Regionalplanung in der Bundesrepublik Deutschland", inzwischen als Bd. 124 der Reihe BEITRÄGE der ARL erschienen (s. Finke et al. 1993).

In diesem Forschungsprojekt sind insgesamt 24 Regionalpläne aus dem Zeitraum ab 1985 der alten Bundesrepublik Deutschland untersucht worden. Neben einer Ex-post-Analyse der veröffentlichten Pläne sind schriftliche Befragungen erfolgt und intensive Gespräche mit ausgewählten Regionalplanern geführt worden. Außer in dem Abschlußbericht dieses Projektes sind erste Zwischenergebnisse auf der Sitzung der Sektion I zum Thema "Umsetzung ökologischen Wissens in die regionalplanerische Praxis" am 30./31.03.1991 in Würzburg vorgetragen worden (s. Finke 1992). Es kommt daher im folgenden nicht darauf an, einen eigenen, besonders originellen Beitrag zu verfassen, sondern in möglichst dezidierter Weise zu dem Beitrag von A. Schmidt Stellung zu beziehen. Daher wird der Gedankenführung im Beitrag von A. Schmidt gefolgt, indem die Stellungnahmen thesenartig, dem Beitrag von A. Schmidt chronologisch folgend, abgegeben werden, allerdings nur zu den Kapiteln A bis E der in diesem Band enthaltenen Fassung.

2. Stellungnahme in Form von acht Thesen

2.1 Zum Grundverständnis von Landschaftsplanung

Zum Grundverständnis der Landschaftsplanung auf überörtlicher Ebene ist den Ausführungen Schmidts unter B 1. zu folgen, wo § 5 BNatSchG in der Weise interpretiert wird, daß der Bundesgesetzgeber die Existenz eines separaten Landschaftsprogrammes bzw. Landschaftsrahmenplanes stillschweigend voraussetzt. Nur ein vorab existierender Landschaftsrahmenplan kann überhaupt in einen Regionalplan aufgenommen werden, wie dies § 5 (2) BNatSchG fordert.

Die in den letzten Jahren bekanntgewordenen Novellierungsentwürfe zum Bundesnaturschutzgesetz, vor allem der Entwurf vom 7.11.1991, werden in ihren §§ 4a, 4b und 5 in dieser Frage noch sehr viel deutlicher.

Es ist inzwischen ganz offenkundig eindeutige Meinung des Bundesgesetzgebers, mit zeitlichem Vorlauf zu erarbeitende Landschaftsprogramme und Landschaftsrahmenpläne zu fordern.

2.2 Die Landschaftsplanung müßte ökosystemorientiert sein

In Kapitel B 2. geht A. Schmidt auf die seit vielen Jahren diskutierte Frage ein, ob es sich bei der Landschaftsplanung um eine sektorale Fachplanung oder aber um eine medienübergreifende, querschnittsorientierte, ökosystemorientierte fachübergreifende Planung handelt. In Übereinstimmung mit Bierhals, Kiemstedt und Panteleit (1986) stellt er den Schutz, die Pflege und die Entwicklung der "Leistungsfähigkeit des Naturhaushaltes" in den Mittelpunkt der neueren Naturschutzgesetzgebung und leitet daraus einen fachübergreifenden Charakter der überörtlichen Landschaftsplanung ab, der seiner Meinung nach eindeutig für das Modell der Sekundärintegration spricht. Gleichzeitig wird in diesem Zusammenhang der Novellierungsentwurf vom 7.11.91 des BNatSchG zitiert, wonach die Landschaftspläne der Zukunft die Maßstäbe für die Beurteilung der Umweltverträglichkeit beinhalten sollen.

Dieser Gedankenführung A. Schmidts ist aus meiner Sicht ohne jede Einschränkung zu folgen, sie entspricht auch dem inzwischen erreichten Stand der Diskussion innerhalb der Landespflege/Landschaftsplanung.

An dieser Stelle sei bereits kritisch angemerkt, daß dadurch allerdings auf die Landschaftsplanung Forderungen zukommen, von deren Erfüllung die real existierende Landschaftsplanung weit entfernt ist. Die Frage, wie eine derartige zukünftige Landschaftsplanung auszusehen hätte, um tatsächlich flächendeckend in ausreichender räumlicher und sachlicher Differenzierung Maßstäbe für Umweltverträglichkeitsprüfungen abgeben zu können, läßt sich meines Erachtens derzeit nicht beantworten. Der bei Schmidt erwähnte personelle Engpaß ist zwar ein wesentlicher, aber keineswegs der alleinige Grund. Ich bin darüber hinaus der Meinung, daß die heutige Landschaftsplanung sowohl in ihrem Selbstverständnis als auch vor allem bezüglich ihrer fachlichen Fähigkeiten noch sehr weit von einer ökosystemorientierten Querschnittsplanung entfernt ist.

2.3 Argumente pro Eigenständigkeit eines Landschaftsrahmenplanes

Je umfassender im Sinne des § 1 BNatSchG, d.h. ökosystemorientierter man sich die Landschaftsplanung der Zukunft vorstellt, um so größer werden proportional zur inhaltlichen Ausweitung über den derzeitigen Status des Biotop- und Artenschutzes und der landschaftsbezogenen Erholungsvorsorge hinaus die internen Abwägungserfordernisse. Auf diese Frage wird unter rechtlich-organisatorischen Aspekten noch zurückzukommen sein; es stellt sich hier rein methodisch die Frage, inwieweit bei einer derartigen Landschaftsrahmenplanung überhaupt noch von einer Sekundärintegration in die Regionalplanung zu sprechen wäre. Je nach regionalen Besonderheiten könnte die Integration de facto auch darauf hinauslaufen, daß entweder die Regionalplanung oder aber die Anforderungen der konkurrierenden Fachplanungen in die Landschaftsrahmenplanung zu integrieren wären. Im Kapitel C 2. behandelt der Beitrag von A. Schmidt die derzeitige Situation der Landschaftsrahmenplanung in Nordrhein-Westfalen, wobei eingeräumt wird, daß die derzeitigen Defizite auch "in der nicht immer umsetzungsadäquaten Ausgestaltung des Fachbeitrages" zu suchen seien. Damit ist aus meiner Sicht vor dem Hintergrund des eingangs erwähnten, kürzlich abgeschlossenen Forschungsvorhabens Nr. 12.53 zum Thema "Berücksichtigung ökologischer Belange in der Regionalplanung in der Bundesrepublik Deutschland" ein ganz wichtiger Aspekt angesprochen. Eine Vielzahl der im Rahmen dieses Forschungsvorhabens befragten Regionalplaner wußte zu berichten, daß die Landschaftsrahmenplaner, mit denen sie eigentlich im Interesse der Sache eng zusammenzuarbeiten hätten, ihnen in der Regel in einem einmaligen Übergabeakt einen Landschaftsrahmenplan übergeben, dessen Inhalte gerade - eventuell sogar absichtlich - nicht so aufbereitet sind, daß sie in die Regionalplanung direkt integrierbar wären. Schmidt bezeichnet es als eines der wesentlichen Grundprobleme der Landschaftsplanung, daß ihre Ergebnisse in Form von Landschaftsanalysen und Landschaftsbewertungen nur mit Einschränkungen so planungsrelevant komprimiert und überzeugend dargestellt werden könnten, daß die Regionalplanung daraus nachvollziehbare planerische Konsequenzen ziehen könnte. Aus dieser Erkenntnis hat die Landesanstalt für Ökologie, Landschaftsentwicklung und Forstplanung Nordrhein-Westfalen (LÖLF) - deren Präsident Schmidt seit vielen Jahren ist - die Erkenntnis gezogen, daß mit einem eigenständigen, gutachterlichen Landschaftsrahmenplan in der Form eines in sich geschlossenen Fachkonzeptes der Regionalplanung eine besser umsetzbare und eher nachvollziehbare Grundlage zur Verfügung gestellt werden könne als mit den zur Zeit üblichen "ökologischen Fachbeiträgen". Damit konzentriert sich die weitere Diskussion auf die Frage der Vorteile eines eigenständigen Landschaftsrahmenplanes im Vergleich zu der im Beitrag Schmidt dargestellten Ist-Situation in Nordrhein-Westfalen.

An dieser Stelle muß kurz dargestellt werden, worin aus meiner Sicht die Vorteile eines eigenständigen Landschaftsrahmenplanes zu sehen sind. Dabei sollte zum besseren Verständnis erwähnt werden, daß ich von 1986 bis 1992 Vorsitzender der "Landesgemeinschaft Naturschutz und Umwelt Nordrhein-Westfalen e.V." war, eines von drei nach § 29 BNatSchG anerkannten Verbänden in diesem Bundeslande.

Von den Naturschutzverbänden werden Vorteile eines künftig eigenständigen, unabgestimmten Landschaftsrahmenplanes vor allem darin erkannt, daß auf diese Weise Natur- und Landschaftsschutz erstmals Gelegenheit - aber auch die Verpflichtung - bekommen, ihre Ziele auf der regionalen Ebene in einem in sich geschlossenen Konzept darzustellen. Wenn dieses der künftigen Landschaftsplanung möglicherweise auch schwerfallen mag, bietet eine derartige Regelung doch die Möglichkeit, diese künftigen Landschaftsrahmenpläne, bei deren Aufstellungsverfahren die § 29-Verbände zu beteiligen wären, in größerer Stückzahl zu drucken und der interessierten Öffentlichkeit zur Verfügung zu stellen (s. hierzu die Regelung in Niedersachsen). Hierin wird aus meiner Sicht die wesentliche Wirkung der künftigen Landschaftsrahmenplanung gemäß "Natur 2000 in NRW" zu erwarten sein. Während die derzeitigen, von der LÖLF erstellten "ökologischen Fachbeiträge" lediglich in zwei Exemplaren existieren - ein Belegexemplar bei der LÖLF und ein Arbeitsexemplar bei der Bezirksplanungsbehörde - käme einem separat erstellten und veröffentlichten Landschaftsrahmenplan eine unvergleichlich größere öffentliche Wirkung zu. Genau dies scheint aber von anderen - auch von Praktikern wie H. Konze - als Gefahr gesehen zu werden. Inhaltlich ganz ähnliche Argumente werden übrigens gegen den sogenannten "Umweltleitplan" vorgetragen - es wird eine Gefahr der Präjudizierung des regionalplanerischen Abwägungsprozesses befürchtet.

2.4 Erhaltung der "biologischen Funktionsfähigkeit der Kulturlandschaft" als Hauptziel der Landschaftsplanung

In Übereinstimmung mit den Ausführungen A. Schmidts wird die wesentliche Aussage des Konzeptes "Natur 2000 in NRW" darin erkannt, daß die gesamte, sektoral betriebene Umweltpolitik auf den Leitgedanken der Erhaltung bzw. die Wiederherstellung der "biologischen Funktionsfähigkeit der Kulturlandschaft" ausgerichtet werden soll. Damit ist meines Erachtens erstmals in einem natur- und umweltschutzpolitischen Programm der eigentliche Kern des ökologischen Umweltschutzes konkret benannt worden - die biologische Funktionsfähigkeit der real existierenden Kulturlandschaft gilt es zu schützen, zu pflegen und zu entwickeln. Diese von "Natur 2000 in NRW" formulierte ganzheitliche Naturschutzpolitik steht ohne jeden Zweifel durch die neueren Ansprüche vor allem des Wohnungsbaus, aber auch der Industrie- und Gewerbeansiedlung unter einem ungeheuren Druck. Die Kernfrage der räumlichen Gesamtplanung der nächsten 20 bis 30 Jahre wird sich meines Erachtens darauf konzentrieren müssen, wie das Ziel der "Ökologisierung der räumlichen Planung" mit diesen neueren gigantischen Flächenansprüchen in Einklang gebracht werden kann.

Am interessantesten aus meiner Sicht ist das Kapitel E des Beitrages von A. Schmidt, welches sich mit der Einführung eines landesweiten Landschaftsprogrammes und zu erarbeitender regionaler Landschaftsrahmenpläne befaßt, wobei Schmidt ausdrücklich darauf hinweist, daß es sich dabei ausschließlich um seine ganz persönlichen Überlegungen handelt, die noch keineswegs mit dem Ministerium für Umwelt, Raumordnung und Landwirtschaft (MURL) abgestimmt sind.

2.5 Probleme mit der Sekundärintegration

Analog zu "Natur 2000 in NRW" wird bei Schmidt dargestellt - siehe besonders die Abb. 2 -, daß sowohl das angekündigte Landschaftsprogramm als auch die Landschaftsrahmenpläne keine eigenständige Rechtsverbindlichkeit erlangen können, sondern jeweils der sekundären Integration in den Landesentwicklungsplan bzw. den Gebietsentwicklungsplan bedürfen. In diesem Zusammenhang stellt sich aus rechtlicher Sicht die zentrale Frage, was eigentlich mit denjenigen Inhalten des Landschaftsprogrammes und der Landschaftsrahmenpläne geschehen soll bzw. wird, die bei dieser Sekundärintegration auf der Strecke bleiben. Diese bei dem Modell der Sekundärintegration sich stets und überall stellende Frage berührt das in diesem Fall interessante Problem der Doppelfunktion der Landschaftsprogramme bzw. Landschaftsrahmenpläne, welches in folgendem besteht: Einerseits sollen die Landschaftspläne beider Ebenen sowohl integrationsfähige Vorgaben für den jeweiligen raumplanerischen Gesamtplan, gleichzeitig jedoch auch Vorgabe für die nachfolgende Ebene der eigenen Fachplanung sein.

Besonders interessant, um nicht zu sagen planungsrechtlich pikant, wird der Zusammenhang zwischen dem Landschaftsrahmenplan und dem Landschaftsplan vor dem Hintergrund der nordrhein-westfälischen rechtlichen Situation - die Frage lautet: Inwieweit können diejenigen Inhalte des Landschaftsrahmenplanes, die den Prozeß der Sekundärintegration in den Gebietsentwicklungsplan nicht überstanden haben, weiterhin Vorgabe für den Landschaftsplan sein angesichts der Tatsache, daß der Landschaftsplan in Nordrhein-Westfalen mit seiner eigenständigen Rechtskraft als Satzung bezüglich seiner Festsetzungen eine dem Bebauungsplan vergleichbare Rechtskraft besitzt.

2.6 Die Landschaftsplanung sollte sich auf die ökologischen Raumfunktionen konzentrieren

Zu den Ausführungen von A. Schmidt in Kapitel E bezüglich Methodik und Inhalten des Landschaftsprogrammes und der Landschaftsrahmenpläne wird wie folgt Stellung genommen:

Insbesondere vor dem Hintergrund der Ergebnisse des ARL-Forschungsprojektes "Berücksichtigung ökologischer Belange in der Regionalplanung in der Bundesrepublik Deutschland" (s. Finke et al. 1993) wird hier die Meinung vertreten, daß sich die Landschaftsplanung auf allen Planungsebenen künftig stärker als bisher auf ihren eigentlichen Auftrag hin konzentrieren sollte. Diesen eigentlichen Auftrag der Landschaftsplanung erkenne ich darin, daß sich Landschaftsprogramm und Landschaftsrahmenpläne auf die Funktionen des Naturhaushaltes konzentrieren. Als Ergebnis einer intensiven Erfassung und Bewertung der Naturraumpotentiale sollte die Landschaftsplanung nach meiner Auffassung eine Karte vorlegen, in der die ökologischen Funktionen der heutigen Kulturlandschaft dargestellt werden. Einen derartigen Plan habe ich bereits mehrfach als sogenannten "Ökologischen Funktionsplan" bezeichnet (s. z.B. Finke 1988 und 1990). Damit ist gemeint, daß diese Pläne in einer der jeweiligen Planungsebene adäquaten räumlichen und sachlichen Differenzierung Aussagen darüber treffen sollten, wo welche ökologischen Funktionen in ihrer derzeitigen Form erhalten werden sollen, wo Entwicklungsbedarf gesehen und wo ein dringender Sanierungsbedarf erkannt wird.

Ohne jeden Zweifel besteht ein enger ökofunktionaler Zusammenhang zwischen der tatsächlichen Nutzung eines Raumes und den ökologischen Funktionen/Naturraumpotentialen. Es stellt sich jedoch die Frage, ob es wegen dieses unzweifelhaften Zusammenhanges zwischen Nutzung und ökologischer Funktion Aufgabe der Landschaftsplanung sein kann, sich besonders intensiv mit den Nutzungen auseinanderzusetzen. Nach meinem planerischen Verständnis ist die Verteilung der Nutzungen auf der regionalen Ebene die eigentliche Aufgabe der Regionalplanung, die dann allerdings zur Verwirklichung eines möglichst umweltfreundlichen Landnutzungsmodells im Sinne von Haber (1972) sehr viel enger als bisher mit der Landschaftsplanung zusammenarbeiten müßte.

Hiermit ist ein Punkt angesprochen, der als ein ganz wesentliches Ergebnis des bereits mehrfach erwähnten Forschungsprojektes (s. Finke et al. 1993) bezeichnet werden muß: Die Zusammenarbeit zwischen der Landschaftsrahmenplanung und der Regionalplanung muß als ausgesprochen verbesserungsbedürftig bezeichnet werden. Die Landschaftsrahmenplanung verfehlt meines Erachtens ihren Auftrag, wenn sie ihren Plan völlig frei nach eigenem Gusto oder aber bewußt in Konkurrenz zur Regionalplanung erarbeitet, wohl wissend, daß die von ihr gewählten Plankategorien überhaupt nicht mit den Darstellungsmöglichkeiten der Regionalplanung übereinstimmen.

2.7 Zeichnerische und textliche Inhalte von Landschaftsprogramm, Landschaftsrahmenplänen und Landschaftsplänen

Hiermit ist ein weiterer, wichtiger Fragenkomplex angeschnitten - die Inhalte der Landschaftspläne aller drei Ebenen. Schmidt vertritt hierzu die Auffassung (s. Kapitel E 1.1), daß sich Landschaftsprogramm, Landschaftsrahmenplan und Landschaftsplan nur insoweit unterscheiden sollten, als die Darstellungstiefe und Darstellungsintensität der Planelemente dem jeweiligen Maßstab anzupassen seien, und daß die zeichnerischen und textlichen Darstellungen eine Einheit bilden sollten. Dieser Forderung wäre aus rein fachlicher Sicht ohne weiteres zuzustimmen, wenn nicht die Schwierigkeiten der Transformation in den Landesentwicklungsplan bzw. den Gebietsentwicklungsplan bestünden. Mit Blick auf diese Transformation gelangt Schmidt dann auch in Kapitel E 2.5 zu der Erkenntnis, daß die Chancen der Integration des Landschaftsrahmenplanes in den Gebietsentwicklungsplan (GEP) davon abhängen, inwieweit es dem Landschaftsrahmenplan gelingen wird, seine Zielvorstellungen in die raumstrukturellen Vorgaben eines GEP umzusetzen. Für diese Umsetzung ist die Planzeichenverordnung der 3. DVO zum Landesplanungsgesetz maßgebend, die insgesamt nur einen recht mageren Katalog typisch ökologischer Planzeichen bereithält (s. Abb. 3 im Beitrag Schmidt). In diesem Zusammenhang gelangt Schmidt zu einer häufig erhobenen Forderung, im Zuge der immer wieder diskutierten Entfeinerung der Regionalplanung den dadurch entstehenden Spielraum für eine entsprechende Verfeinerung im ökologischen Bereich zu nutzen - dieser Forderung ist aus meiner Sicht rückhaltlos beizutreten.

Innerhalb des Forschungsprojektes "Berücksichtigung ökologischer Belange in der Regionalplanung in der Bundesrepublik Deutschland" ist die Bereitstellung von direkt in den Regionalplan übertragbaren Planinhalten immer wieder von den befragten Regionalplanern gefordert worden - die Landschaftsrahmenplanung kommt in der Regel dieser Forderung nur sehr bedingt nach. Insofern kann der von Schmidt in Kapitel E 2.4 erhobenen Forderung, daß zur "Verräumlichung" der landschaftsplanerischen Ziele sich die zeichnerischen Darstellungen von Landschaftsrahmenplan und Landschaftsplan weitgehend decken sollten, aus meiner Sicht nicht so ohne weiteres gefolgt werden. Die für den nordrhein-westfälischen Landschaftsplan zur Verfügung stehenden Planzeichen sind in ihrer Detailliertheit überhaupt nicht in den GEP umsetzbar, umgekehrt vermag der GEP mit seinen dürftigen zeichnerischen Darstellungsmöglichkeiten laut Planzeichenverzeichnis kaum Vorgaben für den Landschaftsplan zu machen. Als Fazit bleibt daher aus meiner Sicht die Forderung, daß sich die zeichnerischen und textlichen Inhalte von Landschaftsprogramm, Landschaftsrahmenplänen und Landschaftsplänen zwar nicht widersprechen dürfen, andererseits jedoch auch nicht unbedingt deckungsgleich sein müssen. In Abhängigkeit von den Detaillierungsmöglichkeiten der drei Planungsebenen müssen sich meines Erachtens die zeichnerischen und textlichen Inhalte unterscheiden dürfen, sonst gäben ja auch die drei Planungsebenen außer der rein räumlichen Konkretisierung so recht keinen Sinn.

2.8 Begründungsgebot bei Abweichungen von landespflegerischen Zielen - Pro und Kontra

In Kapitel E 2.1 gelangte Schmidt in seiner ersten Fassung zu der Forderung, nach dem Vorbild des rheinland-pfälzischen Landespflegegesetzes eine Begründungspflicht einzuführen. Die Idee einer derartigen Begründungspflicht findet sich übrigens auch in dem Novellierungsentwurf vom 7.11.1991 zum Bundesnaturschutzgesetz und im Gesetz zum Naturschutz im Land Mecklenburg-Vorpommern in Verbindung mit dem Gesetz über die Raumordnung und Landesplanung des Landes Mecklenburg-Vorpommern - Landesplanungsgesetz. Dort ist z.B. in § 6 Abs. 4 LPlG geregelt, daß die Darstellungen des gutachtlichen Landschaftsprogramms nach Abwägung mit den anderen Belangen Bestandteil des Landesraumordnungsprogramms werden. In Verbindung mit § 13 Abs. 3 1. NatG M-V bekommt diese Regelung des § 6 Abs. 4 LPlG eine ganz besondere ökologische Komponente, indem hier im Naturschutzgesetz geregelt ist, daß zur Beurteilung der Umweltverträglichkeit im Landesraumordnungsprogramm darzulegen ist, aus welchen Gründen von den Inhalten des gutachtlichen Landschaftsprogramms abgewichen wird und wie Beeinträchtigungen von Natur und Landschaft vermieden bzw. ausgeglichen werden können. Adäquate Regelungen gibt es in Mecklenburg-Vorpommern für die Integration der Landschaftsrahmenpläne in die regionalen Raumordnungsprogramme (s. § 8 Abs. 3 LPlG in Verbindung mit § 14 Abs. 3 1. NatG M-V). Indem wir es in Mecklenburg-Vorpommern mit dem Modell der Sekundärintegration, in Rheinland-Pfalz bekanntlich mit einer Primärintegration zu tun haben, muß die Regelung in Mecklenburg-Vorpommern als die weitergehende bezeichnet werden.

Diese in § 16 Abs. 4 des rheinland-pfälzischen Landespflegegesetzes enthaltene Begründungspflicht wird immer wieder als vorbildlich gerühmt, vor allem auch in Kreisen der UVP-Lobby. Aus meiner Sicht verdient diese Begründungspflicht eine kritische Analyse, damit nicht in Kreisen der Naturschutzverbände überzogene Hoffnungen geweckt und gleichzeitig bei der Regionalplanung Aversionen aufgebaut werden.

Die im Rahmen des bereits mehrfach erwähnten Forschungsprojektes befragten rheinland-pfälzischen Regionalplaner wußten zu berichten, daß die mit der Novellierung des rheinland-pfälzischen Landespflegegesetzes zum 1.05.1987 eingeführte Begründungspflicht in der Sache überhaupt nichts gegenüber dem früheren Zustand geändert habe. Wenn bei Entscheidungen der Regionalplanung naturschützerische und landschaftspflegerische Ziele innerhalb der Abwägung als nachrangig erkannt werden, dann erfolgt die so gerühmte Begründung in der Weise, daß mitgeteilt wird, daß andere Belange als im Range vorrangig erkannt worden seien.

Wenn man sich einmal in aller Ruhe mit der Begründungspflicht des rheinland-pfälzischen Landespflegegesetzes auseinandersetzt, wird sehr schnell deutlich, daß es sich dabei eigentlich um nichts anderes handelt, als um die bereits schon immer erforderlich gewesene, übliche und auch praktizierte Begründung einer regionalplanerischen Abwägung. Bekanntlich existiert in Rheinland-Pfalz - wie von Schmidt auch dargestellt - die sogenannte Primärintegration. Die Formulierung des rheinland-pfälzischen Landespflegegesetzes stimmt fast wörtlich mit dem § 15 des Landschaftsgesetzes Nordrhein-Westfalen überein, wo festgelegt ist, daß der Regionalplan gleichzeitig die Funktion des Landschaftsrahmenplanes erfüllt (s. § 16 (1) Landespflegegesetz Rheinland-Pfalz). Insofern kann die in § 16 des rheinland-pfälzischen Landespflegegesetzes enthaltene Begründungspflicht nichts anderes bedeuten, als daß innerhalb eines Raumordnungsverfahrens oder eines Änderungsverfahrens des gültigen Regionalplanes eine gesonderte Begründung gefordert wird, sofern gegen ökologische Ziele des Regionalplanes entschieden werden soll. Allerdings sieht Schefer (1988) in dieser Regelung eine originäre Darlegungspflicht zur Umweltverträglichkeit auf seiten des Trägers der Regionalplanung, wodurch die ökologischen Belange angeblich eine Sonderstellung als Entscheidungsgrundlage innerhalb des regionalplanerischen Abwägungsprozesses einnehmen.

Diese Begründungspflicht auf die künftig in Nordrhein-Westfalen in Ausfüllung des Konzeptes "Natur 2000 in NRW" angestrebte Rechtslage zu übertragen, würde eine ganz andere Situation schaffen. Wenn in Nordrhein-Westfalen künftig ein eigenständiger, unabgestimmter Landschaftsrahmenplan mit Gutachtencharakter existieren soll, dann würde die Einführung einer Begründungspflicht aus meiner Sicht zu einem ungeheuren Verwaltungsaufwand führen müssen. Immer dann, wenn die Regionalplanung oder eine andere Fachplanung gegen unabgestimmte Ziele des Landschaftsrahmenplanes verstoßen oder diese auch nur tangieren würde, müßte eine besondere Begründung gegeben werden, wie dies in Mecklenburg-Vorpommern nach Rechtslage eigentlich geschehen müßte, wenn es dann ein Landschaftsprogramm und Landschaftsrahmenpläne gäbe. So begrüßenswert Derartiges manchem Naturschützer auch erscheinen könnte, man muß sich doch darüber im klaren sein, daß hiermit die Landschaftsplanung für sich Exklusivrechte beansprucht, wie sie bisher keine andere Fachplanung besitzt.

Etwas anderes läge freilich dann vor, wenn es sich bei diesem künftigen nordrhein-westfälischen Landschaftsrahmenplan nicht um einen unabgestimmten, sondern um einen abgestimmten Plan handeln würde, den vielleicht sogar eines Tages der Bezirksplanungsrat nicht nur zur Kenntnis nehmen, sondern sogar beschließen könnte. Den Weg zu einer solchen Lösung sehe ich am ehesten darin, wenn in einem solchen künftigen Landschaftsrahmenplan möglichst wenig über Nutzungen und deren räumliche Verteilung ausgesagt würde, sondern wenn dieser Plan flächendeckend und sachlich ausreichend differenziert darlegte, wo welche künftige Umweltqualität angestrebt wird. Damit würde sich eine derartige Landschaftsrahmenplanung auf die Darstellung eines regionalen Umweltqualitätszielkonzepts konzentrieren, wobei das auf dieser Ebene erstmals konkret räumlich darstellbare Biotopverbundsystem einen der wesentlichsten Bausteine darstellen würde. In der Sache sehe ich zwischen einem derartigen künftigen Landschaftsrahmenplan und dem in letzter Zeit so stark diskutierten "Umweltleitplan" weitgehende Identität.

Literatur

Bierhals, E., Kiemstedt, A. u. Panteleit, S. (1986): Gutachten zur Erarbeitung der Grundlagen des Landschaftsplanes in Nordrhein-Westfalen - entwickelt am Beispiel "Dorstener Ebene", in: MURL (Hrsg.), Naturschutz und Landschaftspflege in Nordrhein-Westfalen; Düsseldorf, 185 S.

Finke, L. (1988): Umweltgüteziele in der Regionalplanung - dargestellt am Beispiel der Nordwanderung des Steinkohlenbergbaus, in: FuS Bd. 179, S. 13-33

Finke, L. (1990): Vorranggebiete für Naturraumpotentiale, in: FuS 186, S. 92-100

Finke, L. (1992): Kleinräumliche Umweltqualitätsziele für die Regionalplanung: in: ARL-Arbeitsmaterial, EV 192, S. 58-70

Finke, L. et al. (1993): Berücksichtigung ökologischer Belange in der Regionalplanung in der Bundesrepublik Deutschland, in: ARL-Beiträge Bd. 124, 164 S.

Haber, W. (1972): Grundzüge einer ökologischen Theorie der Landnutzungsplanung, in: Innere Kolonisation 21, S. 294-298

Schefer, A. G. (1988): Das Verhältnis von Regionalplanung und Landschaftsplanung in ausgewählten Bundesländern - Fallbeispiel Rheinland-Pfalz, in: FuS 180, S. 135-144

HEINZ KONZE

Räumlicher Natur- und Landschaftsschutz im nordrhein-westfälischen Planungssystem

Kooperation oder Separation

A. Einführung

Um es klar und unmißverständlich schon vorab zu betonen: Ich begrüße es, daß mit Natur 2000 endlich ein landesweites Naturschutzkonzept vorgelegt worden ist. Wenn es gelänge, diese notwendigerweise noch sehr aggregierten Aussagen für die verschiedenen Planungsebenen und die unterschiedlichen Planungsarten inhaltlich auszugestalten, wäre ein wichtiger Schritt in Richtung ökologischer Durchdringung der Planungen aller Planungsträger getan.

So wünschenswert dies auch wäre, so bin ich derzeit jedoch äußerst skeptisch, ob dieses Ziel mit den im Konzept dargelegten Vorstellungen zur Umsetzung in andere Planbereiche überhaupt erreicht werden kann.

Im folgenden beziehe ich mich bei meinen Ausführungen insbesondere auf die von A. Schmidt im März 1992 vorgelegten "Überlegungen zur Umsetzung von Natur 2000 in NRW in einem Landschaftsprogramm und in Landschaftsrahmenplänen".

Zu Recht weist Schmidt auf die Rechtsgrundlage des Bundesnaturschutzgesetzes (BNatSchG) hin, das wie das Raumordnungsgesetz des Bundes rahmenrechtliche Vorschriften enthält, die es den Ländern ermöglichen, eigene und konkretere Vorschriften zu modifizieren. Der Bund hat jedoch den Ländern neben der Einhaltung bestimmter fachlicher Mindestanforderungen auferlegt, Landesplanung und Naturschutz zusammenzuführen.

Im § 1 des Landesplanungsgesetzes (LPlG) von NRW ist die Landes- und insoweit auch die Regionalplanung nicht nur als übergeordnete und überörtliche, sondern auch als zusammenfassende Planung definiert. Folgerichtig sind alle Erkenntnisse und Erfordernisse aller Fachplanungen und sonstigen Belange auf der Ebene des Landes (Landesplanung) und/oder der Regierungsbezirke (Regionalplanung) in einer Planung (Landesentwicklungsplan und Gebietsentwicklungsplan) miteinander und gegeneinander abzuwägen. Mit der insbesondere auf der regionalen Ebene des Regierungsbezirks so getroffenen Abwägungsentscheidung des zuständigen und legitimierten Planungsträgers Bezirksplanungsrat werden Ziele der Raumordnung und Landesplanung fixiert, die nach Genehmigung (Rechtsaufsicht) und Bekanntmachung im Gesetz- und Verordnungsblatt des Landes NRW für alle Behörden, Stellen und Gebietskörperschaften verbindlich werden.

Dieser kurze rechtliche Exkurs zeigt den umfassenden querschnittsorientierten Bezug der Landes- und Regionalplanung für alle räumlichen Belange. Der alle Fachbereiche übergreifende Gebietsentwicklungsplan ist zu beachten; d. h. keine Gebietskörperschaft kann von sich aus zu Lasten einer anderen Gebietskörperschaft oder einer staatlichen Fachplanung raumbedeutsame Entwicklungen, die sich nicht innerhalb des Rahmens der im Gegenstromverfahren entstandenen Ziele befinden, umsetzen; ebenso kann keine staatliche Fachplanung auf Kosten einer anderen Fachplanung einseitig ihre spezifischen Zielsetzungen verwirklichen.

Mit dieser gesamtheitlichen Planung entsteht nicht nur eine für die regionale Entwicklung notwendige gemeinsame "Geschäftsgrundlage" für alle räumlich wirkenden Akteure, sondern ein unter den gegebenen Bedingungen letztlich optimales Entwicklungskonzept. Wenn dabei fachplanerische Einzelziele aufgrund zu lösender Zielkonflikte nicht maximiert werden können, sondern einer Kompromißlösung der Vorrang gegeben wird bzw. gegeben werden muß, so bedeutet das eine Wertung des Gesamtzusammenhangs zum Wohle des Ganzen.

Da das Planungssystem in Deutschland nach der Bündelung und Gesamtabwägung auf der regionalen Ebene eine Konkretisierungsstufe auf der Ebene der kommunalen Gebietskörperschaften vorsieht - Flächennutzungsplanung und verbindliche Bauleitplanung durch die Kommunen und speziell in NRW die verbindliche Landschaftsplanung durch die Kreise und kreisfreien Städte (um nur eine Fachplanung zu nennen) -, können allein durch die Konkretisierung neue Zielkonflikte entstehen. In diesem Zusammenhang stellt sich sofort die Frage, ob Zielvorgaben für diese "letzte" Planungsstufe sinnvollerweise konkretisiert werden sollen aus

- einem Gesamtabwägungsplan,
- mehreren untereinander nicht abgestimmten Einzelplänen oder
- einem Planungsmix, bestehend aus einem Gesamtabwägungsplan - dem GEP - und verschiedenen oder gar nur einem weiteren lediglich fachlich optimierten Einzelplan (-plänen)?

Eine planungspolitische Auseinandersetzung mit den von Schmidt zur Umsetzung der überörtlichen Landschaftsplanung in die Landes- und Regionalplanung gemachten Darlegungen wird die Antwort erleichtern.

B. Zum planerischen Grundverständnis - nicht nur aus der Sicht der Landschaftsplanung

1. Mit Integration wird gemeinhin die Einbeziehung eines Teiles in ein Ganzes verstanden, letztlich um eine qualitative Verbesserung des Ganzen zu erreichen. Es ist auch unbestritten so, daß die Einbeziehung des Natur- und Landschaftsschutzes in die überörtliche Planung zu einer besseren Landes- und Regionalplanung führt.

Ich füge hinzu: Dies gilt für alle Planungen eines fachlichen Teilbereiches. Der Qualitätszuwachs ist dabei allerdings u. a. auch abhängig von der Qualität des Teilbeitrages.

Wenn nun Schmidt bezüglich der "Primärintegration" die sogenannte Eigenständigkeit eines Teilbeitrages als Landschaftsprogramm bzw. -rahmenplan der vermeintlichen Beschränkung auf die Erstellung von Fachbeiträgen gegenüberstellt, so ist das meines Erachtens nicht das eigentliche Problem. Tatsächlich muß es um die inhaltliche Aussagekraft und die Integrationsfähigkeit fachlicher Teilbeiträge gehen. Das tatsächliche fachliche und politische Gewicht feststehender und vorgebrachter Erkenntnisse und Erfordernisse wird vorrangig bestimmt von ihrer Transparenz und Nachvollziehbarkeit; d. h. das Maß der Integration fachlicher Belange in die Gesamtabwägungsentscheidung eines legitimierten Planungsträgers ist insbesondere von der Überzeugungskraft des fachlichen Teilbeitrages abhängig - mag dieser Teilbeitrag nun Landschaftsrahmenplan oder ökologischer Fachbeitrag heißen. Für den Umsetzungserfolg landschaftlicher Belange in die überörtliche Planung ist die materielle Qualität, nicht die formelle Hülle entscheidend. Die Forderung nach neuen Formalismen ist eher nachteilig für eine beschleunigte Planungsarbeit.

Warum Schmidt nun in diesem Zusammenhang die Sekundärintegration favorisiert und die Landschaftsbelange über "ein eigenständiges, vorerst unabgestimmtes, in sich geschlossenes Fachkonzept" umgesetzt wissen will, bleibt unklar.

Ist nur ein eigenständiges Fachkonzept ein anständiges, im Sinne gutes Fachkonzept? Wieso ist der heute zu erstellende ökologische Fachbeitrag nicht auch "vorerst unabgestimmt" und ein "in sich geschlossenes Fachkonzept"? Die überörtliche Planung wäre dankbar für einen solchen ökologischen Fachbeitrag! Wenn der formalisierte Aufwand (im einzelnen wird darauf noch einzugehen sein) nur dazu dienen sollte, eine verbindliche, fachspezifisch detaillierte Vorgabe für das "Wirken der Naturschutzverwaltung auf Landes- und Regionalebene" zu erhalten, ist dies gesamtpolitisch und gesamtplanerisch bedenklich. Das fachplanerische Eigeninteresse wird bei der Erstellung des ökologischen Fachbeitrages Landschaftsrahmenplan notwendigerweise mehr die Umsetzung in die konkrete Landschaftsplanung (dann sicher mit weniger Planungsspielraum für den kommunalen Planungsträger) im Auge haben als die Umsetzung in den Gebietsentwicklungsplan. Statt zur Beseitigung einer der heute bestehenden entscheidenden Schwachstellen für eine erfolgreiche Integration der Landschaftsplanung in eine gesamtheitliche Regionalplanung beizutragen, wird es zu einer zunehmenden fachlichen Spezialisierung über alle Planungsebenen hinweg kommen - einschließlich einer Verschärfung der Zielkonflikte mit abnehmender Kompromißbereitschaft.

Um gesellschaftspolitisch nicht den Boden der Verwaltungsfähigkeit und -effizienz unter den Füßen zu verlieren, ist deshalb die von Schmidt gewünschte gesetzgeberische Klarstellung insoweit eindeutig für die Primärintegration zu reklamieren.

2. Wenn Schmidt die Landschaftsplanung als querschnittsorientierte Planung verstehen will, so scheint mir seine Begründung für die Abgrenzung zur sektoralen Fachplanung am Beispiel Verkehr doch verfehlt zu sein: Die Anlage einer Straße ist nur ein kleiner Ausschnitt der modernen integrierten Verkehrsentwicklungsplanung, die die verschiedensten Verkehrsarten und -träger flächendeckend zusammenfaßt - auch das wäre dann eine querschnittsorientierte Planung.

Eine wirklich fachübergreifende Planung ist die inhaltliche Verknüpfung zumindest zweier (sektoraler) Fachplanungen wie Landschafts- und Verkehrsentwicklungsplanung oder Siedlungsbereichs- und Landschaftsplanung oder Siedlungsbereichsplanung, Verkehrsentwicklungsplanung und Landschaftsplanung oder, oder, oder .... Auch sollte die Landschaftsplanung nicht für sich allein in Anspruch nehmen, ökosystemorientiert zu sein. Es sollte gemeinsames Ziel sein, alle (Fach-)Planungen ökosystemorientiert weiterzuentwickeln. Nur dann können frühzeitig Zielkonflikte vermieden und gegenseitige Planungsblockaden verhindert werden. Eine qualifizierte Landschaftsplanung ist natürlich eine wichtige fachliche Grundlage für die ökologische Durchdringung tatsächlicher Querschnittsplanungen, wie die Landes-, Regional- und Bauleitplanung, und wichtiger Maßstab für die Umweltverträglichkeitsprüfungen der 1. und 2. Stufe. Der Umweg über eine eigene noch zu entwickelnde Umweltleitplanung würde zu einem zusätzlichen zeit- und personalaufwendigen Verfahrensaufwand führen und - was ggf. noch schädlicher wäre - zu einer Verhärtung unterschiedlicher Planungspositionen. Mit anderen Worten: Die Konsensfindung für die den Entwicklungsprozeß bestimmende Planung des Landes, des Bezirks oder der kommunalen Gebietskörperschaft wird grundsätzlich gefährdet. Es käme auf jeder Planungsebene zu einer Zersplitterung der Abwägungsentscheidungen und zu einer wesentlichen Einengung des Abwägungsspielraumes und Koordinierungsauftrages der räumlichen Gesamtplanung auf Landes-, Bezirks- und gemeindlicher Ebene. Selbst wenn man Schmidt folgen würde und der überörtlichen (nur?) Landschaftsplanung einen fachübergreifenden Charakter zusprechen würde, so spräche dies eher gegen die Sekundärintegration. In einem notwendigerweise vorlaufenden "selbständigen Erarbeitungsverfahren" müßten Teil- und Vorwegabwägungsentscheidungen getroffen werden. Wer ist dabei der legitimierte Planungsträger, der dem z. B. für die Gebietsentwicklungsplanung zuständigen und legitimierten Bezirksplanungsrat (verbindliche?) Abwägungsergebnisse vorgeben kann und darf?

Schmidt selbst weist auf einen nicht unerheblichen weiteren kritischen Sachverhalt hin: Defizite im personellen Bereich, Mangel an effizienten Informationssystemen und fehlende Bewertungsverfahren werfen nicht nur Zweifel an der Anspruchserfüllung in absehbarer Zeit, sondern überhaupt auch die Grundsatzfrage nach Umsetzbarkeit auf!

C. Die bisherige Entwicklungsfähigkeit der überörtlichen Landschaftsplanung

Mit dem Landesentwicklungsplan III - Umweltschutz durch Sicherung von natürlichen Lebensgrundlagen (Freiraum Natur und Landschaft, Wald, Wasser, Erholung) - vom 15.09.1987 (LEP III) und mit der Novellierung des Landesentwicklungsprogramm-Gesetzes vom 05.10.1989 (insbesondere im 1. Abschnitt und mit § 32) sind Grundsätze und verbindliche Ziele der Raumordnung und Landesplanung auch für die Landschaftsplanung festgelegt worden. Diese Rechtsinstrumentarien können auch künftig so geändert werden, daß sie den aktuellen Erfordernissen des Schutzes des Naturhaushaltes gerecht werden. Zu "wirksamen Zielen der Raumordnung und Landesplanung" werden die dort niedergelegten Grundsätze durch LEP'e oder den künftigen GesamtLEP und insbesondere durch den Gebietsentwicklungsplan.

Voraussetzung dafür ist allerdings der "ökologische Fachbeitrag" der LÖLF gemäß § 14 Landschaftsgesetz. Breite und Tiefe dieses Fachbeitrages kann die LÖLF letztlich selbst gestalten. Sie ist damit in der Lage, statt eines "mehr wissenschaftlichen Gutachtens" einen ökologischen Fachbeitrag zu fertigen, der dem von der Landschaftsplanung selbst gesteckten Anspruch eines "planerischen Fachkonzeptes" gerecht wird. Dies wäre auch deshalb im Sinne der Regionalplanung, weil sie dadurch die bewertende Aussage erhielte, was aus fachplanerischer Sicht wie wichtig erachtet wird. Fachplanerische Abwägungshilfen als qualifizierte Entscheidungsgrundlagen für die Abwägungsentscheidungen des Bezirksplanungsrates wären indirekt dann auch für den Natur- und Landschaftsschutz wertvoll.

Schmidt spricht von "der nicht immer umsetzungsadäquaten Ausgestaltung des Fachbeitrages" und vom "Grundproblem der Landschaftsplanung, daß die Ergebnisse von Landschaftsanalysen und -bewertungen nur mit Einschränkungen so planungsrelevant komprimiert und überzeugend darzustellen sind, daß daraus immer und überall von der Regionalplanung nachvollziehbare planerische Konsequenzen gezogen werden können".

Ich frage mich, woher man den Optimismus nehmen soll, daß dieses "Grundproblem der Landschaftsplanung" mit dem Austausch der Begriffe "ökologischer Fachbeitrag" gegen "eigenständiger Landschaftsplan" gelöst würde? Kein Regionalplaner hätte etwas gegen einen ökologischen Fachbeitrag, der die Qualität eines - wie Schmidt formuliert - "eigenständigen, gutachterlichen Landschaftsrahmenplans als ein in sich geschlossenes Fachkonzept" hätte. Zu klären bliebe allerdings, was ein "in sich geschlossenes Fachkonzept" sein soll und kann!

D. Programm "Natur 2000 in NRW" füllt eine Lücke

Nicht Planungsstrukturen sind weiterzuentwickeln, sondern Planinhalte! Daß dies mit den materiellen Schwerpunkten von "Natur 2000 in NRW" geschieht, kann nicht deutlich genug begrüßt werden. Endlich gibt es ein landesweites Plankonzept, das mit seinen Leitbildern für Großlandschaften und insbesondere mit seinen Forderungen nach einem Biotopverbundsystem inhaltliche Ausgestaltungsvorschläge für die Landesplanung vorlegt. Die nächste Konkretisierungsstufe in gleicher Qualität - nämlich die des ökologischen Fachbeitrages für die Regionalplanung - bleibt abzuwarten.

Im Beitrag von Schmidt wird mit der Wahl bestimmter Begriffe jedoch eine Erwartungshaltung genährt, die allein angesichts des dafür notwendigen Personal-, Kosten- und Zeitaufwandes eher als illusorisch bezeichnet werden muß.

Auch ein Erklärungsbedarf für einige dieser Worte muß angemeldet werden. Hier nur wenige Beispiele: "Umfassende Schutz- und Entwicklungskonzepte", "differenzierte Handlungsvorgaben", "(aus) Leitbildern ... resultierende Maßnahmen". Oder: Wenn als "vordringliche Ziele" u. a. "eine Reduzierung des Freiflächenverbrauchs" angesprochen wird, so verwundert das einen Regionalplaner schon, der seit dem "Pillenknick" - damals war Landschaftsplanung noch der punktuelle Schutz per Verordnung - hauptsächlich damit beschäftigt war, überzogene Siedlungsflächenforderungen abzuwehren, um den Freiraum zu erhalten. Ein Städteplaner wird sicher ebenso erstaunt über das nicht neue Ziel einer konsequenteren Durchgrünung in den Siedlungsbereichen reagieren.

Kritisch müssen die Überlegungen zur Umsetzung des Programms "Natur 2000 in NRW" gesehen werden. Eigene Landschaftsrahmenpläne als Vorgabe verbindlicher Landschaftspläne, die ihrerseits auch an die Gebietsentwicklungspläne angepaßt sein und mit den Bauleitplänen der Kommunen verträglich sein müssen, stellen so gesehen keine "Weiterentwicklung bisheriger Planungsstrukturen", sondern eine Detaillierung und damit Verkomplizierung eines schon heute nicht einfachen Planungssystems dar.

Die "Wahrnehmung von Mittler- und Ausgleichsfunktionen zur Minimierung von Konflikten" ist eine der wesentlichen Aufgaben von Landes- und Regionalplanung, die sie in den vergangenen Jahren durchaus erfolgreich wahrgenommen hat. Dazu bedarf es nicht neuer formalisierter und einseitiger Planinstrumente. Zur Umsetzung einer neuen "ganzheitlichen Naturschutzpolitik" bedarf es überzeugender Inhalte, nicht neuer "Planungsstrukturen".

E. Landesweites Landschaftsprogramm (LProgr) und regionaler Landschaftsrahmenplan (LRahP) - mehr als ein ökologischer Fachbeitrag?

Mit der Einführung von Landschaftsprogramm und Landschaftsrahmenplan wird eine neue Planungshierarchie geschaffen. Dafür müßte sogar ein Gesetz geändert werden! Das Ergebnis sollen zwei Gutachten sein! Oder ist mit "gutachterlichem Charakter" etwas anderes gemeint?

1. Nach Schmidt sollen im LProgr die "Erfordernisse ... (der) Funktionen des Naturhaushaltes, die von den verschiedenen Raumnutzungen (z. B. der Landwirtschaft) zu berücksichtigen sind, dargestellt werden".

Wie ausführlich und genau (schon auf dieser Ebene?) sollen diese Aussagen sein? Kann ein fachplanerischer Beitrag an die Landesplanungsbehörde zur Integration in den GesamtLEP nicht den gleichen Zweck erfüllen?

Wenn LProgr und LRahP von der LÖLF erarbeitet werden sollen, wozu muß eine gesetzgeberische Lösung gesucht werden? Wozu braucht es ausdrücklich eine "Vorgabe" für den LRahP? Wird die LÖLF das von ihr erarbeitete LProgr bei der Erstellung ihres ökologischen Fachbeitrages LRahP nicht auch ohne gesetzlich gestützte "Vorgabe" bedenken?

1.1 Wenn planungsmethodisch LProgr, LRahP und Landschaftsplan (LP) sich in Darstellungstiefe und -intensität nur im Maßstab unterscheiden sollen, dann erscheint das etwas mager. Wenn sich dann ein planerisches Gesamtkonzept schon dadurch ergeben soll, daß es aus einem Text-, Erläuterungs- und zeichnerischen Teil besteht, dann wird deutlich, daß hier zunächst nur neue Formalstrukturen formuliert werden.

1.2 Überrascht zeigt sich der Leser, wenn die doch wohl normativ entstandenen Leitbilder "im Mittelpunkt des Grundlagen- und Bewertungsteils" - quasi unangreifbar - als Ausgangspunkt jeder weiteren Überlegung stehen sollen. Auch verwundern muß, wenn u. a. die "ökologischen Fachbeiträge zu den Gebietsentwicklungsplänen" (die kann es doch künftig nicht mehr geben?!) "wichtige Unterlagen" für das übergeordnete LProgr sein sollen? Was soll Vorgabe für was sein? Was ist Ursache, was ist Wirkung? Wozu sollen die Darstellungen des LEP III in das LProgr übernommen werden, wenn das LProgr fachliche Vorgabe oder Gutachten für den LEP III bzw. den neuen GesamtLEP sein soll? Sollen die räumlichen Abgrenzungen der aufgeführten Schutzprogramme die Grundlage für die Umsetzung entsprechender Förderprogramme sein?

Auch weitere, hier nicht mehr erwähnte Fragen bleiben leider unbeantwortet.

1.3 Die Vorschläge zum Erarbeitungs- und Abstimmungsverfahren zeigen, daß es sich bei dem Landschaftsprogramm um eine fachplanerische Konzeption eines Ressorts der Landesregierung handelt, das den Status der Landesentwicklungspläne erhalten soll. Das heutige Nebeneinander von LEP'en hat sich schon nicht bewährt, wie kann dies mit noch mehr LEP-gleichen Planungen erwartet werden? Der (rechtliche und politische) Streit um Vorränge wäre vorprogrammiert!

2. Die grundsätzlichen Ausführungen zum Landschaftsprogramm gelten entsprechend auch für die Landschaftsrahmenpläne und sollen hier nicht wiederholt werden.

Als wichtigste Aufgabe des LRahP beschreibt Schmidt die eines "fachlichen Rahmenplanes für Naturschutz und Landschaftspflege mit weit über den Regelungsbereich des GEP hinausgehenden Möglichkeiten".

Es ist also die Absicht, ausführliche und detaillierte Vorgaben mit Verbindlichkeitsanspruch zu formulieren. Nicht die Umsetzung in den GEP steht im Vordergrund, sondern "die Vereinheitlichung und Qualitätsverbesserung der Landschaftsplanung auf der Ebene der Kreise und kreisfreien Städte". Der LRahP soll darüber hinaus "wichtige Grundlage für die Landschaftsbehörden aller Ebenen" sein.

Wer Einblick in die Verwaltungspraxis hat, wird schnell erkennen, daß sich neue zeitraubende Abstimmungsprobleme nicht vermeiden lassen, wenn der LRahP mit hohem Konkretheitsanspruch auf allen Ebenen umgesetzt werden soll und zugleich die nach Abwägung mit allen Belangen entstandenen Ziele der Raumordnung und Landesplanung von allen Behörden, Gebietskörperschaften und sonstigen Planungsträgern zu beachten sind.

Das fachliche Interesse wird es sein (müssen), alles, was vom Bezirksplanungsrat nicht in den GEP übernommen worden ist, über die Landschaftsplanung umzusetzen. Man wird gerade auf der kommunalen Ebene viel Streit befürchten müssen, ob der LRahP über die im GEP enthaltenen Ziele hinaus Einschränkungen des kommunalen Planungsermessens vornehmen darf.

2.1 Der LRahP soll - wie bisher der ökologische Fachbeitrag auch - "Entscheidungshilfe, jedoch keine Abwägungsvorgabe für die Regionalplanung" sein. Dann eine Begründungspflicht bei Abweichungen vom LRahP zu fordern und diese sogar "in den regionalen Raumordnungsplänen" darzulegen, hieße lediglich, die bestehende Begründungspflicht für die Abwägungsentscheidung des Bezirksplanungsrates nicht nur in den der Genehmigungsbehörde vorzulegenden Verfahrensunterlagen zu dokumentieren, sondern zusätzlich in den GEP aufzunehmen.

Es ist die Aufgabe des Bezirksplanungsrates, die Bewertung der Umweltverträglichkeit anderer Planungen in seine Abwägungsentscheidung einzustellen; die Bezirksplanungsbehörde hat dies mit den Verfahrensbeteiligten vorzubereiten.

Unklar bleibt, was letztlich gemeint ist, wenn Schmidt schreibt: "Aber auch die nicht in den GEP aufgenommenen Teile eines LRahP'es bleiben als regionales Fachkonzept für das Wirken und Mitwirken der Landschaftsbehörden bei allen Fachplanungen von großer Bedeutung". Muß hier doch befürchtet werden, daß auch gegen anderslautende Abwägungsentscheidungen der Planungsträger auf der regionalen und auch der kommunalen Ebene "gewirkt" werden soll?

2.2 Hinsichtlich der Einbeziehung des (bisher eigenen) forstlichen Fachbeitrags zum GEP in den ökologischen Fachbeitrag LRahP stellen sich ebenfalls Fragen zur Vorwegabwägung einzelner Fachbereiche.

2.3 Es kann nicht nachdrücklich genug der Forderung von Schmidt nach "Straffung, Übersichtlichkeit und Nachvollziehbarkeit" zugestimmt werden. Es ist zwingend richtig, wenn er schreibt: "Ein umsetzungsorientiert angelegter LRahP hat eine erheblich größere Chance, den GEP ökologisch zu durchdringen, als ein umfassend ausgearbeitetes wissenschaftliches Gutachten".

Es sind daran aber aus Sicht der Regionalplanung Zweifel erlaubt angesichts der Tatsache, daß die "erste wichtige Funktion die eines fachlichen Rahmenplanes für Naturschutz und Landschaftspflege (ist) ..." und bislang ein intensiver Austausch über die Umsetzungsorientierung des LRahP'es in den GEP überhaupt nicht stattgefunden hat.

2.4 Auch zum Inhalt der einzelnen Planelemente bleiben Fragen. Was ist gemeint, wenn es heißt, "die Ergebnisse der Karten und Kartierungen in ökologischen Raumeinheiten zusammenzuführen"? Wie hoch ist der Mindestanspruch, wenn "im Interesse einer zügigen Erarbeitung der LRahP'e ... für die im Grundlagen- und Bewertungsteil getroffenen Aussagen nicht die letzte wissenschaftliche Absicherung verlangt werden (kann)".

Unklar bleibt, welche "dem bisherigen ökologischen Fachbeitrag zum GEP angelasteten Mängel ... bei der Entwicklung der Konzeption für einen Landschaftsrahmenplan von vornherein (und wie) vermieden werden" sollen.

Wird die Umsetzung des LRahP'es in den GEP erleichtert, wenn seine zeichnerischen Darstellungen sich "soweit es möglich ist" an den Planzeichen für Landschaftspläne orientieren?

2.5. Schmidt schreibt selbst, daß das aus seiner Sicht "Wünschenswerte zur Zeit ... kaum durchsetzbar (erscheint)"; er verbindet dieses aber wegen der Befrachtung durch neue Planzeichen nur mit der zeichnerischen Darstellung.

Eine Verfeinerung der textlichen Ziele scheint mir allerdings ebenso wenig sinnvoll - vom Problem der geringeren Präzisierung ganz abgesehen. Auch von einer Differenzierung der zeichnerischen Darstellung nach Zielen und Grundsätzen muß schon aus Gründen der (Rechts-)Klarheit abgeraten werden.

2.6 Schmidt schlägt für die federführende (!) Zuständigkeit für die LRahP-Erarbeitung die LÖLF oder den Regierungspräsidenten vor - gemeint ist lediglich die Höhere Landschaftsbehörde, wie später klar wird. Er verkennt dabei die Funktion des Regierungspräsidenten als Bündelungsbehörde, der auch die Bezirksplanungsbehörde angehört.

Die Erarbeitung soll letztlich auf viele Schultern verteilt werden (Bildung von Arbeitsgruppen aus Unterer Landschaftsbehörde, Unterer Forstbehörde, Landwirtschaftskammer, Ämter für Agrarordnung, staatliche Ämter für Abfall und Wasser, anerkannte Naturschutzverbände usw.) - etwa, um die LÖLF zu entlasten?

Anschließend soll die Höhere Landschaftsbehörde ein Anhörungsverfahren mit (denselben?) Trägern öffentlicher Belange durchführen, sie soll dem Bezirksplanungsrat die Ergebnisse zur Kenntnis geben, und es soll "die Bezirksplanungsbehörde der Regierungspräsidenten verpflichtet werden, der künftigen Fortschreibung des GEP bzw. großräumigen Änderungen einen Landschaftsrahmenplan zugrunde zu legen". Diese vorgenannten Verfahrensvorschläge verfestigen nicht nur Zielvorstellungen von Teilausschnitten gesamtabzuwägender Fachbereiche, führen nicht nur zur Vervielfachung von formalisierten Verfahrensschritten und steigern nicht nur die Schwierigkeiten der Konsensfindung, sondern sind, wie Schmidt schon vorher ausführt, nicht umsetzbar: "In beiden Verwaltungen - Regierungspräsident und LÖLF - müßten jedoch die dafür notwendigen personellen Voraussetzungen noch geschaffen werden"; angesichts der kurz- und mittelfristigen finanzwirtschaftlichen Rahmenbedingungen der öffentlichen Hand eine wohl unrealistische Forderung.

Abschließend und zusammenfassend appelliere ich daher dafür, keine neuen formalisierten Planungshürden aufzubauen und das bestehende Planungssystem in Nordrhein-Westfalen damit zu verkomplizieren. Mit ebensoviel Phantasie und mit Bereitschaft zur Kooperation sollte das Planungssystem möglichst einfacher gestaltet werden. Dies spräche weiter für eine Primärintegration eines von der Fachplanung nach eigenen Qualitätsansprüchen erstellten ökologischen Fachbeitrages, der bei entsprechender Differenzierung sowohl "wichtige Grundlage" für den GEP wie für die Landschaftsplanung sein kann.

HEINZ KONZE

"Klärende Wi(e)derworte"

Schmidt unterstellt dem Verfasser ein völlig anderes Grundverständnis von der Landschaftsplanung; er weist in diesem Zusammenhang dennoch darauf hin, daß "Die Inhalte der Landschaftsplanung ..., immer der Umsetzung durch die Landesplanung und Regionalplanung mit Hilfe deren Instrumentarium (bedürfen)".

Darin vermag der Verfasser aber ebensowenig einen Meinungsunterschied zu sehen wie in der Notwendigkeit der inhaltlichen Ausgestaltung des begrüßenswerten und landesweiten Naturschutzkonzeptes "Natur 2000" für die Ebenen, die die gesetzliche Aufgabe räumlicher Querschnittsplanungen erfüllen müssen.

Auch ist der Verfasser in seiner Eigenschaft als Bezirksplaner gerne bereit, die von der Landesanstalt für Ökologie, Landschaftsentwicklung und Forstplanung (LÖLF) aufbereiteten landschaftsökologischen Grundlagen auch dem Bezirksplanungsrat - vielleicht mit Unterstützung der LÖLF - für die von ihm zu treffenden Abwägungsentscheidungen zur Verfügung zu stellen.

Unklar war - und dies gilt (leider) auch für die erneute Stellungnahme von Schmidt -, warum es dafür eines 3stufigen, formalisierten Fachplanungssystems mit neuen detaillierten Verfahrensvorschriften und mit fachlichem Vorgabeanspruch in einem "reinen Fachplanungsstrang" bedarf. Gerade die Regionalplanung, die lange vor der Landschaftsplanung schon in den 70er Jahren konkreten Freiraumschutz durch restriktive Siedlungsbereichsdarstellungen betrieb, ist mehr denn je interessiert an konkreten und nachvollziehbaren, d. h. überzeugenden Erkenntnissen der Fachplanungsbehörden.

Wenn aber - wie Schmidt ausführt - "im Vordergrund der 3stufigen Landschaftsplanung die Erarbeitung eines Fachkonzeptes für Naturschutz- und Landschaftspflege auf allen drei Planungsebenen steht und nicht die Umsetzung in andere Planbereiche", dann hat der Verfasser eben doch richtig erkannt, daß es nicht um bessere Grundlagen für die Landes- und Regionalplanung, sondern faktisch um eine formelle Stärkung der Fachplanung geht.

Mit Erstaunen muß der Verfasser zur Kenntnis nehmen, daß Schmidt die Kraft "eigenständiger Pläne" ohne formalen Verbindlichkeitsanspruch nicht mit der aus Erfahrungen abgeleiteten und berechtigten Befürchtung in Verbindung bringen kann, daß Fachdienststellen ohne gesamtplanerische Verantwortung mit Maximalforderungen jedes Planverfahren "bürokratisch hemmen" können.

Eine - bisher noch nicht vorgenommene - inhaltliche Einschätzung des von Schmidt so genannten Landschaftsrahmenplanes behält sich der Verfasser vor, bis hierzu eine inhaltlich klare Vorstellung entwickelt und aufgezeigt worden ist; zum konkreten Inhalt des Landschaftsrahmenplanes selbst oder eines den modernen Anforderungen gerecht werdenden ökologischen Fachbeitrages sagt Schmidt im Gegensatz zur gewünschten Fachplanungssystematisierung jedenfalls bislang nichts aus.

Wieder spricht Schmidt davon, daß der "bisherige ökologische Fachbeitrag" ... "von seinem bisherigen Selbstverständnis her kein Fachkonzept (sei)", ohne aufzuklären, was er denn damit meint. Seine Annahme, die Bezirksplanungsbehörde sei bestrebt, fachliche Konflikte ungelöst auf die Ebene der Bauleitplanung oder in Planfeststellungsverfahren zu verlagern, um sie nicht selbst lösen zu müssen, kann nur noch Kopfschütteln auslösen.

Arge Mißtöne klingen bei Schmidt an, wenn er schließt, daß der Verfasser "die Primärintegration deswegen reklamiert, weil sie es einer ganzheitlich angelegten Regionalplanung am leichtesten macht, den Abwägungs- und Entscheidungsprozeß mangels konkreter fachlicher Grundlagen weitgehend allein zu bestimmen".

Wenn damit die Bereitschaft zur partnerschaftlichen Zusammenarbeit zwischen allen staatlichen Fachplanungen und der Regionalplanung (als gemeinschaftliche Aufgabe von Staat und Selbstverwaltung, § 1 Abs. 3 Landesplanungsgesetz NW) nicht von vornherein in Frage gestellt werden soll, muß spätestens hier die Notwendigkeit einer Diskussion zwischen (staatlicher) Fachplanung für den Natur- und Landschaftsschutz einerseits und der Landes- und Regionalplanung andererseits erneut festgestellt werden.

Die von Schmidt vorgetragene Behauptung, daß nur eine 3stufige Landschaftsplanung die Position der Planung schlechthin stärkt, mag dahingestellt bleiben; seine Vermutung, der Verfasser scheue vielleicht den so vergrößerten Abwägungs- und Koordinierungsaufwand, kann jedenfalls soweit bestätigt werden, daß formalistische Zusatzarbeit ohne Qualitätsgewinn (nämlich der alte Wein ökologischer Fachbeitrag im neuen Schlauch Landschaftsrahmenplan) eine schlechte Nutzung öffentlicher Verwaltungs- und Planungskapazitäten ist. Angesichts der äußerst angespannten Haushaltslage der öffentlichen Hände geht es um Phantasie bei der Effizienzsteigerung - auch bei Planverfahren; das muß heißen, Planungsschritte eher einzusparen, als neue zu erfinden.

Wenn Schmidt schließlich das Landschaftsprogramm in Niedersachsen als bewährtes Beispiel anführt, verkennt er, daß dort die Regionalplanung auf der Kreisebene stattfindet; also der Ebene, die in Nordrhein-Westfalen bereits für die verbindliche Landschaftsplanung zuständig ist. Eine Vergleichbarkeit ist also weder im fachplanerischen noch im regionalplanerischen System möglich.

Zusammenfassend möchte natürlich auch der Verfasser die von Schmidt angeführten "Ansätze für eine Konsensfindung" bemühen; denn natürlich muß und will die Regionalplanung ihrem planerischen Auftrag zur Daseinsvorsorge durch einen harmonischen Ausgleich aller Belange und Raumansprüche gerecht werden. Bezirksplanungsrat und Bezirksplanungsbehörde scheuen keineswegs die fachlichen Auseinandersetzungen über die Belange von Naturschutz und Landschaftspflege; die Verfassungsgerichtshofentscheidung zur Freihaltung eines regionalen Grünzuges im Ruhrgebiet beweist dies eindrucksvoll.

Aber Abwägungsentscheidungen, die auch vor Gericht Bestand haben sollen, müssen u. a. qualitativen Ansprüchen genügen, die nicht schon dadurch erreicht werden, daß ein neues Instrumentarium zur Diskussion gestellt wird. Die ausgefeilten Vorschläge zur Erarbeitung des Landschaftsrahmenplan-Entwurfes in Arbeitsgruppen mögen Verfahrensspezialisten begeistern. Ein an Ergebnissen und Entscheidungen orientierter Planer muß jedoch zunächst Forderungen an die inhaltliche Substanz der fachlichen Aussagen erheben. Ansprüche können und dürfen ihr Gewicht im Abwägungsprozeß nicht allein durch eine andere formale Einbindung verstärken.

Versöhnlich stimmt letztlich die Klarstellung von Schmidt, daß es vorrangig nicht mehr um die Primär- oder Sekundärintegration geht; sondern es geht um fachliche Anforderungen, die - wenn sie als fachliches Konzept erst einmal erarbeitet sind und den aktualisierten und gültigen Zielen der Raumordnung und Landesplanung nicht widersprechen - eine fachliche Grundlage (Vorgabe?) für die örtliche Landschaftsplanung sein sollen.

Gerne wird die Regionalplanung das Gesprächsangebot annehmen, gemeinsam mit der Landschaftsplanung die notwendigen neuen Inhalte des ökologischen Fachbeitrages hinsichtlich regionalplanerischer Erwartungen zu diskutieren.

ERNST-HASSO RITTER

Freiraumschutz erfordert multidisziplinäre Politikansätze
Ein Überblick aus der Sicht der Raumordnung

Die Begriffe "Freiraum" und "Freiraumschutz" tauchen als Reaktion auf Bauboom und ausuferndes Siedlungswachstum einerseits und auf gestiegenes Umweltbewußtsein andererseits erstmals Mitte der 70er Jahre in der Raumordnungspolitik auf. Für Nordrhein-Westfalen sei etwa verwiesen auf § 22 des Landesentwicklungsprogrammgesetzes von 1974 oder auf den 1976 aufgestellten Landesentwicklungsplan III, den seinerzeit ersten raumordnerischen Umweltschutzfachplan in der Bundesrepublik.

Daß gerade Nordrhein-Westfalen hier eine gewisse Vorreiterrolle zufiel, erklärt sich aus dem besonderen Problemdruck, dem dieses hoch verdichtete und eng besiedelte Land ausgesetzt ist. Unter dem einprägsamen Stichwort "Landschaftsverbrauch" (Umweltforum 1978 in Stuttgart) begann alsbald eine breite politische und wissenschaftliche Diskussion. Namentlich die räumliche Planung sah hierin eine neue Aufgabe. In viele Landesentwicklungspläne wurden freiraumschützende Ziele aufgenommen, so etwa in den Landesentwicklungsplan Umwelt des Saarlandes von 1979, in das Landesraumordnungsprogramm Niedersachsen von 1982, in den baden-württembergischen Landesentwicklungsplan von 1983 oder in das Landesentwicklungsprogramm Bayern von 1984. In dem Zusammenhang ist ebenso der Beschluß der Umweltminister der Länder und des Bundes aus dem Jahre 1982 zu nennen, ein Bodenschutzprogramm zu erarbeiten. Seit der Aufnahme der Bodenschutzklauseln in das Baugesetzbuch 1986 und in das Raumordnungsgesetz 1989 gilt das Gebot, mit Grund und Boden sparsam und schonend umzugehen, als bundesweiter Rechtsgrundsatz.

Trotz der zunehmenden Zahl und der steigenden Dichte gesetzlicher oder administrativer Regelungen hat sich freilich das umweltpolitische Problem des "Landschaftsverbrauchs" nicht erledigt. Eine sparsame und schonende Flächeninanspruchnahme und Bodennutzung zu sichern ist vielmehr zur umweltpolitischen Daueraufgabe geworden. Wenn auch Landesplanung und Raumordnung nach wie vor in erster Linie angesprochen sind, so zeigt die bisherige Entwicklung doch, daß ein hauptsächlich von Planungsregulation getragener Ansatz bei der Problemlösung deutlich zu kurz greift. Entsprechend den vielfältigen Ursachen und den unterschiedlichen Fachpolitiken zuzuordnenden Raumansprüchen ist ein breiterer, multidisziplinärer Politikansatz zu wählen. Dieser Politikansatz macht die raumordnerischen Instrumente zwar keineswegs überflüssig, stellt aber an die Raumordnung und Landesplanung neue und breitere Anforderungen.

I. Trends und Faktoren des Flächenverbrauchs

In den alten Ländern der Bundesrepublik ist seit den 50er Jahren ein ständiger Anstieg der Siedlungs- und Verkehrsflächen zu verzeichnen. Der Anteil der für Siedlung und Verkehr genutzten Flächen stieg von 1,74 Mio. ha im Jahre 1950 (das waren 7 % der Gesamtfläche) auf 3,03 Mio. ha im Jahre 1989 (das sind 12,2 % der Gesamtfläche). Der durchschnittliche tägliche Zuwachs von 18 ha in der Zeit von 1950 bis 1955 stieg auf 138 ha in der Zeit zwischen 1966 und 1970. In der zweiten Hälfte der 70er Jahre erreichte der Flächenverbrauch mit 177 ha pro Tag einen Spitzenwert, der in der Mitte der 80er Jahre zunächst auf 120 ha pro Tag und dann auf rd. 90 ha pro Tag zurückging. Mit Beginn der 90er Jahre ist aus verschiedenen Gründen ein neuer Schub im Flächenverbrauch zu beobachten.

Untersuchungen zeigen, daß der Flächenverbrauch bei allen Kategorien von Siedlungsflächen steigt. Es werden sowohl für Wohnen wie für Büronutzungen und Gewerbenutzungen etwa gleiche Wachstumsraten bis zu 2 % pro Jahr genannt. Die Ursachen sind vielfältig. Die Zunahme der Wohnfläche auf das inzwischen etwa Dreifache im Verhältnis zur Wohnungsfläche des Jahres 1950 ist eine der wesentlichen Ursachen für die ständige Zunahme des Freiflächenverbrauchs in den alten Bundesländern. Der wachsende Wohlstand ermöglichte immer höhere Wohnansprüche. Hinzu kommt der anhaltende Trend zur Kleinfamilie und zu Single-Haushalten, der den Flächenbedarf vor allem in den Großstädten und Ballungszentren ansteigen läßt, obwohl die Gesamtbevölkerungszahlen kaum steigen.

Ähnlich wie sich die Wohnraumnachfrage von der Bevölkerungsentwicklung abgekoppelt hat, ist auch die Gewerbeflächennachfrage von der Beschäftigtenentwicklung abgelöst. Sowohl im Produktionsbereich wie im Dienstleistungsbereich ist eine Erhöhung des Flächenbedarfs je Beschäftigtem festzustellen; die anhaltende Automatisierung hat diesen Trend noch gefördert. Flächenverzehrende eingeschossige Betriebsgebäude nehmen überproportional viel Fläche in Anspruch. Viele Unternehmen halten Erweiterungsflächen vor, die über lange Zeit ungenutzt bleiben. Aufwendige Erschließungssysteme und überdimensionierte Parkplätze benötigen ebenfalls Platz.

In der alten Bundesrepublik wurden 1989 etwa 1,24 Mio. ha Verkehrsfläche gezählt. Das entspricht 5 % der Gesamtfläche. Der weitaus größte Teil der Verkehrsfläche wird durch Straßen, Wege und Plätze eingenommen; über die Hälfte der Verkehrsflächen liegt im überörtlichen Bereich. Dabei ist zu beachten, daß der durch die Verkehrsflächen ausgelöste Freiraumverbrauch nicht nur direkt am Versiegelungsgrad der zugebauten Bodenfläche zu messen ist, sondern sich darüber hinaus in indirekten Wirkungen ausdrückt, die die Freiraumfunktionen gravierend beeinträchtigen. Zu denken ist dabei in erster Linie an die von den Verkehrsadern ausgehenden Zerschneidungs- und Verinselungseffekte sowie an die Verlärmungskorridore und Schadstoffimmissions-Bänder, die zumindest die Hauptverkehrsachsen beiderseits begleiten.

Angesichts der drastisch veränderten Rahmenbedingungen, unter denen die Raumordnungspolitik seit Beginn der 90er Jahre zu arbeiten hat, ist nicht nur davon auszugehen, daß der Trend in der Flächennachfrage anhält, sondern daß der Druck auf den Freiraum noch spürbar zunimmt. Allein schon die veränderte Bevölkerungsentwicklung deutet in diese Richtung. Im Jahre 1984 lag die Einwohnerzahl Nordrhein-Westfalens bei 16,7 Mio. Einwohner. Die Prognose des Landesentwicklungsberichts 1984 ging von einer Verringerung der Einwohnerzahl im Jahre 2000 auf 15,9 Mio. und im Jahre 2010 auf 14,9 Mio. aus. Alle diese Prognosen sind inzwischen überholt. Der reale Bevölkerungsstand Nordrhein-Westfalens Ende 1991 liegt bei 17,5 Mio. und damit schon höher als der höchste Einwohnerstand von 17,25 Mio. im Jahre 1974. Die derzeitige Bevölkerungsprognose (in der zweiten, realistischeren Variante) verzeichnet für 1989 einen weiteren Anstieg auf 17,8 Mio. und erwartet erst nach 2000 einen spürbaren Rückgang auf 16,3 Mio. im Jahre 2020. Die dramatische Veränderung in den Bevölkerungszahlen beruht fast ausschließlich auf Zuwanderungen. Und es liegt auf der Hand, daß die Menschen Wohnungen und Arbeitsplätze brauchen, daß sie Freizeit- und Bildungsbedürfnisse haben.

Die Verwirklichung der Einheit Deutschlands setzt ebenfalls neue Rahmenbedingungen. Denn der Wiederaufbau von Industrie und Gewerbe, die Totalsanierung der Städte, die Erneuerung der maroden Infrastruktur und der soziale Ausgleichsbedarf haben ihre Rückwirkungen auf das ganze Bundesgebiet. Allein aus der Angleichung der Wohnflächenversorgung in den neuen Bundesländern von 27,2 qm auf 36,6 qm Wohnfläche pro Einwohner (das wäre das Versorgungsniveau in den alten Bundesländern aus dem Jahre 1987) können Wohnansprüche ausgelöst werden, die sich rein rechnerisch in einer Größenordnung zwischen 62.000 und 72.000 ha Bauland bewegen. Daß der Neuaufbau von Industrie und Gewerbe, daß sich die Errichtung von modernen Versorgungs- und Dienstleistungszentren jedenfalls vorübergehend zum großen Teil auf neuen Geländeausweisungen abspielen wird, dürfte auf der Hand liegen.

Schließlich haben die Schaffung des europäischen Binnenmarktes und die Öffnung Europas nach Osten ökonomische Antriebskräfte freigesetzt, die sowohl eine verstärkte Konkurrenz in der Ausweisung neuer, attraktiver Standorte ausgelöst haben, als auch sich insbesondere in einem sprunghaft steigenden Verkehrsvolumen ausdrücken. So zeigen die Prognosen, die dem Bundesverkehrswegeplan 1992 in den verschiedenen Varianten zugrunde liegen, eine enorme Verkehrssteigerung. Im motorisierten Personenverkehr liegen beim Ausgangsjahr 1988 für die alten Länder die Zuwachsraten bis zum Jahr 2010 zwischen 21 und 26 %. Eine noch größere Herausforderung bildet der explosionsartige Zuwachs des Güterverkehrs. Betrachtet man allein die Vorausschätzungen für die alten Länder, so werden die Verkehrsleistungen zwischen 1988 und 2010 um rd. 74 % anwachsen.

II. Zu den Politikansätzen

Die Frage, welche Politikbereiche vom Freiraumschutz berührt sind, welche Aufgabenstellungen sich in diesen Politikfeldern ergeben und welche Instrumente dann dazu eingesetzt werden, erfordert Klarheit über die Vorfrage nach den Zielen des Freiraumschutzes. Die politische Diskussion der letzten Jahre über den Flächenverbrauch hat zu der Erkenntnis geführt, daß unter der globalen Zielsetzung des Freiraumschutzes vornehmlich vier Aspekte hervorzuheben sind:

- den vorhandenen Freiraum in Umfang und Ausmaß zu sichern,
- die ökologischen oder regenerativen Funktionen des Freiraums zu stärken und zu verbessern,
- den weiteren Freiraumverbrauch zu drosseln und
- Freiräume, soweit es geht, zurückzugewinnen.

In Betrachtung der vielfältigen und komplexen Ursachen der Freirauminanspruchnahme sowie der sich häufig überlappenden und potenzierenden Auswirkungen von Freiraumverlusten ist klar, daß Freiraumschutz nicht einem Politikfeld allein zugewiesen werden kann, sondern eine Aufgabe ist, die alle Politikfelder betrifft, die direkt oder indirekt zur Inanspruchnahme von Freiraum beitragen oder von den Wirkungen des Freiraumverlustes berührt werden. Die Instrumente bzw. Instrumentenbündel, die dabei zum Einsatz kommen, lassen sich nach ihrer Wirkungsweise grob in vier Gruppen gliedern:

- Direkt wirkender Freiraumschutz, der beim freien Raum selbst ansetzt, um diesen quantitativ und qualitativ zu sichern und zu stärken. Hierzu zählen insbesondere raumordnerische Fachpläne (wie der Landesentwicklungsplan III Nordrhein-Westfalen von 1987) oder kommunale Freiraumkonzepte (z. B. Freiraumentwicklungsplan Dortmund 1979, Freiflächenplan Essen 1981).
- Indirekt wirkende Instrumente, die gewissermaßen von innen heraus auf die Faktoren der Ausdehnung des Siedlungsraumes einwirken und den Anspruchsdruck reduzieren wollen. Solche Möglichkeiten bieten etwa die Bauleitplanung, das Baurecht oder fachliche Planungen wie die Verkehrswegeplanung.
- Speziell wirkende Instrumente, die sich auf den Schutz und die Stärkung einzelner Freiraumfunktionen beziehen. Sie bilden die historisch früheste Maßnahmenkategorie und sind etwa im Natur- und Landschaftsschutz oder in der Wasserbewirtschaftung zu Hause.
- Allgemein wirkende Instrumente, die den multifunktionalen Schutz des Freiraums im Auge haben und damit auf die vielfachen ökologischen Vernetzungen Bedacht nehmen wollen. Dies ist ein relativ moderner Ansatz, wie er etwa im nordrhein-westfälischen Landesentwicklungsplan III "Umweltschutz durch Sicherung von natürlichen Lebensgrundlagen" (Freiraum, Natur und Landschaft, Wald, Wasser, Erholung) von 1987 zum Ausdruck kommt.

1.   Die wichtigsten Politikfelder

a)   Landesplanung und Raumordnung

In der Raumordnungspolitik mit den Instrumenten der Landes- und Regionalplanung haben Belange des Freiraumschutzes in den letzten Jahren eine besondere Rolle gespielt. Da Landes- und Regionalplanung sowohl Siedlungsbedarfe wie naturräumliche Belange zu berücksichtigen haben, kann man sie im allgemeinen nicht den Kategorien des indirekten Freiraumschutzes oder des direkten Freiraumschutzes zuordnen. Sie verbinden vielmehr beide Ansätze, und darin liegt ihre Stärke. Allerdings hat die Landesplanung durchaus auch spezielle Instrumente des direkten Freiraumschutzes entwickelt, wie etwa den nordrhein-westfälischen LEP III von 1987.

Zwei instrumentelle Konzeptionen stehen sich in der Landesplanung gegenüber: das Konzept der Vorrang- oder Vorbehaltsflächen einerseits und das Konzept des generellen Freiraumschutzes andererseits. Das Vorrangkonzept verfolgte schon der alte nordrhein-westfälische Landesentwicklungsplan III von 1976. Modernere Beispiele sind etwa das Landesraumordnungsprogramm Niedersachsen von 1982 oder das Landesentwicklungsprogramm Bayern von 1984. So heißt es in dem niedersächsischen Programm: "In den Siedlungsräumen sind die Freiräume zu sichern, die soziale, geländeklimatische und gestalterische Aufgaben wahrnehmen". Die Formulierung macht deutlich, daß der Begriff Freiraum verengt auf bestimmte siedlungsräumliche Konstellationen verwendet wird. Dementsprechend weist die Landesplanung in Niedersachsen Vorranggebiete für Natur und Landschaft und in Bayern landschaftliche Vorbehaltsgebiete aus, in denen bei der Abwägung mit anderen Belangen die Interessen von Natur und Landschaft besonderes Gewicht erhalten sollen. Komplettiert werden diese Darstellungen durch verbale Ziele, nach denen etwa der Rückgang der belebten Bodenflächen möglichst gering zu halten ist, eine Zersiedlung zu verhindern ist oder flächensparende Siedlungsformen vorzusehen sind.

Gegen diese vornehmlich punktuell wirkenden Ansätze steht die generelle Schutzkonzeption. Sie wurde, kaum verwunderlich, in den eng besiedelten Flächenländern der Bundesrepublik entwickelt. So schützt der 1979 beschlossene Landesentwicklungsplan Umwelt des Saarlandes den Freiraum außerhalb der Verdichtungsgebiete mit dem Ziel, "die Sicherung und Entwicklung ökologischen Potentials zu ermöglichen", "die Leistungsfähigkeit des Naturhaushalts zu gewährleisten" und "den großräumigen ökologischen Ausgleich mit belasteten Gebieten in den Bereichen der Wasserversorgung und der Erholung herzustellen". Im baden-württembergischen Landesentwicklungsplan von 1983 werden die Freiräume definiert als Räume außerhalb der Siedlungen, in denen "landschaftsbezogene Nutzungen oder ökologische Funktionen zu entwickeln" sind.

Die modernste Schutzkonzeption ist in der Neufassung des Landesentwicklungsplans III Nordrhein-Westfalen von 1987 verwirklicht. Freiraum ist danach "als ökologischer Ausgleichsraum für Mensch, Fauna und Flora zu erhalten und in seinen Funktionen ... zu verbessern". Angesichts der dichten Besiedlung Nordrhein-Westfalens werden nicht einzelne schutzwürdige Freiräume herausgegriffen, sondern es wird zunächst das gesamte Land flächendeckend eingeteilt in Freiraum- und Siedlungsraum. Diese Aufteilung wird zugleich zeichnerisch dargestellt, so daß optisch deutlich wird, wo die Konfliktlinie zwischen Freiraumschutz und Siedlungsnutzung verläuft. Darüber hinaus und zusätzlich werden aber im Freiraum auch die Gebiete für den Schutz der Natur, die Feuchtgebiete, die Waldgebiete, Grundwasservorkommen und Erholungsgebiete dargestellt. Hiermit werden besonders schutzwürdige Freiraumteile und -funktionen herausgehoben, so daß innerhalb des generellen Freiraumschutzes noch eine sachbezogene Qualifizierung hinzutritt.

Für den festgelegten Freiraum ist als verbindliches Ziel eine "relative Umwidmungssperre" eingeführt. Danach darf Freiraum für andere Funktionen nur in Anspruch genommen werden, wenn die Inanspruchnahme nachweisbar erforderlich ist. Dies ist namentlich dann der Fall, wenn Bedarf für eine bestimmte Nutzung besteht, die nicht innerhalb des Siedlungsraumes oder durch Ausbau vorhandener Infrastruktur befriedigt werden kann. Die Voraussetzungen gelten jedoch als erfüllt, wenn eine gleichwertige Fläche wieder dem Freiraum zugeführt oder wieder in eine innerstädtische Grünfläche umgewandelt wird. Auf diese Weise erhalten die kommunalen Planungsträger eine Planungsflexibilität, ohne daß die ökologische Gesamtbilanz verschlechtert wird. Ist die Inanspruchnahme von Freiraum unvermeidlich, muß sie möglichst flächensparend und umweltschonend erfolgen.

Durch Einsatz der raumordnungspolitischen Instrumente hat der Freiraumschutz zweifelsohne einen bedeutsamen Schub erhalten. Diese Instrumente sind geradezu unverzichtbar geworden, weil sie sowohl als "Negativplanung" freien Raum sichern, wie auch als "Positivplanung" durch die Gestaltung der Siedlungsräume auf die freiflächenbeanspruchenden Faktoren einwirken. In dieser Kombinationswirkung liegt ihre Stärke. Freilich sind die landesplanerischen Instrumente schon von ihrer Maßstäblichkeit her grob und erreichen normalerweise die konkreten, parzellenscharfen Nutzungskonflikte nur indirekt über die kommunale Bauleitplanung oder die raumbeanspruchenden Fachplanungen.

b)   Stadtentwicklungsplanung und Baurecht

Die Bauleitplanung als überörtliche Gesamtplanung ist an sich nicht ungeeignet, um Belange des Freiraumschutzes wahrzunehmen. Mit dem Baugesetzbuch 1986 ist seinerzeit eine Reihe neuer Festsetzungsmöglichkeiten geschaffen worden, um dem Umweltschutz in der Bauleitplanung größere Möglichkeiten zu geben. Darüber hinaus wurde mit dem Planungsleitsatz des § 1 Abs. 5 Satz 1 BauGB das Ziel des Schutzes der natürlichen Lebensgrundlagen aufgenommen, und es wurde in § 1 Abs. 5 Satz 3 eine Freiraumschutzklausel eingeführt. Durch die Rechtsprechung ist zudem inzwischen klargestellt, daß Bebauungspläne sogar ausschließlich für Zwecke der Flächenfreihaltung aufgestellt werden können.

Indessen ist bei der kommunalen Bauleitplanung der Freiraumschutz nicht definitionsgemäß der Hauptzweck, sondern der tatsächlichen Interessenlage entsprechend ein Nebenzweck. Das kommt auch rechtlich in der Vielzahl der anderen Belange zum Ausdruck, denen die Bauleitplanung ebenfalls verpflichtet ist. Die Kernfrage im Hinblick auf die Bauleitplanung ist daher, wie die kommunale Politik ihre Prioritäten sieht. Und hier ist leider in den letzten Jahren eine generelle Verschiebung der Schwerpunkte kommunaler Politik festzustellen. In den kommunalen Umfragen des Deutschen Instituts für Urbanistik nahm der Umweltschutz als kommunale Aufgabe noch 1986 die erste Position ein, rangierte in den Umfragen für 1989 und 1990 an der vierten Stelle (nach Wohnen, Verkehr und Gewerbe/Industrie) und taucht in der Umfrage 1992 in der veröffentlichten Rangfolge aktueller Probleme der Stadtentwicklung überhaupt nicht mehr auf.

In welchem Maße die Stadtentwicklungsplanung Freiräume in Anspruch nimmt oder nicht, hängt nicht zuletzt von dem Leitbild ab, an dem sie sich orientiert; denn dieses bestimmt sowohl die gesamte Siedlungsstruktur wie die einzelne Nutzung der Bauflächen. Es ist heute unbestritten, daß die mit der Charta von Athen verbundene städtebauliche Idee der Funktionentrennung in hohem Maße raumbeanspruchend und verkehrserzeugend ist. Das gleiche gilt für das Leitbild der gegliederten und aufgelockerten Stadt, das über weite Strecken den

Neuaufbau der Städte nach 1945 bestimmte. Im Gefolge des ökologischen Bewußtseinswandels in den 70er Jahren orientierte sich dann die Stadtplanung zunehmend am Leitbild der Innenentwicklung und versuchte, soweit es ging, den Bedarf im vorhandenen Siedlungsraum zu befriedigen und alle vorhandenen Flächenreserven zu nutzen. Baulückenschließung, Brachflächenmobilisierung und Nachverdichtung sind hier die Stichworte. Andererseits war immer klar, daß jede Strategie der Innenentwicklung unter Umweltgesichtspunkten ihre Grenzen hat. Denn selbstverständlich werden vor allem in unseren Ballungsräumen freie Flächen auch in den Siedlungen selbst benötigt als Frischluftschneisen, als Refugien für Tiere und Pflanzen, als hausnahe Erholungsräume.

Die Regelwerke der Baunutzungsverordnung und des Bauordnungsrechts geben den juristischen Rahmen für die Möglichkeit, freiraumschonende und flächensparende Siedlungs- und Bebauungsformen durchzusetzen. Für die Baunutzungsverordnungen können die bestehenden Höchstwerte nach § 17 Abs. 1 BauNVO für eine Reihe von Baugebietstypen nicht als flächensparend und bodenschonend angesehen werden. Wenn gesetzlich die totale Überbauung des ganzen Grundstückes, z. B. in den Kerngebieten, möglich bleibt, dann wird das im Baugesetzbuch gesteckte Ziel des sparsamen und schonenden Umgangs mit Grund und Boden in Frage gestellt. Das Bauordnungsrecht trägt insoweit zum Flächensparen bei, indem es moderate Anforderungen bei den Abstandsvorschriften vorsieht, die Zulässigkeit von Grenzbebauungen erweitert oder Bestimmungen über den Versiegelungsgrad von Grundstücken enthält.

Ein besonderes Problem bildet seit jeher die Bebauung im Außenbereich. Die Baugenehmigungsvorschriften für den Außenbereich (§ 35 BauGB) verfolgen durchaus freiraumschützende Ziele, soweit die Genehmigungsvoraussetzungen darauf gerichtet sind, diesen Bereich von dort nicht notwendigen baulichen Vorhaben freizuhalten. In jedem Einzelfall muß dabei geprüft werden, ob bestimmte Gründe für eine Zulässigkeit des Vorhabens im Außenbereich sprechen oder wieweit andere Belange dem entgegenstehen. Freilich ist unter dem Druck des Wohnraummangels und der Zuwanderungswellen eine Aufweichung der Vorschriften zu verzeichnen. Schon das Wohnbaulandgesetz von 1991 brachte die ersten Auflockerungen vor allem für ehemals landwirtschaftlich genutzte Grundstücke und Gebäude; das Investitionserleichterungs- und Wohnbaulandgesetz von 1993 setzt diese Tendenz fort. Auch bei aller Anerkennung des dramatisch gestiegenen Wohnbedarfs ist doch festzuhalten, daß nicht nur der Mengeneffekt dieser Regelung vergleichsweise bescheiden sein wird, sondern darüber hinaus jede erweiterte Nutzung von Außenbereichsgebäuden prinzipiell eine überproportionale Zunahme von Individualverkehr nach sich zieht. Wohnungsbaupolitisch wie umweltpolitisch ist die Auflockerung der Außenbereichsbestimmungen daher ein falsches Signal.

c) Landschaftsschutz und Landschaftspflege

Als Instrument des direkten Freiraumschutzes durch Planung kommt, da es eine besondere Bodenschutz-Fachplanung bisher nicht gibt, in erster Linie die Landschaftsplanung nach §§ 5 ff. BNatSchG in Betracht. In § 2 Abs. 1 Nr. 2 BNatSchG heißt es ausdrücklich: "Unbebaute Bereiche sind als Voraussetzung für die Leistungsfähigkeit des Naturhaushalts, der Nutzung der Naturgüter und für die Erholung in Natur und Landschaft insgesamt und auch im einzelnen in für ihre Funktionsfähigkeit genügender Größe zu erhalten". Diesem Auftrag kommt die Landschaftsplanung durchaus nach. So fordert etwa der Landschaftsrahmenplan Baden-Württemberg 1983: "Freiräume sind als Träger bestimmter landschaftsbezogener Funktionen zu sichern".

Der Nachteil der Landschaftsplanung liegt in ihrer beschränkten rechtlichen Verbindlichkeit und in einer gewissen praktischen Durchsetzungsschwäche bei Abwägungsentscheidungen. Gleichwohl ist die Landschaftsplanung für den Freiraumschutz insbesondere zur Sicherung besonders schutzwürdiger Freiraumfunktionen (etwa durch Naturschutzgebiete) wichtig. Nicht vergessen werden sollte ferner ihre Bedeutung für die Bewertung des vorhandenen Freiraums. Denn vom ökologischen Wert her ist Freiraum nicht gleich Freiraum, und bei einer ausnahmsweisen Inanspruchnahme von Freiraum muß zugleich darüber entschieden werden, wo die Inanspruchnahme die vergleichsweise geringsten ökologischen Einbußen mit sich bringt.

d)   Verkehrswegebau - Beispiel für eine freiraumbeanspruchende Fachplanung

Dieses Problemfeld ist besonders konfliktreich; einmal, weil die Umweltauswirkungen des Verkehrs auf die Menschen geradezu danach drängen, viel befahrene Verkehrsadern nach "draußen", in den unbesiedelten Raum zu verlagern (Stichwort: Ortsentlastungen), zum anderen, weil eine den Freiraumschutz zu ihrem Anliegen machende Raumordnung schon institutionell eine schwierige Gefechtslage gegenüber den Fachplanungen des Verkehrs hat. Dies soll am Beispiel der Planungen für Bundesfernstraßen kurz erläutert werden.

Der Bedarf für die Bundesfernstraßen wird durch Gesetz verbindlich festgestellt (Fernstraßenausbaugesetz). Damit ist die erste Stufe des landesplanerischen Prüfungsvorgangs, nämlich die Bedarfsprüfung, präjudiziert. Wenn auch bei der Projektbewertung ökologische Belange berücksichtigt werden, so bleibt das Ziel doch jedenfalls ein verkehrliches. Das heißt, die Gewichte haben sich von Anfang an durch Entscheidung des Gesetzgebers verschoben; die Durchsetzung der ökologischen Belange ist auf die nachfolgenden Verfahrensstufen - auf das Linienbestimmungsverfahren (§ 16 Bundesfernstraßengesetz) bzw. Raumordnungsverfahren (§ 1 Nr. 8 Raumordnungsverordnung) sowie auf das Planfeststellungsverfahren (§ 17 Bundesfernstraßengesetz) - verwiesen. Für diese Planungsstufen muß deshalb darauf aufmerksam gemacht werden, daß die Verbindlichkeitserklärung für den Bedarf durch das Fernstraßenausbaugesetz den fachplanerischen Belangen hier keine zusätzliche Durchschlagskraft gegenüber entgegenstehenden Belangen verleiht. Insoweit kann die Bedarfsplanung die aufgrund der Abwägung aller berührten Belange in den nachfolgenden Planungsebenen zu treffenden Entscheidungen weder vorwegnehmen noch ersetzen.

Noch einschneidender wirken sich die Investitionsmaßnahmengesetze für die Verkehrsprojekte "Deutsche Einheit" aus, die im Ergebnis die Einführung einer imperativen Fachplanung per Gesetz bedeuten, die für eine raumordnerische Abwägung keinen Platz mehr bietet. Ob die vom Bundesministerium für Umwelt und vom Bundesministerium für Verkehr - das

Bundesministerium für Raumordnung war nicht beteiligt - herausgegebenen Empfehlungen zu den "Ökologischen Anforderungen an Verkehrsprojekte zur Verwirklichung der Deutschen Einheit" ausreichen, um insbesondere die Freiraumbelange zu wahren, wird sich zeigen müssen; Zweifel sind angebracht.

Nun sollte man andererseits nicht verkennen, daß den gravierenden komplexen Umweltauswirkungen des Verkehrs nicht allein mit landesplanerisch vermitteltem Freiraumschutz begegnet werden kann. Gefordert ist vielmehr ein integrierter Lösungsansatz auf mehreren Ebenen:

- Freihaltung der wertvollen Landschaftsräume von überörtlichen Verkehrswegen als Aufgabe der Naturschutzpolitik und der Raumordnungspolitik,
- Verkehrsvermeidung und Verkehrsverminderung durch Entwicklung verkehrsärmerer Siedlungsstrukturen als Aufgabe der Raumordnungs- und Regionalpolitik,
- Verkehrsverlagerung des motorisierten Individualverkehrs auf öffentlichen Verkehr, vor allem auf den schienengebundenen Verkehr als Aufgabe der Verkehrspolitik, der Finanzpolitik und der Raumordnungspolitik,
- Minimierung der Verkehrsauswirkungen durch nachhaltige Immissionsminderung als Aufgabe der Umweltpolitik und der Industriepolitik.

2. Ökonomisch wirkende Instrumente

Die planerischen und ordnungsrechtlichen Instrumente sind für sich allein zu grob, zu inflexibel und zu eindimensional, um das immer komplexer werdende Siedlungsgeschehen zu steuern. Dabei sind auch die sozialen und ökonomischen Auswirkungen im Blick zu halten. Planerische Steuerung folgt den Gesetzmäßigkeiten einer typischen Knappheitsstrategie. Die Knappheitspreise, die sich heute in allen Agglomerationsräumen der Bundesrepublik gebildet haben, bringen auf der einen Seite enorme Knappheitsrenditen für die Grundstückseigentümer mit sich, und sie verschärfen auf der anderen Seite die sozialen Konflikte in der Auseinandersetzung um den knappen, für den einzelnen nach seiner Einkommenssituation bezahlbaren Wohnraum oder führen zu Wettbewerbsverzerrungen im Hinblick auf die Standortkonkurrenz gewerblicher Nutzungen.

Diese Knappheitspreise mit rechtlichen Mitteln zu unterbinden, kann in einer Staats- und Gesellschaftsordnung wie der unseren kein probates Gegenrezept sein, weil es in eine administrative Wohnraum- und Grundstücksbewirtschaftung einmünden müßte. Auch die Preisdämpfungsstrategien durch Subventionierungen haben ihre Nachteile; sie erhöhen die Nachfrage und setzen den Staat langfristig unter Druck, durch immer höhere Subsidien das Wohnungsangebot auszuweiten, sollen nicht ständig wachsende Warteschlangen mit sehr ungerechten Verteilungswirkungen entstehen. Im längerfristigen Ergebnis führen auch die Preisdämpfungsstrategien zu steigender Wohnungsflächennutzung und höherem Verbrauch von Bauland.

Angebotsstrategien wiederum, die darauf hinauslaufen, Bauland allerorten reichlich auszuweisen, würden nicht nur ökologisch zu unannehmbaren Ergebnissen führen; sie wären auch unter ökonomischen Gesichtspunkten verfehlt. Denn durch sie würde jeder Anreiz zum flächensparenden Bauen und Erschließen genommen; der ungeordnete Siedlungsbrei würde sich über die ganze Landschaft ergießen; die Verkehrs- und Distributionsprobleme würden ins Unermeßliche wachsen.

Schon daran wird deutlich, daß die Aufgabe des Freiraumschutzes nur zu bewältigen ist mit einer gemischten Strategie auf allen relevanten Politikfeldern und mit allen einschlägigen Instrumenten. Dazu gehören nicht zuletzt ökonomisch wirkende Instrumente. Die Diskussion um den Stellenwert "marktwirtschaftlicher Instrumente" in der Raumordnungspolitik wird in der letzten Zeit vermehrt geführt; ein klares Ergebnis zeichnet sich noch nicht ab. Immerhin ist festzuhalten, daß gerade im Hinblick auf die Inanspruchnahme von Grund und Boden Steuer- oder Abgabelösungen seit jeher eine große Rolle spielen. Flächensparende und bodenschonende Bauweisen können z. B. durch den gezielten Einsatz von finanziellen Anreizen bei der Wohnungsbauförderung unterstützt werden. Eine Änderung des Einkommensteuergesetzes würde dazu eine Möglichkeit bieten, indem etwa durch die Reduzierung oder den Verlust von Abschreibungsmöglichkeiten bei den Grundstückskosten die Größe der Baugrundstücke beeinflußt wird. Eine ebenfalls schon seit längerem diskutierte Möglichkeit ist die sogenannte Baulandsteuer auf unbebaute, aber bebaubare Grundstücke. Diese könnte als "Strafsteuer" zur Grundstücksmobilisierung beitragen. Andere Instrumente, die in dem Zusammenhang zu nennen sind, wären etwa die sogenannte "Versiegelungsabgabe" oder auch die naturschutzrechtlichen Ausgleichsabgaben. Überhaupt kann das gesamte Steuer- und Abgabensystem auf sehr diffizile Weise auf den Freiraumschutz einwirken. Solche Einwirkungen beginnen etwa bei der durch Gewerbesteuererwartungen motivierten Erschließung von neuen Gewerbegebieten und enden in finanziellen Ausgleichsleistungen durch den kommunalen Finanzausgleich für solche Gemeinden, die bestimmte Entwicklungschancen durch den ihnen auferlegten Freiraumschutz nicht wahrnehmen können.

Von besonderer Bedeutung sind in dem Zusammenhang die finanziellen Zuwendungen, die das Land zum Städte- und Wohnungsbau und zur gewerblichen Standortsicherung aufwendet. Das Land Nordrhein-Westfalen hat seine Wohnungs- und Städtebauförderung konsequent auf die erhaltende Stadterneuerung ausgerichtet. Die erhaltende Erneuerung der "alten" Stadtviertel soll dazu beitragen, daß die vorhandenen Wohnraumflächen, die Flächen für Gewerbe und für Dienstleistungseinrichtungen auch weiter genutzt werden, um so den Bedarf an Neubaugebieten zu mildern. Die erhaltende Stadterneuerung bezieht sich auf die Instandsetzung und Modernisierung des Althausbestandes sowie auf die Wohnumfeldverbesserung. Dabei geht es u. a. um die Durchgrünung der dichtbebauten Stadtteile, um den allmählichen Neuaufbau von Grünflächen, um die Verkehrsberuhigung und um den Rückbau von Straßenraum sowie um die Sicherung von Gewerbestandorten in den Gemengelagen von Wohnen und Arbeiten.

Einen besonderen Stellenwert hat die Wiedernutzung oder Umnutzung von Industrie- und Gewerbebranchen. Sie trifft allerdings auf große Schwierigkeiten. Diese ergeben sich aus:

- Unsicherheiten über das Bestehen von Bodenbelastungen und die daraus folgenden Konsequenzen,

- Beurteilungsfragen im Rahmen der Gefährdungsabschätzung und der Ableitung von Sanierungszielen,
- unzureichende Anlagenkapazitäten für die Behandlung und Entsorgung belasteter Böden,
- zum Teil erheblich über dem Verkehrswert der Grundstücke liegenden Sanierungskosten und
- Befürchtungen über Kostenrisiken, die sich für Grundstücksnutzer als sogenanntes Restrisiko nach einer nutzungsbezogenen Sanierung ergeben können.

Diese Schwierigkeiten sind mit den traditionellen ordnungsrechtlichen Instrumenten nicht zu bewältigen. Denn für das Ordnungsrecht ist alles in Ordnung, solange von den Altlasten keine Gefahren für Leben oder Gesundheit ausgehen; dem Ordnungsrecht ist es gleichgültig, ob wertvolle Siedlungsflächen in bester Lage ungenutzt liegenbleiben oder nicht. Das bedeutet in der praktischen Konsequenz, die Sanierung von Altstandorten leidet an der mangelnden Bereitschaft der Eigentümer zur Mobilisierung ihrer Flächen, und sie leidet an den enormen Sanierungskosten, die nicht selten den Verkehrswert und die damit möglichen Veräußerungserlöse übersteigen. Das erste Problem ist nur lösbar mit Konsens- und Überredungsstrategien, das zweite Problem nur mit neuen Formen der Solidarhaftung. Als Beispiel dafür steht das nordrhein-westfälische Lizenzmodell und der auf ihm gegründete Altlastenverband.

III. Neue Verhaltensanforderungen an die Raumordnung

Der Überblick über die verschiedenartigen Handlungsaspekte um Freiraumschutz sollte deutlich machen, daß effektive Freiraumsicherung nur als mixed policy denkbar ist. Daraus ergeben sich dann freilich auch Rückwirkungen auf die Raumordnungspolitik.

Raumordnung hat von ihrem gesetzlichen Auftrag her eine gerechte Abwägung zwischen allen Raumnutzungsbelangen zu treffen; sie darf sich nicht von vornherein ausschließlich zum Anwalt nur eines Belanges machen. Insofern stößt eine "ökologische Raumplanung" an unübersteigbare Grenzen. Das heißt aber nicht, daß sich Raumordnung und Landesplanung in Konflikten zwischen Raumnutzungsinteressen als Neutrum verhalten müßten. Die Raumordnungspolitik muß ihre Steuerungsaufgabe vielmehr in einer langfristigen Perspektive wahrnehmen, dabei die Lebens- und Gestaltungschancen für künftige Generationen offenhalten und unter diesen übergeordneten Gesichtspunkten die jeweiligen Rauminteressen nach ihrem objektiven Gewicht bewerten. Das Gewicht der ökologischen Belange spricht für sich selbst. Das nordrhein-westfälische Landesentwicklungsprogramm-Gesetz drückt diesen Vorrang auch als Rechtsnorm aus: "Bei Nutzungskonflikten ist den Erfordernissen des Umweltschutzes Vorrang einzuräumen, wenn Leben und Gesundheit der Bevölkerung oder die dauerhafte Sicherung der natürlichen Lebensgrundlagen gefährdet sind" (§ 2 Satz 5).

Die Aufgabe der Freiraumsicherung kann auch nicht allein mit den regulatorischen Mechanismen der Planung bewältigt werden. Die Planungsinstrumente der Raumordnung sind zu grob und zu eindimensional, um alle relevanten Freiraumaspekte erfassen zu können. Die raumordnerischen Instanzen müssen deshalb stärker als bisher ihre Koordinations- und

Moderationsfunktionen schon im Vorfeld der Formulierung raumrelevanter Ansprüche einsetzen. Hierzu gehört nicht nur das Gebrauchmachen von "harten" Verfahrensregelungen (Raumordnungsverfahren), sondern viel mehr ein informelles "weiches" Vorgehen durch Information, Konsultation und Kooperation. Für die Landesebene sei in dem Zusammenhang an die aus sich heraus organisierten teilregionalen Willensbildungsprozesse (Regionalkonferenzen, Regionale Entwicklungskonzepte) erinnert. Für die Ebene der Bundesraumordnung sei beispielhaft darauf hingewiesen, daß die Verkehrsministerkonferenz, die Umweltministerkonferenz und die Raumordnungsministerkonferenz beschlossen haben, gemeinsam eine zukunftsgerichtete, ökologisch orientierte Verkehrskonzeption zu erarbeiten.

BEITRÄGE

H. KIEMSTEDT / TH. HORLITZ / ST. OTT

Umsetzung von Zielen des Naturschutzes auf regionaler Ebene

Aus dem Inhalt

1. Problemstellung und Ziel der Arbeit
2. Naturschutz durch räumliche Planung
3. Entwicklung von Naturschutzzielen in zwei Beispielsräumen
4. Empfehlungen für die Beispielsräume
5. Allgemeine Empfehlungen zur Verbesserung der Umsetzung von Naturschutzzielen auf regionaler Ebene
6. Weiterer Untersuchungsbedarf und praktische Umsetzung der Forschungsergebnisse

1993, Band 123, ISBN 3-888 38-216-5

L. FINKE / G. REINKOBER / ST. SIEDENTOP / B. STROTKEMPER

Berücksichtigung ökologischer Belange in der Regionalplanung in der Bundesrepublik Deutschland

Aus dem Inhalt

1. Zielsetzung
2. Vorgehensweise
3. Darstellung des ökologischen Ist-Zustandes bestehender Regionalpläne
4. Ursachen für den derzeitigen Stand ökologischer Inhalte in Regionalplänen
5. Vorschläge zu stärkerer ökologischer Durchdringung von Regionalplänen

Anhang A: Ökologische Inhalte in Regionalplänen
Anhang B: Ökologische Soll-Inhalte als Orientierung für die Plananalyse
Anhang C: Fragebogen an Regionalplanungsstellen
Anhang D: Gesprächsleitfaden für Interviews mit Regionalplanern

1993, Band 124, ISBN 3-888 38-217-3

AKADEMIE FÜR RAUMFORSCHUNG UND LANDESPLANUNG

BEITRÄGE

W. Haber / F. Duhme / S. Pauleit / J. Schild / R. Stary

Quantifizierung raumspezifischer Entwicklungsziele des Naturschutzes dargestellt am Beispiel des Kartenblatts 7435 Pfaffenhofen

Aus dem Inhalt

1. Problemstellung und Inhalt der Untersuchung
2. Voraussetzungen und spezifische Ziele der Untersuchung
3. Vorgehensweise
4. Theoretische Vorüberlegungen zur Quantifizierung von Naturschutzansprüchen
5. Spezieller Teil: Quantifizierung raumspezifischer Entwicklungsziele des Naturschutzes - dargestellt am Beispiel des Kartenblatts TK 7435 Pfaffenhofen
6. Diskussion der Ergebnisse

1993, Band 125, ISBN 3-888 38-218-1

H. Kistenmacher / H.-J. Domhardt / Th. Geyer / D. Gust

**Planinhalte für den Freiraumbereich
Handlungsmöglichkeiten der Regionalplanung zur Differenzierung von Planinhalten für den Freiraum**

Aus dem Inhalt

A Einführung
B Freiraumbezogene Ausweisungen der Regionalplanung
C Vertiefende Untersuchungen anhand des Landschaftsrahmenplanes für die Region Neckar-Alb und daraus resultierende Vorschläge für die Planungspraxis
D Vertiefende Untersuchungen anhand des Regionalen Raumordnungsplanes der Region Trier und daraus resultierende Vorschläge für die Planungspraxis
E Erfordernisse und Möglichkeiten einer fundierten Anwendung und Weiterentwicklung von freiraumbezogenen Planinhalten in der Regionalplanung

1993, Band 126, ISBN 3-888 38-219-x

Auslieferung
VSB-Verlagsservice Braunschweig

AKADEMIE FÜR RAUMFORSCHUNG UND LANDESPLANUNG

FORSCHUNGS- UND SITZUNGSBERICHTE

175 Regionalprognosen - Methoden und ihre Anwendung. 1988, 446 S., 69,- DM, 69,- SFr, 540,- ÖS, ISBN 3-88838-001-4

176 Räumliche Auswirkungen der Waldschäden - dargestellt am Beispiel der Region Südlicher Oberrhein. 1988, 111 S., 39,- DM, 39,- SFr, 310,- ÖS, ISBN 3-88838-002-2

177 Räumliche Auswirkungen neuerer agrarwirtschaftlicher Entwicklungen. 1988, 172 S., 42,- DM, 42,- SFR, 330,- ÖS, ISBN 3-88838-003-0

178 Politikansätze zu regionalen Arbeitsmarktproblemen. 1988, 247 S., 45,- DM, 45,- SFr, 350,- ÖS, ISBN 3-88838-004-9

179 Umweltgüte und Raumentwicklung. 1988, 178 S., 38,- DM, 38,- SFr, 300,- ÖS, ISBN 3-88838-005-7

181 Regionalentwicklung im föderalen Staat (27. Wissenschaftliche Plenarsitzung 1988). 1989, 80 S., 18,- DM, 18,- SFr, 140,- ÖS, ISBN 3-88838-007-3

182 Zur geschichtlichen Entwicklung der Raumordnung, Landes- und Regionalplanung in der Bundesrepublik Deutschland. 1991, 454 S., 75,- DM, 75,- SFr, 580,- ÖS, ISBN 3-88838-008-1

183 Einsatz graphischer Datenverarbeitung in der Landes- und Regionalplanung. 1990, 176 S., 45,- DM, 45,- SFr, 350,- ÖS, ISBN 3-88838-009-x

184 Europäische Integration - Aufgaben für Raumforschung und Raumplanung (28. Wissenschaftliche Plenarsitzung 1989). 1990, 165 S., 28,- DM, 28,- SFr, 220,- ÖS, ISBN 3-88838-010-3

185 Aufgabe und Gestaltung von Planungskarten. 1991, 282 S., 66,- DM, 66,- SFr, 510,- ÖS, ISBN 3-88838-011-1

186 Regional- und Landesplanung für die 90er Jahre (29. Wissenschaftliche Plenarsitzung 1990). 1990, 144 S., 26,- DM, 26,- SFr, 210,- ÖS, ISBN 3-88838-012-x

187 Regionale Wirtschaftspolitik auf dem Weg zur europäischen Integration. 1992, 82 S., 29,- DM, 29,- SFR, 230,- ÖS, ISBN 3-88838-013-8

188 Grenzübergreifende Raumplanung - Erfahrung und Perspektiven der Zusammenarbeit mit den Nachbarstaaten Deutschlands. 1992, 241 S., 59,- DM, 59,- SFR, 460,- ÖS, ISBN 3-88838-014-6

189 Regionale und biographische Mobilität im Lebensverlauf. 1992, 199 S., 65,- DM, 65,- SFr, 510,- ÖS, ISBN 3-88838-015-4

190 Perspektiven der Raumentwicklung in Europa (30. Wissenschaftliche Plenarsitzung 1991). 1992, 172 S., 42,- DM, 42,- SFr, 340,- ÖS, ISBN 3-88838-016-2

191 Berufliche Weiterbildung als Faktor der Regionalentwicklung. 1993, 303 S., 59,- DM, 59,- SFr, 460,- ÖS, ISBN 3-88838-017-0

192 Wassergütewirtschaft und Raumplanung. 1994, 249 S., 55,- DM, 55,- SFr, 430 ÖS, ISBN 3-88838-018-9

193 Infrastrukturelle Voraussetzungen des Strukturwandels (31. Wissenschaftliche Plenarsitzung 1992). 1993, 71 S., 29,- DM, 29,- SFr, 230,- ÖS, ISBN 3-88838-019-7

194 Aktuelle Fragen der Landesentwicklung in Nordrhein-Westfalen. 1994, 160 S., 39,- DM, 39,- SFr, 310,- ÖS, ISBN 3-88838- 023-5

195 Aspekte einer raum- und umweltverträglichen Abfallentsorgung, Teil I. 1993, 632 S., 90,- DM, 90,- SFR, 700,- ÖS, ISBN 3-88838-024-3

196 Aspekte einer raum- und umweltverträglichen Abfallentsorgung, Teil II. 1993, 611 S., 90,- DM, 90,- SFR, 700,- ÖS, ISBN 3-88838-025-1

AKADEMIE FÜR RAUMFORSCHUNG UND LANDESPLANUNG